EDUCAÇÃO AMBIENTAL

E24   Educação ambiental: pesquisa e desafios / organizado
       por Michèle Sato e Isabel Cristina Moura Carvalho. –
       Porto Alegre : Artmed, 2005.

       Tradução dos capítulos 1, 7, 9 e 10 de Ernani Rosa.

       ISBN 978-85-363-0518-9

       1. Educação ambiental – Pesquisa. I. Sato, Michèle.
       II. Carvalho, Isabel Cristina Moura. III. Título.

       CDU   574.2/.9

Catalogação na publicação: Mônica Ballejo Canto – CRB 10/1023

EDUCAÇÃO AMBIENTAL

PESQUISA E DESAFIOS

Michèle Sato / Isabel Carvalho
e colaboradores

Reimpressão 2008

2005

© Artmed Editora S.A., 2005

Capa
Gustavo Demarchi

Preparação do original
Edna Calil

Leitura Final
Maria Rita Quintella

Supervisão editorial
Mônica Ballejo Canto

Projeto e editoração
Armazém Digital Editoração Eletrônica – Roberto Vieira

Reservados todos os direitos de publicação, em língua portuguesa, à
ARTMED® EDITORA S.A.
Av. Jerônimo de Ornelas, 670 - Santana
90040-340 Porto Alegre RS
Fone (51) 3027-7000 Fax (51) 3027-7070

É proibida a duplicação ou reprodução deste volume, no todo ou em parte, sob quaisquer formas ou por quaisquer meios (eletrônico, mecânico, gravação, fotocópia, distribuição na Web e outros), sem permissão expressa da Editora.

SÃO PAULO
Av. Angélica, 1091 - Higienópolis
01227-100 São Paulo SP
Fone (11) 3665-1100 Fax (11) 3667-1333

SAC 0800 703-3444

IMPRESSO NO BRASIL
PRINTED IN BRAZIL
Impresso sob demanda na Meta Brasil a pedido do Grupo A Educação.

Sobre os autores

Michèle Sato (org.)
Licenciada em Biologia. Mestre em Filosofia e doutora em Ciências. Docente e pesquisadora da Universidade Federal do Mato Grosso (UFMT) e da Universidade Federal de São Carlos (UFSCar).

Isabel Cristina Moura Carvalho (org.)
Psicóloga. Doutora em Educação. Professora na Universidade Luterana do Brasil (ULBRA), Canoas, RS. e-mail: icmcarvalho@uol.com.br.

Aloísio Ruscheinsky
Doutor em Sociologia pela Universidade São Paulo (USP). Professor no pós-graduação em Educação Ambiental da Fundação Universidade Federal de Rio Grande (FURG), RS.

Bernard Charlot
Professor emérito de Ciências da Educação na Universidade Paris VIII. Pesquisador-visitante do CNPq, vinculado à Universidade Federal do Mato Grosso (UFMT).

Edgar González-Gaudiano
PhD. Assessor do Secretário de Educação Pública do México. Presidente da Academia Nacional de Educação Ambiental e Presidente Regional para a Mesoamérica da Comissão de Educação e Comunicação da UICN.

Jacques Zanidê Gauthier
Doutor em Educação. Filósofo. Criador da Sociopoética.

José Gutiérrez-Pérez
Doutor em Ciências da Educação. Professor titular de Métodos de Pesquisa e Diagnóstico em Educação da Universidade de Granada, Espanha.

Lucie Sauvé
Professora titular de Pesquisa em Educação Ambiental na Universidade de Québec em Montreal, Canadá.

Luiz Augusto Passos
Doutor em Currículo Educação. Pesquisador do Grupo Movimentos Sociais e Educação (GPMSE) da Universidade Federal do Mato Grosso (UFMT).

Lymbo Parigipe
Índio da tribo Kakiri-xocó-al. Fotógrafo. Conferencista. Estudante de Pedagogia. Filósofo.

Mauro Grün
Doutor em Educação Ambiental e Ética Ambiental. Professor na Universidade Luterana do Brasil (ULBRA), Canoas, RS.

Pablo Ángel Meira-Cartea
Doutor em Ciências da Educação e profesor titular de Educação Ambiental na Universidade de Santiago de Compostela.

Valdo H.L. Barcelos
Doutor em Educação pela Universidade Federal de Santa Catarina (UFSC). Professor adjunto no Departamento de Administração Escolar da Universidade Federal de Santa Maria (UFSM).

Veleida Anahi da Silva
Licenciada em Matemática e Ciências. Mestre e doutora em Ciências da Educação. Professora adjunta da Universidade Federal de Sergipe (UFS).

Prefácio

Marcos Sorrentino

Em campos tão vastos e polissêmicos como os da educação ambiental, pesquisar e comunicar não são atividades que obedeçam a rituais já consagrados.

Falamos de educação em suas múltiplas dimensões de ensino e aprendizagem, de objetivos e princípios, de métodos e técnicas, de educadores e educandos, de tecnologias e espaços de aprendizagem, de territórios de convivencialidade e sujeitos aprendentes, de escolas e educação não-formal, de cursos e meios de comunicação, na ótica das distintas correntes pedagógicas e ideologias.

Falamos de ambientalismo em suas distintas vertentes e formas de apropriação pela sociedade – do conservacionismo voltado à preservação de espécies e da proteção de sistemas naturais à ecologia política, pautada pelo ideário do socialismo libertário, passando pela "ecologia" ou ambientalismo do cotidiano, que faz plantar uma flor e economizar água e energia ao, por exemplo, tomar banho. Isto sem esquecer do ambientalismo pautado pela transmissão do saber científico acumulado pela biologia, geografia e outras áreas do conhecimento científico.

A educação ambiental como campo teórico em construção e como motivação para práticas cotidianas diversificadas é apropriada de formas diferenciadas pelos grupos e pessoas que atuam na área e pela população em geral. Uns dizem que não é necessário adjetivar "educação" se ela for compreendida em toda a sua abrangência e extensão; outros propõem especificar o "ambiental" com expressões do tipo: social, conservacionista, participativa, emancipatória, para a gestão, para o desenvolvimento sustentável, para a construção de sociedades sustentáveis, dentre outras, que vão sendo enunciadas para caracterizar suas propostas e práticas.

A educação ambiental ao remeter-nos à questão da sustentabilidade da VIDA pode estar se referindo a ela em toda a sua diversidade e dimensões – biológica, química, física, cultural, espiritual, organizacional, dentre outras, ou a aspectos específicos delas. Pode instigar pensamentos sobre os humanos ou sobre todas as formas de vida e de suporte a ela, ou ainda pode referir-se à sua preservação, conservação ou recuperação ou ao seu aprimoramento e melhoria. Isto amplia a possibilidade de compreensões diversificadas sobre o papel e a forma de se fazer educação ambiental.

Também amplia as dificuldades na construção de conhecimentos capazes de captar tal diversidade e interpretá-la em todas as suas peculiaridades e contextos. Certamente apenas uma técnica ou um método de pesquisa e comunicação enfrentará dificuldades para ser apropriado à diversidade de fazeres educacionais voltados à questão ambiental. Uma única disciplina ou saber não dará conta de toda a complexidade da questão ambiental ou socioambiental, como preferem alguns autores. Mas como promover a cooperação e o diálogo entre disciplinas e saberes em sociedades marcadas pela especialização, competição, individualismo e exclusão?

O livro *Educação ambiental: pesquisa e desafios* é um importante exercício neste sentido.

A iniciativa de uma coletânea que retrata a diversidade de pesquisas na área, bricolando olhares e reflexões sobre casos e teorias é mais do que oportuna, é necessária. Melhor ainda quando organizada pela sensibilidade de duas mulheres que têm dado testemunho do engajamento militante, aliado ao rigor científico, que as fez doutoras em áreas geográficas e acadêmicas distantes, aproximadas pela educação ambiental.

Este livro é uma importante contribuição para a crescente demanda de pesquisas no campo da educação ambiental e, certamente, já se torna referência importante para todos aqueles que atuam na área.

Sumário

Prefácio vii

Introdução
Itinerários da educação ambiental: um convite a percorrê-los 11
Michèle Sato e Isabel Cristina Moura Carvalho

1. Uma cartografia das correntes em educação ambiental 17
   Lucie Sauvé

2. O conceito de holismo em ética ambiental e educação ambiental 45
   Mauro Grün

3. A invenção do sujeito ecológico: identidade e subjetividade
   na formação dos educadores ambientais 51
   Isabel Cristina Moura Carvalho

4. Relação com a natureza e educação ambiental 65
   Bernard Charlot e Veleida Anahi da Silva

5. "Escritura" do mundo em Octavio Paz: uma alternativa
   pedagógica em educação ambiental 77
   Valdo H. L. Barcelos

6. Insurgência do grupo pesquisador na educação
   ambiental sociopoética 99
   Michèle Sato, Jacques Zanidê Gauthier e Lymbo Parigipe

7. Interdisciplinaridade e educação ambiental:
   explorando novos territórios epistêmicos 119
   Edgar González-Gaudiano

8. A pesquisa em história oral e a produção de conhecimento
   em educação ambiental 135
   Aloísio Ruscheinsky

9. A catástrofe do *Prestige*: leituras para a educação
ambiental na sociedade global 149
Pablo Ángel Meira-Cartea

10. Por uma formação dos profissionais ambientalistas
baseada em competências de ação 177
José Gutiérrez-Pérez

11. De asas de jacarés e rabos de borboletas à construção
fenomenológica de uma canoa 213
Luiz Augusto Passos e Michèle Sato

Introdução
Itinerários da Educação Ambiental: um convite a percorrê-los

Michèle Sato
Isabel Cristina Moura Carvalho

"Alguém quer saber o que é Educação Ambiental (EA) e percebe que há várias tipologias no contexto das diversas correntes. Logo adiante, percebe que há muito mais implicações na pretensão holística da EA do que sonha nossa vã filosofia. Busca, então, aventurar-se pelos caminhos da psicologia social, pesquisando as formações subjetivas e identitárias dos que fazem a EA. Após este momento, discute a relação humanos/natureza e pesquisa junto aos jovens brasileiros e franceses sua visão destas relações. No seu percurso, tenta uma outra via de compreensão da relação com a natureza por meio da pesquisa literária, guiada pela escrita de Octavio Paz. Percebe, então, que espaços coletivos são importantes e descobre a emergência do grupo pesquisador em EA. No seu caminho permanente de formação e investigação, enfrenta os caminhos da interdisciplinaridade com os desafios epistemológicos, metodológicos e as vicissitudes da legitimação de um novo campo de saber, postas por este entrecruzamento de saberes na origem da EA. Como este educador está lançado no mundo, em face de um acidente ambiental que pode até prejudicar um país inteiro, busca a aprendizagem coletiva sobre as determinações socioambientais do acidente, modos de intervir e existir diante do acontecido. Em uma tentativa de consolidar seus conhecimentos em forma de ação, busca sua profissionalização, e então, entre 'rabos de borboletas e asas de jacarés', surge o fatal momento da avaliação de sua trajetória de pesquisa e ação. Entretanto, aceitando o movimento circular de avanços e recuos – equilíbrio e desordem, eis que o educador ambiental, fortalecido para mais um novo ciclo de ação-reflexão, retoma novos itinerários."

O convite à viagem a ser percorrida nesta pequena crônica, escrita pelas autoras, alude, ao mesmo tempo, ao percurso das questões discutidas pelos capítulos deste livro e a cartografia dos desafios epistemológicos e metodológicos que caracterizam o território da pesquisa em EA. Isto nos põe diante da trajetória de um educador que, idealmente, como na tragédia grega, encarna nosso *alter ego* e, através de seu percurso emblemático, se oferece para situar as vidas individuais em uma comunidade de sentidos. Guia-nos, assim, nesta trama que entretece os deslocamentos da experiência individual à coletiva, condição do sujeito educador que se aventura na reflexão sobre seu fazer pelos caminhos da pesquisa em EA.

Como a crônica anuncia, trata-se de navegar em um território instável, que já nasce de uma intersecção de saberes e de pretensões que buscam a produção de um novo modo de pensar, pesquisar e produzir conhecimento que supere as dicotomias entre a teoria e a prática. E ao anunciar seu trajeto, de mirar adiante entre caminhos até tortuosos, incertos e com atalhos que podem trazer dissabores, nossa história convida a percorrer tais trilhas, tendo a coragem de lançar-se na aventura da busca da ruptura contra a fragmentação moderna do saber científico. Possivelmente entre espinhos, mas seguramente com flores, o caminho proposto encontra pedagogias inteligentes que possam alicerçar os campos ambientais mais complexos.

Aí reside a emaranhada teia de fios, novelos, matizes e entrelaçamentos que convidam à construção de um novo saber que, sobretudo, ousa ser humilde em reconhecer um processo de aprendizagem jamais concluído. O desafio é o de aceitar que uma pesquisa pode não resolver os dilemas ambientais, bem como reconhecer que a EA situa-se mais em areias movediças do que em litorais ensolarados. Mas, por isso mesmo, a EA pode ser uma preciosa oportunidade na construção de novas formas de ser, pensar e conhecer que constituem um novo campo de possibilidades de saber.

Este debate não se limita ao campo da pesquisa em educação no Brasil. A propósito, a dimensão internacional é uma das características da EA, que, como o debate ambiental em geral, tem em suas raízes um cenário bastante mundializado, caracterizando-se como uma prática na qual o enraizamento local convive com um forte diálogo internacional, animado pelos debates e conferências e pelas trocas de experiência em nível mundial. Ultrapassando as fronteiras dos territórios e das desterritorializações, esse diálogo global tem-se mostrado constitutivo do campo, incidindo sobre as experiências locais. Neste sentido, como o leitor e a leitora poderão observar, a reflexão que este livro traz sobre pesquisa em EA é compartilhada não apenas no Brasil, mas reúne preocupações nucleadoras da experiência de diversos países presentes nesta ciranda da EA: Canadá, México, França, Espanha...

Os textos nos guiam nos contextos dos múltiplos itinerários teórico-metodológicos que estão sendo trilhados pelas educadoras e pelos educadores ambientais. Ao mesmo tempo, esta diversidade é atravessada por preocupações comuns que envolvem a formação do educador ambiental, a pesquisa e a identidade profissional. São frutos deste diálogo a construção de uma comunidade de aprendizagem que busca, para além a construção de um saber significativo, enraizado nas lutas cotidianas de quem sonha por uma EA transformadora.

A seqüência dos capítulos elege um, entre tantos possíveis caminhos, através das nossas identidades e percepções, que, reconhecemos, poderiam trilhar diferentes rumos, mas que demarcam uma opção de roteiro. Neste está presente o desejo de entrelaçar os conceitos e as estratégias, conforme temas, abordagens e trajetórias dos autores. Percorremos, assim, um itinerário epistemológico que passa pelas reflexões, experiências, mentes e corações, nossas e de nossos convidados que, carinhosa e cuidadosamente, traçam suas trajetórias evidenciando seus olhares, cores e diversidades.

Descortina nosso caminhar **Lucie Sauvé** (UQAM, Québec), que traz sua bela contribuição com "Uma cartografia das correntes em educação ambiental", por meio de suas diversas abordagens, que ela mesma define como as diferentes maneiras de conceber e praticar a EA. Ela é cuidadosa em não buscar hegemonias, permitindo a escolha livre no vôo de cada pessoa e reconhecendo que os itinerários são (re)construídos pelas experiências dos sujeitos.

O texto de **Mauro Grün** (ULBRA, RS) discute "O conceito de holismo em ética ambiental e educação ambiental", com destaque para os pressupostos filosóficos das abordagens holistas em EA, chamando a atenção para alguns problemas éticos, políticos e epistemológicos que podem surgir com a aceitação acrítica desta orientação. Ele alerta para o poder crítico de nossas interpretações, evocando cuidados responsáveis e o despertar do sentido crítico de cada pessoa naquilo que lê, interpreta e vivencia.

Isabel Cristina Moura Carvalho (ULBRA, RS) situa, a partir de uma reflexão hermenêutica, "A invenção do sujeito ecológico: identidade e subjetividade na formação do educador ambiental". Neste capítulo, a autora destaca os processos de constituição da identidade profissional do educador ambiental. Ela propõe pensar a EA como uma das práticas articuladoras das identificações dos sujeitos na formação de um ideário ecológico.

Com **Bernard Charlot** (Paris VIII, França) e **Veleida da Silva** (UFS, SE), aprendemos mais uma nova forma de se pensar e fazer EA, pela "Relação da natureza com a educação ambiental". Aqui, a leitora e o leitor poderão ser conduzidos pelas idéias filosóficas que perpassam as relações sociedade e natureza até as percepções que jovens brasileiros e franceses constroem sobre a natureza.

Valdo Barcelos (UFSM, RS) brinda os leitores ao entrelaçar as ciências e a poesia surrealista, embelezando a rota com a "Escritura do mundo em Octavio Paz: uma alternativa pedagógica em educação ambiental". Evidenciando a literatura também como forma de poder transformador, narra as representações em EA e as contribuições do escritor mexicano à sua formação. Consegue superar a ruptura entre arte e ciência, narrando com sensibilidade poética sua aventura na construção da EA.

Adentrando na idéia e na importância da formação de um grupo pesquisador, **Michèle Sato** (UFMT, MT) e **Jacques Gauthier** (Paris VIII, França) constroem a possibilidade de uma EA sociopoética com **Lymbo Parigipe** (PE), um índio pernambucano que, como Octavio Paz, busca na poesia sua forma de viver ao lado da natureza com a sabedoria indígena milenar. Propondo a "Insurgência do grupo pesquisador na educação ambiental sociopoética" querem radicalizar as inspirações contraculturais do campo ambiental.

Edgar Gonzáles-Gaudiano (UNAM, México) possibilita uma nova leitura em "Interdisciplinaridade e educação ambiental: explorando novos territórios epistêmicos" e nos convida à reflexão das dimensões epistemo-metodológicas e dos desafios de um trabalho interdisciplinar na EA. Tematizando um assunto crucial para a EA, renova os argumentos deste debate, reafirmando a interdisciplinaridade como um dos traços constitutivos do campo da EA.

"A pesquisa em história oral e a produção de conhecimento em educação ambiental" é a opção de **Aloísio Ruscheinsky** (FURG, RS), em outra de suas belas e férteis contribuições à pesquisa qualitativa em EA. Clamando por espaços sociais, trabalha com a complexidade ambiental na produção significativa do saber educativo, com ponderações sensatas que conduzem ao fortalecimento da EA através de um olhar com múltiplos diálogos e narrativas.

Uma situação emergencial que causa impactos ambientais em uma nação pode também ser não só a mola propulsora da pesquisa como também a constatação da cooperação e da solidariedade. Por meio do tema da instigante narrativa de **Pablo Ángel Meira-Cartea** (Universidade de Santiago de Compostela, Galícia), que narra um estudo de caso sobre "A catástrofe do Prestigie: leituras para uma educação ambiental na sociedade", aprendemos que a organização coletiva muda cenários indesejados e constrói um país.

Quais campos originam a formação e a profissionalização da EA? Respondendo à indagação sob uma perspectiva crítica e pró-ambiental, **José Gutiérrez-Pérez** (Universidade de Granada, Espanha) clama "Por uma formação dos profissionais ambientais, baseada nas competências da ação", saindo de uma perspectiva ingênua e propondo uma atitude mais profissional que considere os avanços da pesquisa e a profissionalização da EA.

Finalizando este itinerário de debate sobre pesquisa em EA, abrem-se inesperados vôos e pousos no provocador texto fenomenológico de **Luiz Augusto Passos e Michèle Sato**, que evoca "De asas de jacarés e rabos de borboletas à construção fenomenológica de uma canoa", como um processo de "avaliação da avaliação da EA" no Programa de Pós-Graduação em Educação da UFMT, onde são docentes, parceiros e pesquisadores em EA.

O trajeto poderia seguir outros rumos, pois estamos cientes de que jamais conheceremos todos os múltiplos percursos possíveis na construção do saber em EA. A pequena mostra que oferecemos aqui contou com a sensibilidade e a colaboração de vários educadores atuantes na EA, seja no Brasil seja no cenário internacional. Estamos cientes, enquanto organizadoras desta obra, que a proposição foi aceita com acolhimento e generosidade pelos colegas e que, como nós, eles possuem o desejo de fortalecer a pesquisa como um dos possíveis caminhos para a construção da EA.

Entre os diferentes contextos, referenciais e abordagens, uma identidade geral se consolida nesta publicação: a vontade de protagonizar o ambientalismo para concretizar o desejo absoluto de mudar a vida reinventando a paixão. Na mistura, muitas vezes inseparável, da luta da militância ecológica, da pesquisa na formação acadêmica e do desejo do fortalecimento das políticas públicas, a EA está sendo desenhada com compromisso, engajamento e responsabilidade ética. Como convite a este protagonismo, desejamos que os leitores e as leitoras possam inserir-se neste encontro de saberes e reflexões pelos diálogos com os capítulos. Sem a pretensão de nivelar as diferenças, ou pasteurizar os diferentes movimentos que fazem a diversidade da EA, estamos propondo a liberdade no sobrevôo da vida e no livre pulsar de nossa própria história.

> Assumir a posição de sujeito histórico, da qual deriva o ato libertador, é um lançar-se para o futuro, e para a utopia da realização daqueles que não têm lugar no sistema. É, ao mesmo tempo, a ultrapassagem do mundo e da transcendência pessoal. (Freire, 2000, p. 11)

REFERÊNCIA

FREIRE, Paulo. *Pedagogia da indignação: cartas pedagógicas e outros escritos*. São Paulo: UNESP, 2000.

1

Uma cartografia das correntes em educação ambiental

Lucie Sauvé

Quando se aborda o campo da educação ambiental, podemos nos dar conta de que, apesar de sua preocupação comum com o meio ambiente e do reconhecimento do papel central da educação para a melhoria da relação com este último, os diferentes autores (pesquisadores, professores, pedagogos, animadores, associações, organismos, etc.) adotam diferentes discursos sobre a EA e propõem diversas maneiras de conceber e de praticar a ação educativa neste campo. Cada um predica sua própria visão e viu-se, inclusive, formarem-se "igrejinhas" pedagógicas que propõem a maneira "correta" de educar, "o melhor" programa, o método "adequado".

Agora, como encontrar-se em tal diversidade de proposições? Como caracterizar cada uma delas, para identificar aquelas que mais convêm ao nosso contexto de intervenção, e escolher as que saberão inspirar nossa própria prática?

Uma das estratégias de apreensão das diversas possibilidades teóricas e práticas no campo da educação ambiental consiste em elaborar um mapa deste "território" pedagógico. Trata-se de reagrupar proposições semelhantes em categorias, de caracterizar cada uma destas últimas e de distingui-las entre si, ao mesmo tempo relacionando-as: divergências, pontos comuns, oposição e complementaridade.

É assim que identificaremos e tentaremos cercar diferentes "correntes" em educação ambiental. A noção de corrente refere-se aqui a uma maneira geral de conceber e de praticar a educação ambiental. Podem se incorporar, a uma mesma corrente, uma pluralidade e uma diversidade de proposições. Por outro lado, uma mesma proposição pode corresponder a duas ou três correntes diferentes, segundo o ângulo sob o qual é analisada. Finalmente, embora cada uma das correntes apresente um conjunto de características específicas que a distingue das outras, as correntes não são, no entanto, mutuamente excludentes em todos os planos: certas correntes compartilham características comuns. Esta sistematização das correntes torna-se uma ferramenta de análise a serviço da exploração da diversidade de proposições pedagógicas e não um grilhão que obriga a classificar tudo em categorias rígidas, com o risco de deformar a realidade.

Exploraremos brevemente 15 correntes de educação ambiental. Algumas têm uma tradição mais "antiga" e foram dominantes nas primeiras décadas da EA (os anos de 1970 e 1980); outras, correspondem a preocupações que surgiram recentemente.

Entre as correntes que têm uma longa tradição em educação ambiental, analisaremos as seguintes:

- naturalista
- conservacionista/recursista
- resolutiva
- sistêmica
- científica
- humanista
- moral/ética

Entre as correntes mais recentes:

- holística
- biorregionalista
- práxica
- crítica
- feminista
- etnográfica
- da ecoeducação
- da sustentabilidade

Cada uma das correntes será apresentada em função dos seguintes parâmetros:

- a concepção dominante do meio ambiente;
- a intenção central da educação ambiental;
- os enfoques privilegiados;
- o(s) exemplo(s) de estratégia(s) ou de modelo(s) que ilustra(m) a corrente.

Finalmente, esta sistematização deve ser vista como uma proposta teórica e será vantajoso que constitua objeto de discussões críticas.

CORRENTE NATURALISTA

Esta corrente é centrada na relação com a natureza. O enfoque educativo pode ser cognitivo (aprender com coisas sobre a natureza), experiencial (viver na natureza e aprender com ela), afetivo, espiritual ou artístico (associando a criatividade humana à da natureza).

A tradição da corrente naturalista é certamente muito antiga, se consideramos as "lições de coisas" ou a aprendizagem por imersão e imitação nos grupos sociais cuja cultura está estreitamente forjada na relação com o meio natural. No curso do último século, a corrente naturalista pode ser associada mais especificamente ao movimento de "educação para o meio natural" (*nature education*) e a certas proposições de "educação ao ar livre" (*outdoor education*).

As proposições da corrente naturalista com freqüência reconhecem o valor intrínseco da natureza, acima e além dos recursos que ela proporciona e do saber que dela se possa obter.

O modelo de intervenção desenvolvido pelo norte-americano Steve Van Matre (1990) é por certo o modelo típico de proposição relacionado com a corrente naturalista. "A Educação para a Terra" é apresentada como resposta ao diagnóstico de ineficácia, feito pelo autor, sobre uma educação ambiental centrada na resolução de problemas. Van Matre criou um Instituto de Educação para a Terra, cujo programa educativo consiste em convidar as crianças (ou outros participantes) a viverem experiências cognitivas e afetivas em um meio natural, explorando o enfoque experiencial, a pedagogia do jogo e o atrativo de se pôr em situações misteriosas ou mágicas, a fim de adquirir uma compreensão dos fenômenos ecológicos e de desenvolver um vínculo com a natureza. Na pedagogia para os adultos (andragogia), Michael Cohen (1990) afirma igualmente que de nada serve querer resolver os problemas ambientais se não se compreendeu pelo menos como "funciona" a natureza; deve-se aprender a entrar em contato com ela, por intermédio de nossos sentidos e de outros meios sensíveis: o enfoque é sensualista, mas também espiritualista, pois se trata de explorar a dimensão simbólica de nossa relação com a natureza e de compreender que somos parte dela. Também frente aos adultos, Darlene Clover e colaboradores (2000) insistem sobre a importância de considerar a natureza como educadora e como um meio de aprendizagem; a educação ao ar livre (*outdoor education*) é um dos meios mais eficazes para aprender sobre o mundo natural e para fazer compreender os direitos inerentes da natureza a existir por e para ela mesma; o lugar ou papel ou "nicho" do ser humano se define apenas nesta perspectiva ética.

CORRENTE CONSERVACIONISTA/RECURSISTA

Esta corrente agrupa as proposições centradas na "conservação" dos recursos, tanto no que concerne à sua qualidade quanto à sua quantidade: a água, o solo, a energia, as plantas (principalmente as plantas comestíveis e medicinais) e os animais (pelos recursos que podem ser obtidos deles), o patrimônio genético, o patrimônio construído, etc. Quando se fala de "conservação da natureza", como da biodiversidade, trata-se sobretudo de uma natureza-recurso. Encontramos aqui uma preocupação com a "administração do meio ambiente", ou, melhor dizendo, de gestão ambiental.

A "educação para a conservação" certamente sempre foi parte da educação familiar ou comunitária nos meios onde os recursos são escassos. Entre outras, ela se desenvolveu em situações de guerra em meados do último século – por exemplo, fundindo velhas panelas para fazer munições (triste reciclagem!) – e ao constatar os primeiros sinais de esgotamento dos recursos depois do *boom* econômico, após a Segunda Guerra Mundial nos países desenvolvidos.

Os programas de educação ambiental centrados nos três "R" já clássicos, os da Redução, da Reutilização e da Reciclagem, ou aqueles centrados em preocupações de gestão ambiental (gestão da água, gestão do lixo, gestão da energia, por exemplo) se associam à corrente conservacionista/recursista. Geralmente dá-se ênfase ao desenvolvimento de habilidades de gestão ambiental e ao ecocivismo. Encontram-se aqui imperativos de ação: comportamentos individuais e projetos coletivos. Recentemente, a educação para o consumo, além de uma perspectiva econômica, integrou mais explicitamente uma preocupação ambiental da conservação de recursos, associada a uma preocupação de eqüidade social.

Nesta perspectiva, a Associação COREN da Bélgica (http://www.coren.be/pdf/fiche03.pdf) define assim o ecoconsumo:

> Ecoconsumir é, primeiramente, fazer-se algumas perguntas pertinentes antes de comprar:
> - Esta compra corresponde a uma necessidade? Esta compra não será redundante em relação ao que já se tem? Trata-se aqui de evitar o esbanjamento (e toda compra) inútil.
>
> Em seguida, escolher o produto de maneira responsável, examinando o ciclo de vida dele:
>
> - Em relação à sua produção: de que é composto este produto? Os componentes são inofensivos? Eles provêm de matérias renováveis ou de matérias recicladas? O procedimento de fabricação respeita os critérios ambientais, éticos, etc.?
> - Em relação à sua distribuição: Onde este produto foi fabricado? Onde e como pode ser adquirido? Como está embalado? A embalagem é descartável?
> - Em relação à sua utilização: Como se emprega? Sua utilização tem efeitos no meio ambiente e na saúde? Sua utilização implica o consumo de outros recursos (água, energia, outros produtos...)? O material é sólido, consertável, recarregável, reutilizável?
> - Em relação à sua eliminação: Ao término de sua utilização, pode ser reutilizado de outra maneira? Existe uma forma de reciclagem? Se não, quais são as formas de eliminação controladas? Em qual lixeira deve ser posto? Quanto custa sua eliminação?

Wolfgang Sachs (2000, p. 77-78) formula, no entanto, uma advertência contra uma tendência recursista em matéria de meio ambiente.

> Que luzes projetamos sobre as coisas (ou sobre os seres humanos) que em seguida elas são qualificadas de recursos? Aparentemente, atribui-se a elas importância porque são úteis para fins superiores. O que conta não é o que elas são, mas o que elas podem vir a ser. Um recurso é uma coisa que não cumpre seu fim senão quando é transformada em outra coisa: seu valor próprio se volatiliza ante a pretensão de interesses superiores. (...) Nossa percepção esteve acostumada a ver a madeira de construção numa mata, o mineral numa rocha, os bens de raiz numa paisagem e o portador de qualificações num ser humano. O que se chama recurso está situado sob a jurisdição da produção (...). Conceber a água, o solo, os animais ou os seres humanos como recursos os marca como objetos que necessitam da gestão de planejadores e o cálculo de preços dos economistas. Este discurso ecológico leva a acelerar a famosa colonização do mundo vivo.

CORRENTE RESOLUTIVA

A corrente resolutiva surgiu em princípios dos anos 70, quando se revelaram a amplitude, a gravidade e a aceleração crescente dos problemas ambientais. Agrupa proposições em que o meio ambiente é considerado principalmente como um conjunto de problemas. Esta corrente adota a visão central de educação ambiental proposta pela UNESCO no contexto de seu Programa Internacional de Educação Ambiental (1975-1995). Trata-se de informar ou de levar as pessoas a se informarem sobre problemáticas ambientais, assim como a desenvolver habilidades voltadas para resolvê-las. Como no caso da corrente conservacionista/recursista, à qual a corrente resolutiva está freqüentemente associada, encontra-se aqui um imperativo de ação: modificação de comportamentos ou de projetos coletivos.

Uma das proposições mais destacadas da corrente resolutiva é certamente a de Harold R. Hungerford e colaboradores, da Southern Illinois University (1992), que desenvolveram um modelo pedagógico centrado no desenvolvimento seqüencial de habilidades de resolução de problemas. Segundo estes pesquisadores, a educação ambiental deve estar centrada no estudo de problemáticas ambientais (*environmental issues*), com seus componentes sociais e biofísicos e suas controvérsias inerentes: identificação de uma situação-problema, pesquisa desta situação (inclusive a análise de valores dos protagonistas), diagnósticos, busca de soluções, avaliação e escolha de soluções ótimas; a implementação das soluções não está incluída nesta proposição. Este modelo "fez escola" nos Estados Unidos, onde deu lugar a numerosos experimentos e publicações e cujas opções axiológicas fundamentais foram propostas como padrão nacional, levantando então uma polêmica entre os atores da educação ambiental, que fizeram valer a importância de preservar e valorizar as diversas maneiras de conceber e praticar a EA.

CORRENTE SISTÊMICA

Para os que se inscrevem nesta corrente, o enfoque sistêmico permite conhecer e compreender adequadamente as realidades e as problemáticas ambientais. A análise sistêmica possibilita identificar os diferentes componentes de um sistema ambiental e salientar as relações entre seus componentes, como as relações entre os elementos biofísicos e os sociais de uma situação ambiental. Esta análise é uma etapa essencial que autoriza obter em seguida uma visão de conjunto que corresponde a uma síntese da realidade apreendida. Chega-se assim à totalidade do sistema ambiental, cuja dinâmica não só pode ser percebida e compreendida melhor, como também os pontos de ruptura (se existirem) e as vias de evolução.

O enfoque das realidades ambientais é de natureza cognitiva e a perspectiva é a da tomada de decisões ótimas. As habilidades ligadas à análise e à síntese são particularmente necessárias.

A corrente sistêmica em educação ambiental apóia-se, entre outras, nas contribuições da ecologia, ciência biológica transdisciplinar, que conheceu seu auge nos anos de 1970 e cujos conceitos e princípios inspiraram o campo da ecologia humana.

Em Israel, Shoshana Keiny e Moshe Shashack (1987) desenvolveram um modelo pedagógico centrado no enfoque sistêmico: uma saída a campo favorece a observação de uma realidade ou fenômeno ambiental e analisar seus componentes e relações, a fim de desenvolver um modelo sistêmico que permita chegar a uma compreensão global da problemática em questão; esta visão de conjunto permite identificar e escolher soluções mais apropriadas; o processo de resolução de problemas pode então continuar de maneira adequada. André Giordan e Chirstian Souchon (1991), em seu trabalho *Une éducation pour l'environnement*, integram igualmente o enfoque sistêmico, que eles associam à adoção de um modo de trabalho interdisciplinar que possa levar em conta a complexidade dos objetos e dos fenômenos estudados. O estudo de um determinado meio ambiente leva primeiramente à identificação dos seguintes aspectos: os elementos do sistema, quer dizer, os atores e fatores (inclusive humanos) aparentemente responsáveis por um estado (ou por uma mudança de estado); as interações entre estes elementos (a sinergia, por exemplo, ou os efeitos contraditórios); as estruturas nas quais os fatores (ou os seres) intervêm (incluindo as fronteiras do sistema, as redes de transporte e de comunicação, os depósitos ou lugares de armazenamento de materiais e de energia); as regras ou as leis que regem a vida destes elementos (fluxos, centros de decisão, cadeias de realimentação, prazos, etc.). Em segundo lugar, trata-se de compreender as relações entre estes diversos elementos e de identificar, por exemplo, as relações causais entre os acontecimentos que caracterizam a situação observada. Finalmente, pode-se aproveitar a compreensão sistemática da situação estudada para a busca de soluções menos prejudiciais ou mais desejáveis em relação ao meio ambiente.

CORRENTE CIENTÍFICA

Algumas proposições de educação ambiental dão ênfase ao processo científico, com o objetivo de abordar com rigor as realidades e problemáticas ambientais e de compreendê-las melhor, identificando mais especificamente as relações de causa e efeito. O processo está centrado na indução de hipóteses a partir de observações e na verificação de hipóteses, por meio de novas observações ou por experimentação. Nesta corrente, a educação ambiental está seguidamente associada ao desenvolvimento de conhecimentos e de habilidades relativas às ciências do meio ambiente, do campo de pesquisa essencialmente interdisciplinar para a transdisciplinaridade. Como na corrente sistêmica, o enfoque é sobretudo cognitivo: o meio ambiente é objeto de conhecimento para escolher uma solução ou ação apropriada. As habilidades ligadas à observação e à experimentação são particularmente necessárias.

Entre as proposições associadas a este campo, várias provêm de autores ou pedagogos que se interessaram pela educação ambiental a partir de preocupações do âmbito da didática das ciências ou, mais ainda, de seus campos de interesse em ciências do meio ambiente. Para os didáticos, o meio ambiente torna-se um tema "atrativo" que estimula o interesse pelas ciências, ou, mais, uma preocupação que proporciona uma dimensão social e ética à atividade científica. Geralmente, a perspectiva é a de compreender melhor para orientar melhor a ação. Amiúde as proposições da corrente científica integram o enfoque sistêmico e um processo de resolução de problemas, encontrando-se assim com as outras duas correntes anteriormente apresentadas.

Louis Goffin e colaboradores (1985) propõem um modelo pedagógico centrado na seguinte seqüência, que integra as etapas de um processo científico: uma exploração do meio, a observação de fenômenos e a criação de hipóteses, a verificação de hipóteses, a concepção de um projeto para resolver um problema ou melhorar uma situação. Este modelo adota igualmente um enfoque sistêmico e interdisciplinar, na confluência das ciências humanas e das ciências biofísicas, o que lhe dá uma maior pertinência.

Muito seguido, no entanto, a associação entre a EA e a educação científica situa-se somente no contexto do ensino das ciências da natureza (ou ciências biofísicas). Faz-se então um conjunto de perguntas e de preocupações.

A conjunção entre a educação ambiental e o ensino das ciências poderia ser problemática. (...) O argumento principal concerne às finalidades destas duas dimensões da educação: por um lado, com a finalidade de otimizar a relação com o meio ambiente, a EA teria como objetivo o desenvolvimento de atitudes e de um saber atuar em relação às realidades ambientais. Por outro lado, a educação científica é baseada, sobretudo, na idéia do científico (racionalidade, objetividade, rigor, validade, reprodutibilidade, etc.). A ciência é vista amiúde como exata e independente do domínio subjetivo... (Blader, 1998-1999).

Assim, a EA e a educação científica teriam divergências, a priori incompatíveis, em suas próprias finalidades. (Patrick Charland, 2003)

Alguns comentários opostos, obtidos com professores de ciências, que testemunham a controvérsia em curso (Sauvé et al., 1997):

- A EA ameaça a integridade das disciplinas científicas. Corre-se o risco de esvaziar o ensino das ciências de seu conteúdo disciplinar. Se são introduzidas as problemáticas ambientais, por exemplo, não se faz química. Educar pelos valores, isso não é ciência.
- A ciência utiliza um método particular, quer dizer, um método experimental, hipotético-dedutivo: trata-se de entrar em contato direto com a realidade, de observar, de se questionar, de emitir hipóteses, de verificá-las. Seguidamente as atividades em EA eliminam o contato com o objeto de aprendizagem e se atribuem um caráter pseudocientífico. A EA limita-se a buscar informações em documentos, sem verificar a exatidão; dá uma pretensa garantia científica, sem estimular o espírito crítico.
- Existe uma grande semelhança entre o processo científico e o processo de resolução de problemas: observação do meio, problematização e acompanhamento do processo de resolução. Esta convergência pode ser vantajosamente utilizada para aproximar a EA e o ensino das ciências.
- As situações de aprendizagem propostas em EA interessam aos alunos porque elas estão relacionadas com sua realidade concreta. Elas oferecem um contexto de vulgarização de noções abstratas. Por outro lado, pode-se ligar o conhecimento à ação. E os jovens têm necessidade de sentir que podem participar da mudança social.
- Há um perigo em reduzir a EA ao campo do ensino das ciências, onde paradoxalmente a EA é ao mesmo tempo reivindicada como objeto próprio e legítimo e percebida como uma espécie de "ovelha negra" que apresenta problemas. Para alguns, o problema é o do risco de descaracterizar o ensino das ciências, para outros o problema é o das condições atuais de ensino que não permitem desenvolver adequadamente a EA.
- É em um contexto de ensino das ciências e tecnologias integradas e, melhor ainda, em vínculo com o ensino das ciências do meio ambiente (campo interdisciplinar ou transdisciplinar) que a EA se integra melhor.
- Se a EA for limitada ao ensino das ciências perde-se o sentido. A EA não pode se contentar com um enfoque científico das realidades biofísicas, com uma investigação "da boa resposta" como é habitualmente em ciências.

- Há riscos de deixar os jovens pensarem que é somente PELA ciência onipotente que se chegará a solucionar nossos problemas de sociedade.

CORRENTE HUMANISTA

Esta corrente dá ênfase à dimensão humana do meio ambiente, construído no cruzamento da natureza e da cultura. O ambiente não é somente apreendido como um conjunto de elementos biofísicos, que basta ser abordado com objetividade e rigor para ser mais bem compreendido, para interagir melhor. Corresponde a um meio de vida, com suas dimensões históricas, culturais, políticas, econômicas, estéticas, etc. Não pode ser abordado sem se levar em conta sua significação, seu valor simbólico. O "patrimônio" não é somente natural, é igualmente cultural: as construções e os ordenamentos humanos são testemunhos da aliança entre a criação humana e os materiais e as possibilidades da natureza. A arquitetura, entre outros elementos, encontra-se no centro desta interação. O meio ambiente é também o da cidade, da praça pública, dos jardins cultivados, etc.

Neste caso, a porta de entrada para apreender o meio ambiente é freqüentemente a paisagem. Esta última é seguidamente modelada pela atividade humana; ela fala ao mesmo tempo da evolução dos sistemas naturais que a compõem e das populações humanas que estabeleceram nela suas trajetórias. Este enfoque do meio ambiente é, muitas vezes, preferido pelos educadores que se interessam pela educação ambiental sob a ótica da geografia e/ou de outras ciências humanas.

O enfoque é cognitivo, mas além do rigor da observação, da análise e da síntese, a corrente humanista convoca também o sensorial, a sensibilidade afetiva, a criatividade.

Bernard Deham e Josette Oberlinkels (1984) propõem um modelo de intervenção característico da corrente humanista, que convida a explorar o meio ambiente como meio de vida e a construir uma representação deste último. A seqüência é a seguinte: uma exploração do meio de vida por meio de estratégias de itinerário, de leitura da paisagem, de observações livres e dirigidas, etc., que recorrem ao enfoque cognitivo, sensorial e afetivo; um exame comum das observações e das perguntas que se fizeram; a criação de um projeto de pesquisa que busque compreender melhor um aspecto particular ou uma realidade específica do meio de vida; a fase de pesquisa como tal, aproveitando os recursos que são o próprio meio (a observar novamente), as pessoas do meio (para interrogar), os documentos (impressos, informes, monografias, etc., para consultar) e o saber do grupo: os conhecimentos e os talentos de cada um são aproveitados; a comunicação dos resultados (um informe, uma produção artística ou qualquer outra forma de síntese); a avaliação (contínua e ao fim do percurso); a criação de novos projetos. Segundo os autores, conhecer melhor o meio ambiente permite se relacionar melhor e, finalmente, estar em melhores condições para intervir melhor: a primeira etapa é a de construir uma representação coletiva a mais rica possível do meio estudado.

CORRENTE MORAL/ÉTICA

Muitos educadores consideram que o fundamento da relação com o meio ambiente é de ordem ética: é, pois, neste nível que se deve intervir de maneira prioritária. O atuar baseia-se em um conjunto de valores, mais ou menos conscientes e coerentes entre eles. Assim, diversas proposições de educação ambiental enfatizam o desenvolvimento dos valores ambientais. Alguns convidam para a adoção de uma "moral" ambiental, prescrevendo um código de comportamentos socialmente desejáveis (como os que o ecocivismo propõe); mas, mais fundamentalmente ainda, pode se tratar de desenvolver uma verdadeira "competência ética", e de construir seu próprio sistema de valores. Não somente é necessário saber analisar os valores dos protagonistas de uma situação como, antes de mais nada, esclarecer seus próprios valores em relação ao seu próprio atuar. A análise de diferentes correntes éticas, como escolhas possíveis, torna-se aqui uma estratégia muito apropriada: antropocentrismo, biocentrismo, sociocentrismo, ecocentrismo, etc.

Como exemplo de modelo pedagógico relacionado a esta corrente, notemos o que desenvolveu Louis Iozzi (1987) e que aponta para o desenvolvimento moral dos alunos, em vínculo com o desenvolvimento do raciocínio sociocientífico. Trata-se de favorecer a confrontação em situações morais que levam a fazer suas próprias escolhas e a justificá-las: o desenvolvimento moral opera, em diversas situações, por meio do "conflito moral", do confronto, às vezes difícil, com as posições dos outros. A estratégia do "dilema moral" é proposta aqui na seguinte seqüência: a apresentação de um caso, seja uma situação moral (por exemplo, um caso de desobediência civil frente a uma situação que se deseja denunciar); a análise desta situação, com seus componentes sociais, científicos e morais; a escolha de uma solução (conduta); a argumentação sobre esta escolha; o estabelecimento de relação com seu próprio sistema de referência ética. Louis Iozzi propõe igualmente a estratégia do debate (no qual se confrontam diferentes posições éticas) e a de um roteiro do futuro (que implica as escolhas de valores sociais).

Um tal enfoque racional das realidades morais ou éticas não é, no entanto, o único enfoque possível: outros pedagogos propuseram enfoques afetivos, espirituais ou holísticos.

CORRENTE HOLÍSTICA

Segundo os educadores que inscrevem seus trabalhos nesta corrente, o enfoque exclusivamente analítico e racional das realidades ambientais encontra-se na origem de muitos problemas atuais. É preciso levar em conta não apenas o conjunto das múltiplas dimensões das realidades socioambientais, mas também das diversas dimensões da pessoa que entra em relação com estas realidades, da globalidade e da complexidade de seu "ser-no-mundo". O sentido de "global" aqui é muito diferente de "planetário"; significa, antes, holístico, referindo-se à totalidade de cada ser, de cada realidade, e à rede de relações que une os seres entre si em conjuntos onde eles adquirem sentido.

A corrente holística não associa proposições necessariamente homogêneas, como é o caso das outras correntes. Algumas proposições, por exemplo, estão mais centradas em preocupações de tipo psicopedagógico (apontando para o desenvolvimento global da pessoa em relação ao seu meio ambiente); outras estão ancoradas em uma verdadeira cosmologia (ou visão do mundo) em que todos os seres estão relacionados entre si, o que leva a um conhecimento "orgânico" do mundo e a um atuar participativo em e com o ambiente.

Por exemplo, o Instituto de Ecopedagogia da Bélgica (sem data) oferece sessões de formação em educação ambiental que integram um enfoque holístico da aprendizagem e da relação com o meio, em uma perspectiva psicopedagógica. Em seu "caderno de ecopedagogia" intitulado "Receitas e não-receitas" (sem data) encontra-se uma "holificha" que convida a favorecer a apropriação de um lugar (um bosquezinho, por exemplo) para exploração livre, autônoma e espontânea, recorrendo a uma diversidade de enfoques das realidades: enfoques sensorial, cognitivo, afetivo, intuitivo, criativo, etc. Encontra-se igualmente uma "servoficha" que convida a levar em conta os diversos campos do "cérebro global": os campos do raciocinado, do imaginado, do formalizado, do sentido.

Sob uma perspectiva holística mais fundamental ainda, Nigel Hoffmann (1994) inspira-se no filósofo Heidegger e no poeta naturalista Goethe para propor um enfoque orgânico das realidades ambientais. Devem-se abordar, efetivamente, as realidades ambientais de uma maneira diferente daquelas que contribuíram para a deterioração do meio ambiente. O processo de investigação não consiste em conhecer as coisas a partir do exterior, para explicá-las; origina-se de uma solicitação, de um desejo de preservar seu ser essencial permitindo-lhes revelar-se com sua própria linguagem. Permitir aos seres (as plantas, os animais, as pedras, as paisagens, etc.) falar por si mesmos, com sua própria natureza, antes de encerrar essas naturezas a priori ou logo a seguir em nossas linguagens e teorias, permitirá que nos ocupemos melhor deles. Goethe convida a aprender a se comprometer com os seres, com a natureza, a participar dos fenômenos que encontramos, para que nossa atividade criativa (criatividade técnica, artística, artesanal, agrícola, etc.) associe-se com a da natureza. Se escutamos a linguagem das coisas, se aprendemos a trabalhar de maneira criativa em colaboração com as forças criativas do meio ambiente, podemos criar paisagens nas quais os elementos (naturais, adaptados, construídos) se desenvolvem e se harmonizam como em um jardim.

CORRENTE BIORREGIONALISTA

Segundo Peter Berg e Raymond Dasmand (1976, em Traina e Darley-Hill, 1995), que aclararam o conceito de biorregião, esta tem dois elementos essenciais: 1) trata-se de um espaço geográfico definido mais por suas características naturais do que por suas fronteiras políticas; 2) refere-se a um sentimento de identidade entre as comunidades humanas que ali vivem, à relação com o conhecimento deste meio e ao desejo de adotar modos de vida que contribuirão para a valorização da comunidade natural da região.

> Uma biorregião é um lugar geográfico que corresponde habitualmente a uma bacia hidrográfica e que possui características comuns como o relevo, a altitude, a flora e a fauna. A história e a cultura dos humanos que a habitam fazem parte também da definição de uma biorregião. A perspectiva biorregional nos leva então a olhar um lugar sob o ângulo dos sistemas naturais e sociais, cujas relações dinâmicas contribuem para criar um sentimento de "lugar de vida" arraigado na história natural assim como na história cultural. (Marcia Nozick, 1995, p. 99)

O biorregionalismo surge, entre outros, no movimento de retorno à terra, em fins do século passado, depois das desilusões com a industrialização e a urbanização massivas. Trata-se de um movimento socioecológico que se interessa em particular pela dimensão econômica da "gestão" deste lar de vida compartilhada que é o meio ambiente.

A corrente biorregionalista inspira-se geralmente numa ética ecocêntrica e centra a educação ambiental no desenvolvimento de uma relação preferencial com o meio local ou regional, no desenvolvimento de um sentimento de pertença a este último e no compromisso em favor da valorização deste meio. Trata-se de aprender a reabitar a Terra, segundo as propostas de Davir Orr (1992, 1996) e de Wendel Berry (1997). Reconhece-se aqui o caráter inoportuno desta "pedagogia do além" que baseia a educação em considerações exógenas ou em problemáticas planetárias que não são vistas em relação com as realidades do contexto de vida e que oferecem poucas ocasiões concretas para atuações responsáveis.

O modelo pedagógico desenvolvido por Elsa Talero e Gloria Humana de Gauthier (1993), da Universidade Pedagógica Nacional (Bogotá, Colômbia), inscreve-se em uma perspectiva biorregional. Este modelo serve de fundamento para um programa de formação de professores que as autoras desenvolveram e que está destinado às regiões dos arredores de Bogotá. A escola torna-se aqui o centro do desenvolvimento social e ambiental como meio de vida. A educação ambiental está centrada em um enfoque participativo e comunicativo: ela convoca os pais e outros membros da comunidade. Trata-se primeiramente de se comprometer em um processo de reconhecimento do meio e de identificação das problemáticas ou das perspectivas de desenvolvimento deste último. A síntese desta exploração dá lugar à elaboração de um mapa conceitual das principais características do meio ambiente, que põe em evidência os elementos inter-relacionados aos problemas observados. Logo, emergem os projetos de resolução destes problemas em uma perspectiva proativa de desenvolvimento comunitário. Cada projeto é examinado com uma visão sistêmica, contribuindo para um projeto de desenvolvimento biorregional de conjunto mais vasto. Um dos projetos considerados é então identificado como prioritário, ou porque corresponde a uma preocupação dominante ou porque permite intervir mais acima em uma "cadeia" de problemas inter-relacionados. Nesse momento, a ligação entre o projeto escolhido e o currículo escolar é aclarada pelos professores. Não é, pois, o currículo formal que determina o projeto pedagógico, mas este último é que dá uma significação contextual ao currículo formal e que o enriquece. Entre os projetos desenvolvidos mencionemos um que busca resolver o problema da perda de qualidade dos solos, em relação com a necessidade de promover uma economia biorregional: em uma dinâmica comunitária, os alunos empreenderam o desenvolvimento de uma pequena empresa de produção de frutas e de transformação destas em geléia, vendida no mercado regional. Para favorecer uma produção de qualidade e enriquecer o solo, as pessoas da comunidade foram convidadas a oferecer adubo fabricado com as sobras de suas atividades piscícolas e hortícolas. Este projeto contribuiu para desenvolver uma visão ecossistêmica da produção piscícola e agrícola e para integrar estas atividades entre si, para otimizar a produção, minimizar as perdas e combater a contaminação do meio.

CORRENTE PRÁXICA

A ênfase desta corrente está na aprendizagem *na* ação, *pela* ação e *para* a melhora desta. Não se trata de desenvolver *a priori* os conhecimentos e as habilidades com vistas a uma eventual ação, mas em pôr-se imediatamente em situação de ação e de aprender pelo projeto por e para esse projeto. A aprendizagem convida a uma reflexão na ação, no projeto em curso. Lembremos que a *práxis* consiste essencialmente em integrar a reflexão e a ação, que, assim, se alimentam mutuamente.

O processo da corrente práxica é, por excelência, o da pesquisa-ação, cujo objetivo essencial é o de operar uma mudança em um meio (nas pessoas e no meio ambiente) e cuja dinâmica é participativa, envolvendo os diferentes atores de uma situação por transformar. Em educação ambiental, as mudanças previstas podem ser de ordem socioambiental e educacional.

William Stapp e colaboradores (1988) desenvolveram um modelo pedagógico que ilustra muito bem a corrente práxica: *A pesquisa-ação para a resolução de problemas comunitários*. Trata-se de empreender um processo participativo para resolver um problema socioambiental percebido no meio imediato da vida. Mas, além do processo habitual de resolução de problemas, trata-se de integrar uma reflexão constante sobre o projeto de ação empreendido: por que empreendemos esse projeto? Nossa finalidade e nossos objetivos mudam no caminho? Nossas estratégias são apropriadas? O que aprendemos durante a realização do projeto? O que ainda devemos aprender? Nossa dinâmica de trabalho é saudável? Etc. Realmente, um projeto deste tipo é um cadinho de aprendizagem: não se trata de saber tudo antes de passar pela ação, mas de aceitar aprender na ação e de ir reajustando-a. Aprende-se também sobre si mesmo e se aprende a trabalhar em equipe. Mas uma das características da proposição de William Stapp é a de associar estreitamente as mudanças socioambientais com as mudanças educacionais necessárias: para operar estas mudanças no meio é preciso transformar, inicialmente, nossas maneiras tradicionais de ensinar e de aprender. Deve-se ajudar os jovens a se tornarem atores do mundo atual e futuro, caracterizado por numerosas e rápidas mudanças e pela complexidade dos problemas sociais e ambientais.

CORRENTE DE CRÍTICA SOCIAL

A corrente práxica é muitas vezes associada à da crítica social. Esta última inspira-se no campo da "teoria crítica", que foi inicialmente desenvolvida em ciências sociais e que integrou o campo da educação, para finalmente encontrar-se com o da educação ambiental nos anos de 1980 (Robottom e Hart, 1993).

Esta corrente insiste, essencialmente, na análise das dinâmicas sociais que se encontram na base das realidades e problemáticas ambientais: análise de intenções, de posições, de argumentos, de valores explícitos e implícitos, de decisões e de ações dos diferentes protagonistas de uma situação. Existe coerência entre os fundamentos anunciados e os projetos empreendidos? Há ruptura entre a palavra e a ação? Em particular, as relações de poder são identificadas e denunciadas: quem decide o quê? Para quem? Por quê? Como a relação com o ambiente se submete ao jogo dos valores dominantes? Qual é a relação entre o saber e o poder? Quem tem ou pretende ter o saber? Para que fins? As mesmas perguntas são formuladas a propósito das realidades e problemáticas educacionais, cuja ligação com estas últimas deve ser explícita: a educação é ao mesmo tempo o reflexo da dinâmica social e o cadinho das mudanças. Como exemplo de pergunta crítica: por que a integração da educação ambiental no meio escolar apresenta problemas? Em que a educação ambiental pode contribuir para desconstruir a herança nefasta do colonialismo em certos países em desenvolvimento?

Esta postura crítica, com um componente necessariamente político, aponta para a transformação de realidades. Não se trata de uma crítica estéril. Da pesquisa ou no curso dela emergem projetos de ação em uma perspectiva de emancipação, de libertação das alienações. Trata-se de uma postura corajosa, porque ela começa primeiro por confrontar a si mesma (a pertinência de seus próprios fundamentos, a coerência de seu próprio atuar) e porque ela implica o questionamento dos lugares-comuns e das correntes dominantes.

Chaia Heller (2003), vinculando-se à corrente de ecologia social (mais especificamente ao Instituto para a Ecologia Social, organismo preocupado com a transformação social e ecológica por meio de ativismos e da educação) propõe um processo crítico em três tempos: uma fase crítica, uma fase de resistência e uma fase de reconstrução. Sua proposição se inspira, em seu conjunto, no anarquismo social que "rejeita os preceitos liberais clássicos do individualismo e da concorrência para propor em seu lugar os valores de coletividade e de cooperação" (p. 104). A autora integra a tal postura crítica um olhar e valores feministas. A proposição de ecologia social se encontra, vista de vários ângulos, com a corrente de crítica social.

O modelo de intervenção desenvolvido por Alberto Alzate Patiño (1994), da Universidade de Córdoba (Colômbia), compreende numerosos elementos da corrente biorregional; relaciona-se igualmente com a corrente de crítica social. Esta proposição está centrada em uma pedagogia de projetos interdisciplinares que aponta para o desenvolvimento de um saber-ação, para a resolução de problemas locais e para o desenvolvimento local. Insiste na contextualização dos temas tratados e na importância do diálogo dos saberes: saberes científicos formais, saberes cotidianos, saberes de experiência, saberes tradicionais, etc. É preciso confrontar estes saberes entre si, não aceitar nada em definitivo, abordar os diferentes discursos com um enfoque crítico para esclarecer a ação. Esta última deve, por outro lado, se apoiar em um referencial teórico e gerar elementos para o enriquecimento progressivo de uma teoria da ação. Teoria e ação estão estreitamente ligadas em uma perspectiva crítica. A primeira etapa do processo que propõe este modelo é a análise dos textos relativos a um tema ambiental, a água, por exemplo: textos de tipo argumentativo, textos científicos, informes de estudos, artigos de jornais, textos literários, poemas, etc. Cada texto é analisado em função de suas intenções, de seu enfoque, de seus fundamentos, das implicações destes últimos, de sua significação fundamental em relação ao meio ambiente. Do conjunto destes textos, desprendem-se depois diferentes problemas: problemas de saber, de ação e de saber-ação. Passa-se assim da temática à problemática, através de diferentes discursos. A segunda etapa é relacionar a problemática explorada pelos textos com a realidade local, cotidiana: por exemplo, como se estabelece aqui a nossa relação com a água? A quais problemas estão associados? Em que está envolvida a cultura social nesta relação com a água? Inicia-se, então, um processo de pesquisa para compreender melhor estes problemas, aclarar o significado das realidades para as pessoas que estão associadas e para buscar soluções: aqui entra novamente em jogo o diálogo dos saberes, a fim de abordar a situação sob diversos ângulos complementares e confrontar entre si as diversas visões e soluções de uma perspectiva crítica. Depois se elaboram projetos a partir de uma perspectiva comunitária. Os projetos são concebidos e apresentados às autoridades municipais que, em colaboração com os responsáveis pelo meio escolar, escolhem aqueles que estão mais bem argumentados e concebidos, a fim de lhes dar ajuda financeira para sua realização. O pessoal do ou dos projetos selecionados convoca todos para participar, na escola e na comunidade. Uma das maiores preocupações durante a concepção e o desenvolvimento dos projetos é a de fazer surgir progressivamente uma teoria da ação socioambiental (um saber-ação). Cada aluno, inclusive na escola fundamental, é convidado a refletir sobre o projeto, sua essência, para assim aclarar sua razão de ser e seu significado (seus fundamentos) e para descobrir o que se aprende realizando tal ação (sobre a própria problemática e sobre o processo de implementação).

A postura crítica é igualmente aplicada às realidades educacionais.

> A educação ambiental que se inscreve numa perspectiva sociocrítica (*socially critical environmental education*) convida os participantes a entrar em um processo de pesquisa em relação a suas próprias atividades de educação ambiental (...). É preciso considerar particularmente as rupturas entre o que o prático pensa que faz e o que na realidade faz e entre o que os participantes querem fazer e o que podem fazer em seu contexto de intervenção específica. O prático deve se comprometer neste questionamento, porque a busca de soluções válidas passa pela análise das relações entre a teoria e a prática. (...) A reflexão crítica deve abranger igualmente as premissas e valores que fundam as políticas educacionais, as estruturas organizacionais e as práticas em aula. O prático pode desenvolver, através deste enfoque crítico das realidades do meio, sua própria teoria da educação ambiental. (Robottom e Hart, 1993, p. 24)

CORRENTE FEMINISTA

Da corrente da crítica social, a corrente feminista adota a análise e a denúncia das relações de poder dentro dos grupos sociais. Mas, além disso, e quanto às relações de poder nos campos político e econômico, a ênfase está nas relações de poder que os homens ainda exercem sobre as mulheres, em certos contextos, e na necessidade de integrar as perspectivas e os valores feministas aos modos de governo, de produção, de consumo, de organização social. Em matéria de meio ambiente, uma ligação estreita ficou estabelecida entre a dominação das mulheres e a da natureza: trabalhar para restabelecer relações harmônicas com a natureza é indissociável de um projeto social que aponta para a harmonização das relações entre os humanos, mais especificamente entre os homens e as mulheres.

A corrente feminista se opõe, no entanto, ao predomínio do enfoque racional das problemáticas ambientais, tal como freqüentemente se observa nas teorias e práticas da corrente de crítica social. Os enfoques intuitivo, afetivo, simbólico, espiritual ou artístico das realidades do meio ambiente são igualmente valorizados. No contexto de uma ética da responsabilidade, a ênfase está na entrega: cuidar do outro humano e o outro como humano, com uma atenção permanente e afetuosa.

Se no começo o movimento feminista aplicou-se principalmente em remanejar e denunciar as relações de poder entre os homens e as mulheres, a tendência atual é, antes, a de trabalhar ativamente para reconstruir as relações de "gênero" harmoniosamente, por meio da participação em projetos conjuntos, nos quais as forças e os talentos de cada um e de cada uma contribuam de maneira complementar. Os projetos ambientais oferecem um contexto particularmente interessante para estes fins, porque implicam (certamente em graus diversos) a reconstrução da relação com o mundo.

Dentro de uma perspectiva educacional, Annette Greenall Gough (1998) aplica a crítica feminista ao movimento de educação ambiental. Observa, entre outras coisas que, durante os mais importantes eventos internacionais que fundaram a educação ambiental, não se encontram sinais da contribuição das mulheres. Esta autora formula igualmente uma viva crítica em relação à proposição do "desenvolvimento sustentável" que se insinua na educação ambiental: apesar do chamado à eqüidade social, ela está associada a uma visão de mundo que consagra o predomínio das atuais relações de poder em nossas sociedades.

> A insignificância dos argumentos (associados à idéia de sustentabilidade) e a arrogância dos que a desenvolvem, quer dizer, homens brancos, classe média, educados e profissionais, são evidentes. Devemos estimular as pessoas a desconstruírem estes argumentos para pôr em dia os valores que os sustentam e as perspectivas que eles supõem. (Annette Gough, 1998, p. 168, tradução livre)

O modelo de intervenção em educação ambiental desenvolvido por Darlene Clover e colaboradores (2000) integra um componente feminista complementar com outros enfoques: os enfoques naturalistas, andragógico, etnográfico e crítico.

> Como a educação popular, a educação de adultos com uma perspectiva feminista é também um processo de "conscientização", no sentido que lhe dá Paulo Freire, quer dizer, um processo no qual as pessoas não são receptoras de um saber exógeno, mas sujeitos em aprendizagem que despertam para as realidades socioculturais, que dão forma à sua vida e desenvolvem habilidades para transformar estas realidades que lhes concernem. A educação feminista busca transformar as mulheres, incluindo no processo de aprendizagem sua realidade cotidiana e sua própria experiência. A educação feminista de adultos se caracteriza por uma forte conotação política de mobilização e de desenvolvimento de um poder-fazer (*empowerment*). A ênfase está no apoio ao desenvolvimento pessoal das mulheres, suscitando ao mesmo tempo a ação política que busca transformar as estruturas opressivas. O processo de compreensão e de tomada de decisões é tão importante como o resultado porque através deste processo se desenvolve o poder-fazer (...). Os educadores feministas acham que a paixão, as emoções, os sentimentos e a criatividade fazem parte do processo de aprendizagem. Constatam igualmente que é vantajoso trabalhar em grupos pequenos para favorecer a expressão de idéias e preocupações das mulhe-

res. As estratégias do teatro popular e das oficinas de poesia, de contos, de dança, de canto e de desenho se manifestaram como mais apropriadas do que a expressão escrita para favorecer a expressão de emoções. Como as pessoas têm diferentes estilos de aprendizagem, uma diversidade de estratégias deste tipo favorece a criatividade, a imaginação, a expressão de emoções e o surgimento e a circulação de idéias (...).

Freqüentemente as mulheres são as primeiras a intervir em educação ambiental. Em seus lares e comunidades, desenvolvem uma compreensão particular dos processos naturais do meio. Há séculos, as mulheres estiveram envolvidas no ensino da medicina tradicional e nos cuidados de saúde, em colher as sementes e em manter a biodiversidade, em cultivar e preparar os alimentos, em trabalhar a mata e em administrar a provisão de água. Estas habilidades são cada vez mais essenciais frente à degradação do meio ambiente (...). As mulheres desenvolveram no cotidiano estratégias de sobrevivência em que se deve inspirar a sobrevivência do planeta. Suas idéias e suas ações traduzem outra compreensão das problemáticas atuais (...), no nível de um saber superior (...). (Darlene Clover et al., 2000, p. 16-18)

CORRENTE ETNOGRÁFICA

A corrente etnográfica dá ênfase ao caráter cultural da relação com o meio ambiente. A educação ambiental não deve impor uma visão de mundo; é preciso levar em conta a cultura de referência das populações ou das comunidades envolvidas.

> O etnocentrismo que consiste em tomar como referência as categorias de pensamento das sociedades ocidentais permitiu durante longo tempo designar as outras culturas como sociedades sem estado, sem economia ou sem educação. Pelo contrário, quando o diálogo intercultural é real, ele produz uma interrogação radical sobre os problemas mais cruciais que têm as sociedades pós-modernas (...)
>
> O estudo das formas educativas ameríndias inverte nossa concepção centrada na transmissão da informação ou do saber-fazer. A educação ameríndia é antes um companheirismo iniciático que busca a imersão na experiência e sua compreensão simbólica (...). A transformação é inseparável da busca do sagrado (...). Dá-se ênfase à observação e à participação ativa. O sentido não é dado *a priori*, emerge de ressonâncias simbólicas que se revelam na interação entre uma pessoa e um evento. Todo evento é potencialmente portador de sentido por integrar, seja um rito, uma atividade artesanal, a caça ou um ato da vida cotidiana. (Galvani, 2001)

A corrente etnográfica propõe não somente adaptar a pedagogia às realidades culturais diferentes, como se inspirar nas pedagogias de diversas culturas que têm outra relação com o meio ambiente.

Para isso, Thierry Pardo (2001) explora os contornos, as características e as possibilidades de uma certa etnopedagogia. Esta se inspira em diversos enfoques e estratégias de educação adotados pelas populações autóctones, quer se trate de povos ameríndios quer de comunidades regionais caracterizadas por sua cultura particular, sua tradições específicas. O autor apresenta em sua obra algumas destas estratégias: a exploração da língua, por meio do estudo da toponímia, por exemplo, ou a análise das palavras de diferentes línguas para designar um mesmo objeto, os contos, as lendas, as canções, a imersão solitária em uma paisagem, o gesto que será modelo ou exemplo, etc.

Apontemos como exemplo nesta perspectiva o modelo pedagógico proposto por Michael J. Caduto e Joseph Bruchac (1988). Este modelo, intitulado *Os Guardiões da Terra*, é centrado na utilização de contos ameríndios: trata-se de desenvolver uma compreensão e uma apreciação da Terra para adotar um atuar responsável em relação ao meio ambiente e às populações humanas que são parte dele. Privilegia uma relação com a natureza fundada na pertença e não no controle. A criança aprende que ela mesma é parte do meio ambiente, frente ao qual desenvolve um sentimento de empatia. O processo consiste em apresentar um conto a um grupo de alunos e convidá-los a explorar juntos o universo simbólico. Algumas atividades (principalmente em meio natural) permitem depois experimentar a relação com a natureza proposta pelo conto.

CORRENTE DA ECOEDUCAÇÃO

Esta corrente está dominada pela perspectiva educacional da educação ambiental. Não se trata de resolver problemas, mas de aproveitar a relação com o meio ambiente como cadinho de desenvolvimento pessoal, para o fundamento de um atuar significativo e responsável. O meio ambiente é percebido aqui como uma esfera de interação essencial para a ecoformação ou para a ecoontogênese. Distinguiremos aqui estas duas proposições, ambas muito próximas, no entanto distintas, principalmente em relação aos seus respectivos contextos de referência.

Ecoformação[1]

Segundo Gaston Pineau (2000, p. 129), da Universidade François-Rabelais, de Tours (França), a formação (no sentido do *bildung* alemão) articula-se em torno de três movimentos: a socialização, a personalização e a ecologização.

- A heteroformação. Esta forma de educação é amplamente dominante, até exclusiva, nos sistemas educativos de nossa sociedade. "A educação vem dos homens, dos pais, dos semelhantes, da instituição escolar" (Cotterau, 2001, p. 13).

– A autoformação. Segundo Pascal Galvani (1997, p. 8), a autoformação designa o processo pelo qual um sujeito reage sobre a aparição de sua própria forma. Ela expressa uma tomada de controle pela pessoa de seu próprio poder de formação (Galvani, 1997).
– A ecoformação. "É o terceiro pólo de formação, o mais discreto, o mais silencioso" (Pineau, 2000, p. 132) e provavelmente o mais esquecido. A ecoformação interessa-se pela formação pessoal que cada um recebe de seu meio ambiente físico: "Todo mundo recebeu de um elemento e de outro, de um espaço e de outro, uma ecoformação particular que constitui finalmente sua história ecológica" (Cottereau, 2001, p. 13). O espaço "entre" a pessoa e seu meio ambiente não está vazio, é aquele onde se tecem as relações, a relação da pessoa com o mundo.

> O meio ambiente nos forma, nos deforma e nos transforma, pelo menos tanto quanto nós o formamos, o deformamos, o transformamos. Neste espaço de reciprocidade aceita ou rejeitada se processa nossa relação com o mundo. Nesta fronteira (de espaço e tempo) elaboram-se os fundamentos de nossos atos para o meio ambiente. No espaço entre a própria pessoa e o outro (trata-se de uma pessoa, um animal, um objeto, um lugar...), cada um responde ao desafio vital de "ser-no-mundo". Esta expressão "ser-no-mundo" permite compreender que o ser não é nada sem o mundo no qual vive e que o mundo é composto por um conjunto de seres que o povoam. Examinar o "ser-no-mundo" é entrar no que forma a relação de cada um com seu ambiente (...). A ecoformação dedica-se a trabalhar sobre o "ser-no-mundo": conscientizar-se do que acontece entre a pessoa e o mundo, em interações vitais ao mesmo tempo para a pessoa e para o mundo. O biológico faz parte disso porque nosso organismo assegura sua sobrevivência com as contribuições externas de nosso corpo; mas é próprio do ser humano também desenvolver uma relação simbólica essencial e ativa no mundo. Pouco explorada pelo campo da educação ambiental, toda sua problemática está, no entanto, no religar, na ecodependência e no sentido que cada qual dá à sua existência. (Dominique Cottereau, 1999, p. 11-12)

Ecoontogênese[2]

O conceito de ecoontogênese (gênese da pessoa em relação ao seu meio ambiente, *Oïkos*) foi construído por Tom Berryman (2002), ao término de seus trabalhos que tratavam de atualizar, traduzir e analisar todo um setor de literatura, sobretudo norte-americana, de inspiração psicológica, centrada neste processo. Tom Berryman sublinha as diferenças importantes nas relações com o meio ambiente e com a natureza entre os bebês, as crianças e os adolescentes, e convida a adotar práticas educativas diferenciadas em relação a esses sujeitos. Evidencia também que as relações com o meio ambiente desempenham um papel importante no desenvolvimento do sujeito, em sua ontogênese.

Para este autor, antes do tema da resolução de problemas e em uma perspectiva de educação fundamental, são os laços com o meio ambiente que devem ser considerados em educação ambiental como um elemento central e primordial da ontogênese.

> Assim como outras teorias do desenvolvimento humano buscam reconhecer períodos ou estágios do desenvolvimento nos quais os educadores tratam, às vezes, de aproximar suas próprias teorias e práticas (pensemos aqui na influência dos trabalhos de Freud ou de Piaget), uma teoria da ecoontogênese busca caracterizar e diferenciar os períodos particulares quanto aos tipos de relação com o meio ambiente e associar a isso práticas específicas de educação ambiental (...). Uma das perguntas-chave feitas pela corrente da ecoontogênese poderia ser a seguinte: em nossos processos educativos, tanto pelo objeto que preconizamos, como pela língua que utilizamos e pelos ambientes em que os realizamos, em que "cosmos", em que mundo, introduzimos as crianças? (Tom Berryman, 2003).

CORRENTE DA SUSTENTABILIDADE

A ideologia do desenvolvimento sustentável, que conheceu sua expansão em meados dos anos de 1980, penetrou pouco a pouco o movimento da educação ambiental e se impôs como uma perspectiva dominante. Para responder às recomendações do Capítulo 36 da Agenda 21, resultante da Cúpula da Terra em 1992, a UNESCO substituiu seu Programa Internacional de Educação Ambiental por um Programa de Educação para um Futuro Viável (UNESCO, 1997), cujo objetivo é contribuir para a promoção do desenvolvimento sustentável. Este último supõe que o desenvolvimento econômico, considerado como a base do desenvolvimento humano, é indissociável da conservação dos recursos naturais e de um compartilhar eqüitativo dos recursos. Trata-se de aprender a utilizar racionalmente os recursos de hoje para que haja suficientemente para todos e se possa assegurar as necessidades do amanhã. A educação ambiental torna-se uma ferramenta, entre outras, a serviço do desenvolvimento sustentável.

Segundo os partidários desta corrente, a educação ambiental estaria limitada a um enfoque naturalista e não integraria as preocupações sociais, em particular as considerações econômicas no tratamento das problemáticas ambientais. A educação para o desenvolvimento sustentável permitiria atenuar esta carência.

Desde 1992, os promotores da proposição do desenvolvimento sustentável pregam uma "reforma" de toda a educação para estes fins. Tratava-se de instaurar uma "nova" educação. Em um documento intitulado *Reforma da educação para um desenvolvimento sustentável*, publicado e difundido pela UNESCO no Congresso Eco-Ed, que pretendia dar continuidade ao Capítulo 36 da Agenda 21, pode-se ler:

> A função de uma educação que responde às necessidades do desenvolvimento sustentável consiste essencialmente em desenvolver os recursos humanos, em apoiar o progresso técnico e em promover as condições culturais que favorecem as mudanças sociais e econômicas. Isso é a chave da utilização criadora e efetiva do potencial humano e de todas as formas de capital para assegurar um crescimento rápido e mais justo, reduzindo as incidências no meio ambiente. (...) Os fatos provam que a educação geral está positivamente ligada à produtividade e ao progresso técnico porque ela permite às empresas obterem e avaliarem as informações sobre as novas tecnologias e sobre oportunidades econômicas variadas. (...) A educação aparece cada vez mais, não apenas como um serviço social, mas como um objeto de política econômica. (L. Albala-Bertrand et al., 1992)

A corrente desenvolvimentista, como as correntes precedentes, não é monolítica. Ela integra diversas concepções e práticas. Entre estas últimas, é importante sublinhar aquelas que estão mais ligadas ao conceito de sustentabilidade ou viabilidade. A "sustentabilidade" está geralmente associada a uma visão enriquecida do desenvolvimento sustentável, menos economicista, na qual a preocupação com a sustentabilidade da vida não está relegada a um segundo plano.

Em resposta ao princípio fundamental do desenvolvimento sustentável, a educação para o consumo sustentável chega a ser uma estratégia importante para transformar os modos de produção e de consumo, processos de base da economia das sociedades. A proposta crítica de Edgar González-Gaudiano oferece um exemplo de visão integrada de preocupações econômicas, sociais e ambientais em uma perspectiva de sustentabilidade.

> A educação ambiental para o consumo sustentável preocupa-se sobretudo em proporcionar a informação sobre os produtos (os modos de produção, os possíveis impactos ambientais, os custos de publicidade, etc.) e em desenvolver nos consumidores capacidades de escolha entre diferentes opções (...). No entanto, se descuida muito seguidamente de levar em conta as disparidades econômicas, a pobreza e a obrigação de satisfazer as necessidades fundamentais (...) A educação ambiental para o consumo sustentável deve adotar estratégias diferenciadas para cada grupo e segmento da população. Por exemplo, necessita-se de estratégias apropriadas para populações vulneráveis, analfabetas ou privadas de informação e de serviços, as quais têm um fraco poder de compra: trata-se de ajudá-las a vencerem sua vulnerabilidade econômica e legal mediante processos educativos específicos que levem a "eliminar a pobreza e reforçar a democracia por meio de processos participativos e pela valorização de produtos culturais" (CI/CEAAL, 1996, p. 7). A educação ambiental para o consumo sustentável deve considerar os processos sociais atuais ligados ao fenômeno da globalização (por exemplo, o ataque à identidade e a fragmentação dos grupos sociais). A identidade social está cada vez mais ligada ao consumo de certos produtos (vestuário, música, alimentação, etc.). As práticas comerciais atuais criaram condições tais que chega a ser inconveniente, por exemplo,

criticar os jovens que se identificam mais com a música *rock* do que com as canções folclóricas. Sua identidade foi configurada desta maneira; eles agem conforme uma concepção de si mesmos e dos outros, que difere da de seus pais. Isto deve ser considerado nas intervenções educativas. A identidade não está mais simplesmente ligada ao território nacional e à cultura regional; as dimensões materiais e simbólicas foram efetuadas pela globalização (...) A educação dos consumidores confronta diretamente os interesses corporativos de grandes produtores e distribuidores, que, em muitos casos, atuaram com impunidade. Mas uma verdadeira cidadania não pode existir sem uma participação mais inteligente na defesa dos interesses e aspirações da população (...) para a valorização das pessoas, além da valorização da riqueza. (Gaudiano, 1990)

Refletindo sobre esta cartografia do espaço pedagógico da educação ambiental

A sistematização precedente corresponde a um esforço de "cartografia" das proposições pedagógicas no campo da educação ambiental. Deve-se notar que este trabalho foi desenvolvido mais em um contexto cultural norte-americano e europeu, explorando, entre outros, os bancos de dados ERIC e FRANCIS. Infelizmente, apesar de diversos autores, não integra suficientemente os trabalhos dos educadores da América Latina nem de outros contextos culturais. O trabalho fica por continuar...

O quadro anexo apresenta de maneira sintética as diferentes correntes, utilizando as seguintes categorias: a concepção dominante do ambiente, o principal objetivo educativo, os enfoques e as estratégias dominantes. Haveria necessidade de completar este quadro com uma coluna que identificasse as vantagens e as limitações de cada corrente.

Cada corrente se distingue, por certo, por características particulares, mas podem se observar zonas de convergência. Por outro lado, a análise de proposições específicas (programas, modelos, atividades, etc.) ou de relatos de intervenção nos levam amiúde a constatar que eles integram características de duas ou três correntes. Finalmente, esta cartografia permanece como objeto de análise e de discussão por aperfeiçoar e cuja evolução continua a da trajetória da própria EA. Não tem a pretensão da profundidade, mas a de uma certa utilidade.

NOTAS

1. A proposição de ecoformação foi sintetizada por Carine Villemagne, em Sauvé, L. (2003).
2. A proposição de ecoontogênese foi conceitualizada e sintetizada por Tom Berryman (2002).

Uma diversidade de correntes em educação ambiental (Sauvé, 2003)

Correntes	Concepções do meio ambiente	Objetivos da EA	Enfoques dominantes	Exemplos de estratégia
Corrente naturalista	Natureza	Reconstruir uma ligação com a natureza.	Sensorial Experiencial Afetivo Cognitivo Criativo/Estético	Imersão Interpretação Jogos sensoriais Atividades de descoberta.
Corrente conservacionista/ recursista	Recurso	Adotar comportamentos de conservação. Desenvolver habilidades relativas à gestão ambiental.	Cognitivo Pragmático	Guia ou código de comportamentos; "Auditoria" ambiental Projeto de gestão/conservação.
Corrente resolutiva	Problema	Desenvolver habilidades de resolução de problemas (RP): do diagnóstico à ação.	Cognitivo Pragmático	Estudos de casos: análise de situações problema Experiência de RP associada a um projeto.
Corrente sistêmica	Sistema	Desenvolver o pensamento sistêmico: análise e síntese para uma visão global. Compreender as realidades ambientais, tendo em vista decisões apropriadas.	Cognitivo	Estudo de casos: análise de sistemas ambientais.
Corrente científica	Objeto de estudos	Adquirir conhecimentos em ciências ambientais. Desenvolver habilidades relativas à experiência científica.	Cognitivo Experimental	Estudo de fenômenos Observação Demonstração Experimentação Atividade de pesquisa hipotético-dedutiva.

(Continua)

Uma diversidade de correntes em educação ambiental (Sauvé, 2003) (Continuação)

Correntes	Concepções do meio ambiente	Objetivos da EA	Enfoques dominantes	Exemplos de estratégia
Corrente humanista	Meio de vida	Conhecer seu meio de vida e conhecer-se melhor em relação a ele. Desenvolver um sentimento de pertença.	Sensorial Cognitivo Afetivo Experimental Criativo/Estético	Estudo do meio Itinerário ambiental Leitura de paisagem
Corrente moral/ética	Objeto de valores	Dar prova de ecocivismo. Desenvolver um sistema ético.	Cognitivo Afetivo Moral	Análise de valores Definição de valores Crítica de valores sociais
Corrente holística	Total Todo O Ser	Desenvolver as múltiplas dimensões de seu ser em interação com o conjunto de dimensões do meio ambiente. Desenvolver um conhecimento "orgânico" do mundo e um atuar participativo em e com o meio ambiente.	Holístico Orgânico Intuitivo Criativo	Exploração livre Visualização Oficinas de criação Integração de estratégias complementares
Corrente biorregionalista	Lugar de pertença Projeto comunitário	Desenvolver competências em ecodesenvolvimento comunitário, local ou regional.	Cognitivo Afetivo Experiencial Pragmático Criativo	Exploração do meio Projeto comunitário Criação de ecoempresas
Corrente práxica	Cadinho de ação/reflexão	Aprender em, para e pela ação. Desenvolver competências de reflexão.	Práxico	Pesquisa-ação
Corrente crítica	Objeto de transformação, Lugar de emancipação	Desconstruir as realidades socioambientais visando transformar o que causa problemas.	Práxico Reflexivo Dialogístico	Análise de discurso Estudo de casos Debates Pesquisa-ação

(Continua)

Uma diversidade de correntes em educação ambiental (Sauvé, 2003) (Continuação)

Correntes	Concepções do meio ambiente	Objetivos da EA	Enfoques dominantes	Exemplos de estratégia
Corrente feminista	Objeto de solicitude	Integrar os valores feministas à relação com o meio ambiente.	Intuitivo Afetivo Simbólico Espiritual Criativo/Estético	Estudos de casos Imersão Oficinas de criação Atividade de intercâmbio, de comunicação
Corrente etnográfica	Território Lugar de identidade Natureza/Cultura	Reconhecer a estreita ligação entre natureza e cultura. Aclarar sua própria cosmologia. Valorizar a dimensão cultural de sua relação com o meio ambiente.	Experiencial Intuitivo Afetivo Simbólico Espiritual Criativo/Estético	Contos, narrações e lendas Estudos de casos Imersão Modelização
Corrente da ecoeducação	Pólo de interação para a formação pessoal Cadinho de identidade	Experimentar o meio ambiente para experimentar-se e formar-se em e pelo meio ambiente. Construir uma melhor relação com o mundo.	Experiencial Sensorial Intuitivo Afetivo Simbólico Criativo	Relato de vida Imersão Exploração Introspecção Escuta sensível Alternância subjetiva/objetiva Brincadeiras
Projeto de desenvolvimento sustentável	Recursos para o desenvolvimento econômico Recursos compartilhados	Promover um desenvolvimento econômico respeitoso dos aspectos sociais e do meio ambiente. Contribuir para esse desenvolvimento.	Pragmático Cognitivo	Estudo de casos Experiência de resolução de problemas Projeto de desenvolvimento de sustentação e sustentável.

REFERÊNCIAS

ALBALA-BERTRAND, L. *Refonte de l'éducation. Pour un développement durable*. Paris: Organisation des Nations Unies pour l'Éducation, la Science et la Culture (UNESCO), 1992.

ALZATE PATIÑO, A.; CASTILLO, L.A.; GARAVITO, B.A.; MUÑOZ, P. *Propuesta pedagógica para el desarrollo local ambiental. Una estrategia en construcción*. Colombia: Planeta Rica, 1994.

BERRY, W. *Unsettling of America: culture and agriculture*. San Francisco: Sierra Club, 1977.

BERRYMAN, T. *Éco-ontogenèse et éducation: les relations à l'environnement dans le développement humain et leur prise en compte en éducation relative à l'environnement durant la petite enfance, l'enfance et l'adolescence*. Mémoire de maîtrise, Faculté d'Éducation, Montréal: Université du Québec à Montréal, 2002.

_____. L'Éco-ontogenèse: les relations à l'environnement dans le développement humain – d'autres rapports au monde pour d'autres développements. *Éducation relative à l'environnement. Regards – Recherches – Réflexions*, v.4, p.207-228, 2003.

CADUTO, M.J.; BRUCHAC, J. Keepers of the Earth – Native American Stories and Environmental Activities for Children. In: SAUVÉ, L. *Pour une éducation relative à l'environnement*. Montréal: Guérin Éditeur, 1997. p.208-209.

CHARLAND, P. L'Éducation relative à l'environnement et l'enseignement des sciences: une problématique théorique et pratique dans une perspective québécoise. *Vertigo*, v.4, n.2, 2003. www.vertigo.uqam.ca.

CLOVER, D.E.; FOLLEN, S.; HALL, B. *The nature of transformation. Environmental adult education*. Toronto (Ontario): Ontario Institute for Studies in Education/University of Toronto, 2000.

COHEN, M. *Connecting with Nature. Creating moments that let Earth teach*. Eugene (OR): Michael Cohen, World Peace University, 1990.

COTTEREAU, D. *Chemins de l'imaginaire. Pédagogie de l'imaginaire et éducation à l'environnement*. La Caunette: Babio, 1999.

_____. Pour une formation écologique. Complémentarité des logiques de formation. *Éducation permanente*, v.148, p.57-67, 2001.

DEHAN, B.; OBERLINKELS, J. *École et milieu de vie – Partenaires éducatifs – Une pédagogie de projets interdisciplinaires*. Cladesh (France): Centre Interdisciplinaire de Recherche et d'Applications pour le Développement d'une Éducation en Ilieu de Vie (CIRADEM), 1984.

GALVANI, P. Éducation et formation dans les cultures amérindiennes. *Revue Question de: Éducation et Sagesse. Quête de sens*, v.123, p.157-185, 2001.

_____. *Quête de sens. Anthropologie du blason et de l'autoformation*. Paris/Montréal: L'Harmattan, 1997.

GIORDAN, A.; SOUCHON, C. *Une éducation pour l'environnement*. Collection André Giordan y Jean-Louis Martinand, "Guides pratiques". Nice: Les Z'Éditions, 1991.

GOFFIN, L. ; BONIVER, M. *Pédagogie et recherche – Éducation environnementale à l'école: objectifs et méthodologie – Application au thème de l'eau*. Direction générale de l'organisation des études.Ministère de l'Éducation Nationale, 1985.

GONZÁLEZ-GAUDIANO, E. Environmental Education and Sustainable Consumption: The Case of Mexico. *The Canadian Journal of Environmental Education*, v.4, p.176-187, 1999.

GREENALL GOUGH, A. Education and the Environment: Policy, Trends and the Problems of Marginalisation. *Australian Review*. Australie: Australian Council for Educational Research (ACER), v.39, 1997.

HELLER, Chaia *Désir, nature et société – L'écologie sociale au quotidien*. Montréal: Les Éditions Écosociété, 2003.

HOFFMANN, N. Beyond Constructivism: A Goethean Approach to Environmental Education. *The Australian Journal of Environmental Education*, v.10, p.71-90, 1994.

HUNGERFORD, H.R.; LITHERLAND, R.A.; PEYTON, R.B.; RAMZEY, J.M.; TOMARA, A. M.; VOLK, T. *Investigating and Evaluating Environmental Issues and Actions: Skill Development Modules*. Champlain: Stipes Publishing Company, 1992.

INSTITUT D'ÉCO-PÉDAGOGIE. Recettes et non-recettes. Carnet de l'éco-pédagogue. Liège: Institut d'Éco-Pédagogie, s.d.

IOZZI. L. *Science-Technology-Society: Preparing for Tomorrow's World*. Teacher's Guide. Louis Iozzi Ed. Longmount: Sopris West, 1987.

KEINY, S.; SHASHACK, M. Educational model for environmental cognition development. *International Journal of Science Education*, v.9, n.4, p.449-458, 1987.

NOZICK, M. *Entre nous: rebâtir nos communautés*. Montréal: Écosociété, 1995.

ORR, D. *Ecological Literacy – Education and the transition to a postmodern World*. Albany: State University of New York Press, 1992.

_____ . Re-ruralizing education. In: VITEK. W.; JACKSON, W. *Rooted in the land – Essays on community and place*. London: Yale University Press, 1996, p.226-234.

PARDO, Thierry. *Héritages buissonniers*. Éléments d'ethnopédagogie pour l'éducation relative à l'environnement. La Caunette: Babio, 2002. p.33-53.

PINEAU, G. *Temporalités en formation. Vers de nouveaux synchroniseurs*. Paris: Anthropos, 2000.

ROBOTTOM, I.; HART, P. *Research in Environmental Education: engaging the debate.* Geelong: Deakin University Press, 1993.

SACHS, W.; ESTEVA, G. *Des ruines du développement*. Montréal: Écosociété, 1996.

SAUVE, L. *Courants et modèles d'interventions en éducation relative à l'environnement*. Module 5. Programme d'études supérieures – Formation en éducation relative à l'environnement – Francophonie internationale. Montréal: Les Publications ERE-UQAM, Université du Québec à Montréal – Collectif ERE-Francophonie, 2003.

SAUVÉ, L.; COLL. *L'Éducation relative à l'environnement à l'école secondaire québécoise – État de la situation – Rapport d'une enquête diagnostique*. Montréal: Université du Québec à Montréal, CIRADE, 1997.

STAPP, W.; BULL, J.; COLL. *Education in action – A Community Problem Solving Programs for schools*. Dexter (Michigan): Thompson Shore, Inc., 1988.

TALERO DE HUSAIN, E.; UMAÑA DE GAUTHIER, G. *Educación ambiental – Capacitación de docentes de basica primaria*. Bogota (Colombia): Ministerio de Agricultura, Instituto Nacional de los Recursos Naturales Renovables y del Ambiente, 1993.

TRAINA, F.; DARLEY-HILL, S. *Perspectives in Bioregional Education*. Troy: North American Association in Environmental Education, 1995.

VAN MATRE, S. *Earth Education – A New Beginning*. Warrenville (Illinois): The Institute for Earth Education, 1990.

2
O conceito de holismo em ética ambiental e em educação ambiental

Mauro Grün

O atual prestígio que o enfoque holístico desfruta em Educação Ambiental e Ética Ambiental tem contribuído para que tal postura seja aceita sem maiores questionamentos como uma solução para o trabalho em Educação Ambiental. Não é minha intenção simplesmente negar a importância que as abordagens holistas podem ter no âmbito da Educação Ambiental e da Ética Ambiental. Nossa meta é alertar para alguns problemas éticos, políticos e epistemológicos que podem surgir com a aceitação pura e simples do holismo, sem uma reflexão mais cuidadosa sobre seus pressupostos. Este trabalho consiste, basicamente, em uma investigação sobre o conceito de holismo em Educação Ambiental e Ética Ambiental. O problema ecológico não é somente um problema técnico, mas é também um problema ético. Uma vasta literatura no campo da Ética Ambiental tem identificado o antropocentrismo como um dos elementos responsáveis pela devastação ambiental. Podemos citar (Merchant, 1992; Sessions, 1995; Sale, 1996; Fox, 1995; Naess, 1995 e especificamente no Brasil algumas traduções para nossa língua dos trabalhos de Capra (1982, 2000). Além dos trabalhos de Grün(2002), Carvalho (2002), Unger (1991 e 1992), Flickinger (1994a, 1994b). Esses autores têm enfoques variados sobre como fazer frente à crise ecológica, mas todos concordam em um ponto: o antropocentrismo – a postura que apregoa que o ser humano é o centro de tudo – seria o pivô da crise ecológica.

A filosofia de René Descartes (1596-1650) é importante para compreender como o antropocentrismo se firmou no mundo moderno. A separação entre sujeito e objeto e Natureza e Cultura é apontada como um dos principais motivos da devastação ambiental. A mente (*res cogitans*) e a matéria (*res extensa*) são completamente distintas: para Descartes "a mente que indaga é o local da verdade sobre o mundo natural. Paradoxalmente, a *res cogitans* de Descartes era uma mente sem corpo, que estava fora da natureza" (Oelschlaeger,

1991, p.87). Em uma passagem do *Discurso do método*, famosa pelo seu antropocentrismo, Descartes diz que por meio de suas descobertas relativas à física seria

> possível chegar a conhecimentos que sejam úteis à vida, e que, em lugar dessa filosofia especulativa que se ensina nas escolas, se pode encontrar uma filosofia prática, pela qual, conhecendo a força e as ações do fogo, da água, do ar, dos astros, dos céus e de todos os outros corpos que nos cercam, tão distintamente como conhecemos os diversos misteres de nossos artífices, poderíamos empregá-las da mesma maneira em todos os usos para os quais são adequadas e, assim, tornarmo-nos senhores e possuidores da natureza. (1998, p.79)

Esta visão antropocêntrica influenciou fortemente a educação moderna. Em meu trabalho *Ética e Educação Ambiental: a conexão necessária*, saliento que "toda a estrutura conceitual do currículo e, mais especificamente, o livro-texto, inocentemente continuam a sugerir que seres humanos são a referência única e exclusiva para tudo mais que existe no mundo"(Grün, 2002, p.46). O ideal cartesiano de que seríamos "Senhores e Possuidores da Natureza" e que esta existiria unicamente em função de nós, humanos, é confirmado por Merchant (1990), que chega mesmo a afirmar que as filosofias mecanicistas de Mersenne, Gassendi e Descartes se afirmaram como uma forte reação ao naturalismo e ao vitalismo. Em *The death of nature*, a autora diz que os mecanicistas "transformaram o corpo do mundo e sua alma fêmea, fonte de atividade no cosmos orgânico, em um mecanismo de matéria inerte em movimento..." (1990, p.195). A partir do século XVII, as ciências pós-cartesianas continuam esse processo que Gadamer (1988) denomina objetificação do mundo natural, ou seja, tornar a Natureza um simples objeto à disposição da razão humana.

Outro problema epistemológico derivado do antropocentrismo cartesiano é a fragmentação do "objeto" de pesquisa. A fragmentação do objeto nos impede de ter uma visão complexa do meio ambiente em Educação Ambiental e Ética Ambiental. O antropocentrismo fica evidente na tentativa de Descartes de conferir autonomia à razão, que faz do mundo um objeto manejável. A unidade da razão (autonomia) se dá por meio da divisibilidade (fragmentação) do mundo físico. Em uma passagem das *Meditações*, Descartes diz que

> Para começar, pois, este exame, noto aqui, primeiramente, que há grande diferença entre espírito e corpo, pelo fato de ser o corpo, por sua própria natureza, sempre divisível e o espírito inteiramente indivisível. Pois, com efeito, quando considero meu espírito, isto é, eu mesmo, já que sou apenas uma coisa que pensa, não posso aí distinguir partes algumas, mas me concebo como uma coisa única e inteira... Mas ocorre exatamente o contrário com as coisas corpóreas ou extensas: pois não há uma sequer que eu não faça facilmente em pedaço por meu pensamento, que meu espírito não divida mui facilmente em muitas partes e, por conseguinte, que eu não reconheça ser divisível. (Descartes, 1983, p.139)

Assim, tanto a objetificação quanto a fragmentação da Natureza são fruto de um mesmo processo. A objetificação e a fragmentação da Natureza resultam da busca da autonomia da razão. Isso é o que em *Educação ambiental e ética ambiental*, Grün (2002) denomina antropocentrismo, ou seja, o princípio segundo o qual o ser humano é o centro do Universo. Capra (1982, 2000), em seus trabalhos amplamente divulgados no Brasil, propõe uma visão holística como novo paradigma para a Educação. Em *What is ecological literacy,* opondo o modelo reducionista cartesiano-newtoniano ao novo paradigma holístico, Capra (1993) observa que:

> Sistemas vivos incluem mais do que organismos individuais e suas partes. Eles incluem sistemas sociais – família ou comunidade – e também ecossistemas. Muitos organismos estão não apenas inscritos em ecossistemas, mas são eles mesmos ecossistemas complexos, contendo organismos menores que têm considerável autonomia e estão integrados harmonicamente no todo. Todos esses organismos vivos são totalidades cuja estrutura específica surge das interações e interdependência de suas partes. (p.45)

Merchant (1992) acredita que a visão de mundo mecanicista originada a partir da filosofia de Descartes seria uma das grandes responsáveis pela devastação ambiental. Sessions (1995) defende que o ecocentrismo seria uma saída apropriada para os impasses causados pelo antropocentrismo. Já Sale (1996) argumenta que para vencer o antropocentrismo necessitamos de uma abordagem biorregional, voltada para a região específica na qual vivemos. A biorregião, por sua vez, deveria estar conectada com o todo de Gaia. A tese de Fox (1995) é que precisamos de uma ecologia transpessoal capaz de nos reintegrar à Natureza. O trabalho pioneiro de Naess (1995), fundador da Ecologia Profunda, também apregoa que uma reintegração do ser humano com a Natureza poderia representar uma alternativa ao antropocentrismo. Whitehead (1978), por sua vez, argumenta que o ser humano não é o centro do universo, mas apenas uma parte dos processos naturais. Apesar da diversificação desses enfoques existem pelo menos dois pontos comuns a todos esses autores: 1) Todos consideram que o antropocentrismo engendra atitudes antiecológicas. 2) Esses(as) autores(as) consideram que uma postura holística proporciona a solução mais adequada para a crise ecológica. Em outro trabalho (Grün, 2002), argumento que o modelo cartesiano é

> reducionista, fragmentário, sem vida e mecânico. (...) Ora, então precisamos de um modelo ou matriz normativa que não seja reducionista, fragmentário, sem vida e mecânico, mas que seja complexo, holístico, vivo e orgânico. E é justamente a partir dessa configuração que o *holismo* surge como um discurso privilegiado e dotado de grande prestígio político, social e, agora, também científico (p.63).

Mais adiante, afirmo (Grün, 2002) que "não seria fácil e, talvez, nem mesmo apropriado tentarmos elaborar uma definição precisa do que seja o holismo no contexto da educação ambiental. Seu significado é complexo e atinge múltiplas dimensões de nossa cultura. Mas, de acordo com Worster (1992),

> qualquer que seja o nível de sofisticação ou grau de precisão da definição, o holismo tem sido oferecido como mais do que uma simples crítica à ciência. Ele tem sido advogado de todos aqueles que sentem um intenso desgosto diante da fragmentação da cultura industrial e de seu isolamento da natureza. (p.21)

No entanto, pretendo argumentar que a proposta de desenvolver posturas holistas em Educação Ambiental tem sido aceita apressadamente por grande parte dos educadores e educadoras. O atual prestígio que o enfoque holístico desfruta em Educação Ambiental e Ética Ambiental tem contribuído para que tal postura seja aceita, sem maiores questionamentos, como uma solução para o trabalho em Educação Ambiental. Em ambas as matérias ambientais (Educação e Ética), grande parte das filosofias holistas pretende integrar o ser humano à Natureza como solução para a crise ambiental. Os seres humanos seriam parte da Natureza. Um dos maiores problemas éticos e epistemológicos de algumas dessas posturas é que estaríamos de tal modo "integrados" à Natureza que não seria mais possível fazer nenhuma distinção entre Natureza e Cultura. Isso cria alguns problemas para a conservação ambiental. Vejamos o que ocorre. Um exemplo de holismo bastante comum e largamente aceito na literatura sobre Ética Ambiental é a filosofia dos processos, que tem origem em Whitehead (1978), para quem os seres vivos são caracterizados unicamente como processos e não como indivíduos. Palmer (1998) adverte que isso implica em dois problemas: 1) Os indivíduos humanos podem perder a sua identidade ao se tornarem indistinguíveis dos processos naturais. 2) A Natureza perderia a sua alteridade. Em outra variante do holismo, *A Ecologia Transpessoal*, de Warwick Fox (1990), também muito citada na literatura em Ética Ambiental, propõe a noção de um *self* estendido que paulatinamente iria se integrando à Natureza e até mesmo ao Cosmos. O *self* humano expande-se a tal ponto que praticamente se dissolve na Natureza. Naess (1995) e sua Ecologia Profunda também acabam por dissolver a idéia de um *self* individual na Unidade da Natureza. Sylvan (1985), Dobson (1990) e Palmer (1998) têm criticado essas posturas holistas, pois, quando analisadas criticamente, elas revelam ser posturas que ainda estão ligadas ao antropocentrismo que tanto criticam, uma vez que, em última análise, essas posturas holistas "humanizam" a Natureza e até mesmo o Universo. A Natureza perde sua alteridade. Algumas versões do holismo, como as de Whitehead (1978), Fox (1995), Naess (1995) e Capra (1982, 2000), falham ao desconsiderar o respeito às diferenças. As distinções entre Natureza e Cultura são eliminadas e a experiência humana é então tomada como modelo para o Universo. Na filosofia dos processos existe uma infinidade de pequenos "eus" que humanizam a Natureza e na Ecologia Profunda aparece um "Eu" que acaba por abarcar todo o Universo em seu processo de integração. Assim, pretendo salientar que nem todas as substituições da visão cartesiana fragmentada, reducionista, mecanicista e antropocêntrica pelas posturas holistas estão isentas de problemas éticos, políticos e epistemológicos. Esperamos com isso contribuir para uma melhor compreensão do conceito de holismo nos trabalhos em Educação Ambiental e Ética Ambiental.

Como conclusão, apresento a filosofia hermenêutica como uma possibilidade para sairmos dos impasses aqui expostos. A hermenêutica da compreensão

> é uma operação essencialmente referencial: compreendemos algo quando o comparamos com algo que já conhecemos. Aquilo que compreendemos agrupa-se em unidades sistemáticas, ou círculos compostos de partes. O círculo como um todo define a parte individual, e as partes em conjunto formam o círculo. (Palmer, s/d)

A regra básica da hermenêutica é a de que tudo deve ser entendido a partir do individual, e o individual a partir do todo. Gadamer (2001) observa que "a antecipação, que envolve o todo, se faz compreensão explícita, quando as partes, que se definem a partir do todo, definem por sua vez esse todo" (p.141). O uso da hermenêutica na análise de questões ambientais tem se revelado profícuo nos trabalhos de Flickinger (1994a, 1994b), Grün (2002) e Carvalho (2002). Por meio da hermenêutica poderemos verificar quais das abordagens holistas mantêm uma relação entre o todo e as partes que permita algumas distinções entre Natureza e Cultura e, portanto, propicie também a alteridade da Natureza.

Por último, gostaria de trazer para a discussão uma autora que não faz do holismo o seu foco de reflexão, mas que pode nos ajudar a compreender melhor as preocupações expostas até aqui. Em seu livro *A nervura do real*, a filósofa Marilena Chauí analisa a questão da liberdade em Espinosa. E esta análise é um exemplo perfeito para ilustrar as nossas preocupações sobre as relações entre as partes e o todo. Por muito tempo julgou-se que a filosofia de Espinosa acabava com a liberdade do ser humano, pois estaria determinada pelas leis naturais das quais nada e ninguém escapam. Contrariando esses críticos, Chauí mostra que a imanência de Deus à Natureza não só não elimina com a existência efetiva dos seres individuais, mas é condição necessária de sua verdadeira liberdade. É exatamente esse tipo de postura que tentei mostrar ser a ideal ou a menos problemática para a Educação Ambiental no que tange às relações entre liberdade e concepções holistas em Educação Ambiental.

REFERÊNCIAS

CAPRA, Fritjof. *O ponto de mutação: a ciência, a sociedade e a cultura emergente*. São Paulo: Cultrix, 1982.

_____. *What is ecological literacy? Guide to ecoliteracy*. Berkeley: The Elmwood Institute, 1993.

_____ . *A teia da vida: uma nova compreensão científica dos sistemas vivos*. São Paulo: Cultrix, 2000.

CHAUÍ, Marilena. *A nervura do real: imanência e liberdade em Espinosa*. São Paulo: Companhia das Letras, 2000.

DESCARTES. *Discurso do método*. Brasília: UnB, 1998.

_____ . Meditações in Descartes (*Os Pensadores*). São Paulo: Abril Cultural, 1983.

DOBSON, Andrew. *Green political thought*. London: Unwin Hyman, 1990.

FLICKINGER, Hans-Georg. O ambiente epistemológico da educação ambiental. *Educação & Realidade*, Porto Alegre, n.2, v.19, jul./dez. 1994.

FLICKINGER, Hans-Gerog; NEUSER, Wolfgang. *Teoria da auto-organização: as raízes da interpretação construtivista do conhecimento*. Porto Alegre: EDIPUCRS, 1994.

FOX, Warwick. *Toward a transpersonal ecology*. Boston: Shambhala Press, 1990.

GADAMER, Hans-Georg. *Verdad y método*. Salamanca: Ediciones Sígueme, 1988.

_____ . Sobre o círculo da compreensão In: ALMEIDA, C.L.S. et al. *Hermenêutica filosófica: nas trilhas de Hans- Georg Gadamer*. Porto Alegre: EDIPCURS, 2001.

GRÜN, Mauro. *Ética e educação ambiental: a conexão necessária*. 6.ed. Campinas: Papirus, 2002.

MERCHANT, Carolyn. *The death of nature: women, Ecology and the Scientific Revolution*. New York: Harpercollins, 1990.

NAESS, Arne. *Ecology, community and lifestyle*. Cambridge: Cambridge University Press, 1995.

OELSCHLAEGER, Max. *The idea of wilderness*. New Haven: Yale University Press, 1991.

PALMER, Clare. Identity, community and the natural environment: some perspectives from process thinking. *Worldviews: Environment, Culture, Religion*, Cambridge, n.3, v.2, 1998.

SESSIONS, George (ed.). *Deep ecology for the 21st century: readings on the philosophy and practice of the new environmentalism* . Boston: Shambhala, 1995.

UNGER, Nacy Mangabeira. *O encantamento do humano: ecologia e espiritualidade*. São Paulo: Loyola, 1991.

___ . *Fundamentos filosóficos do pensamento Ecológico*. São Paulo: Ed. Loyola, 1992.

WHITEHEAD, Alfred North. *Process and reality: the corrected edition*. New York: The Free Press, 1978.

3

A invenção do sujeito ecológico: identidade e subjetividade na formação dos educadores ambientais

Isabel Cristina Moura Carvalho

> Quem está e atua na história faz constantemente a experiência de que nada retorna. Reconhecer o que é não quer dizer aqui conhecer o que há num momento, mas perceber os limites dentro dos quais ainda há possibilidade de futuro para as expectativas e os planos: ou mais fundamentalmente, que toda expectativa e toda planificação dos seres finitos é, por sua vez, finita e limitada. A verdadeira experiência é assim, a experiência da própria historicidade. (Gadamer, 1998, p. 527-528)

INTRODUÇÃO

Este capítulo discute os processos de subjetivação implicados na internalização de um ideário ecológico, como parte importante dos processos de constituição da identidade dos profissionais ambientais. Considera-se a formação do profissional ambiental, de um modo geral, e do educador ambiental, em particular, como parte da constituição de um campo de relações sociais – materiais, institucionais e simbólicas – em torno da preocupação ambiental, que caracteriza um *campo ambiental*, onde se destaca a noção de *sujeito ecológico*, como articuladora do *ethos* deste campo.

Neste trabalho, tomam-se os conceitos de identidade e subjetividade, em sua acepção dinâmica, ou seja, como processos sócio-históricos nos quais se produzem modos de ser e de compreender, relativos a um sujeito humano em permanente abertura e troca reflexiva com o mundo em que vive, e não como formações acabadas, cristalizadas ou estáticas. Neste sentido, destaca-se a historicidade, elemento que confere a abertura destes processos aos eventos, portanto sempre passíveis de novas provocações, desestabilizações e reconstruções; assim como a natureza social da constituição do indivíduo. O sujeito implicado nestas formações subjetivas e identitárias reside no entrecruzamento de sua condição de ser singular, individual, irrepetível, e sua natureza social, histórica, constituído na relação com os outros e com o Outro da cultura. Assim, este sujeito se humaniza no ato da inscrição de sua existência biológica e singularidade biográfica nas condições de instauração de sentidos disponibilizados em seu espaço e tempo socioculturais e encarnados nos encontros sociais deste sujeito. Neste sentido, a presente abordagem se distancia de uma visão essencialista do sujeito onde a subjetividade é, freqüentemente, relacionada a uma intimidade ou interioridade individual e autônoma, e a identidade ganha o lugar de retrato idiossincrático desta interioridade.

As referências desta reflexão vêm de pesquisa realizada sobre a formação do campo ambiental no Brasil e da análise biográfica de educadores ambientais (Carvalho, 2002). Naquele estudo, as biografias mostraram-se muito instigantes para se acessar em trajetórias que são, a um só tempo, registros de percursos individuais e testemunhos da história do campo ambiental e da EA. Trabalhar na fronteira, buscando superar, assim, dicotomias como: individuo-sociedade; intimidade-esfera pública; interioridade-exterioridade, tão presentes em certa divisão disciplinar das ciências humanas – que atribuiu todo o individual/intimo/interior à psicologia, e sociedade/ esfera pública/exterioridade à sociologia – é a proposta que se apresenta aqui. Como outros desta coletânea, o presente capítulo compartilha do desafio posto pelos caminhos híbridos da pesquisa e da produção de saber. Caminho já apontado por Boaventura Souza Santos quando, ao pensar criticamente as bases do conhecimento científico, chama atenção para a necessidade de construção de "um conhecimento modesto" (Santos, 2002).

AS VICISSITUDES DO SUJEITO ECOLÓGICO E O CAMPO AMBIENTAL

O heterogêneo universo do *ambiental*, tomado enquanto relevante fenômeno sócio-histórico contemporâneo, produz uma rede de significados e se apresenta como uma *questão* catalisadora de um importante espaço argumentativo acerca dos valores éticos, políticos e existenciais que regulam a vida individual e coletiva. Assim, pode-se tomar a questão ambiental, na sua condição de agenciadora de um universo de significados, como um espaço narrativo organizado em um campo de relações sociais – no caso, um *campo ambiental*. Neste, duas dimensões se entrelaçam: a dimensão instituída do campo ambiental, enquanto esfera que tende a ser mais estruturada (movimentos ecológicos e políticas ambientais, por exemplo), e as trajetórias de educadores ambientais, dimensão instituinte, feixe de processos estruturantes e dinâmicos dos agentes neste campo. Tais dimensões são partes constitutivas do mesmo fenômeno e se determinam de modo recíproco, de forma que apenas para efeito de análise podem ser destacadas.

Com a noção de *campo ambiental* interessa circunscrever certo conjunto de relações sociais, sentidos e experiências que configuram um universo social particular. Conforme Bourdieu (1989), a noção de campo social evoca um espaço relativamente autônomo de relações sociais historicamente situadas, que produz um conjunto de valores, uma ética, traços identitários de um sujeito ideal, naturaliza certos modos de ver e de se comportar que põem em ação as regras do jogo do campo.

Enquanto um espaço estruturado e estruturante, o campo ambiental inclui uma série de práticas e políticas pedagógicas, religiosas e culturais, que se organizam de forma mais ou menos instituídas, seja no âmbito do poder público, seja na esfera da organização coletiva dos grupos, associações ou movimentos da sociedade civil; reúne e forma um corpo de militantes, profissionais e especialistas; formula conceitos e adquire visibilidade através de um circuito de publicações, eventos, documentos e posições sobre os temas ambientais. Ao tomar o campo ambiental como referência, pode-se compreender as motivações, os argumentos, os valores, ou seja, aquilo que constitui a crença específica que sustenta um campo. Desta forma, é possível indagar pelos significados que, investidos nas coisas materiais e simbólicas em jogo no campo, orientam a ação dos agentes que aí estabelecem um percurso pessoal e profissional.

A análise das trajetórias biográficas, por sua vez, dá acesso às relações recursivas entre campo social e trajetórias de vida, tomando a condição narrativa destas interações como referencial teórico e a análise das trajetórias como caminho metodológico. Nestas interações se constituem mutuamente um campo ambiental, um sujeito (ideal) ecológico, bem como as trajetórias profissionais e pessoais dos(as) educadores(as) ambientais, entendidos(as) como uma expressão particular daquele sujeito ideal.

Ao optar pela análise do campo e das trajetórias, este trabalho não se restringe nem a uma história factual das instituições, nem, tampouco, à investigação de histórias de vida individualizadas. Busca, sobretudo, tematizar a interação produtiva e reflexiva entre o campo e as trajetórias, na construção de uma *condição narrativa*, que é o que torna efetiva e plausível a formulação de uma questão ambiental enquanto identidade distintiva de um grupo e de um espaço social. Desta forma, considerando as confluências entre o campo e as trajetórias, pode-se observar, na emergência de um sujeito ecológico, enquanto uma *identidade narrativa*, que remete a uma prática social e a um perfil profissional particular: o educador ambiental.

A pesquisa que deu origem a esta reflexão, além de uma análise da dimensão instituída do campo ambiental no Brasil, contou com um *corpus* expressivo de relatos (entrevistas biográficas) da experiência dos educadores ambientais e dos caminhos de formação da EA no Brasil.[2] Este campo experiencial é aquele que se passa dentro das regras do jogo do campo ambiental e, como se verificou, está inevitavelmente atravessado pelas várias injunções, deslocamentos, tensões e contradições que caracterizam o fazer profissional neste universo fortemente identificado com uma tradição romântica e com ideais militantes.³

A CONSTRUÇÃO DA NOÇÃO DE SUJEITO ECOLÓGICO

A formação de um campo de relações sociais em torno da questão ambiental no Brasil e seu entrecruzamento com trajetórias biográficas e profissionais de educadores ambientais possibilita pensar a noção de um *sujeito ecológico*. Esta categoria denomina um tipo ideal,⁴ forjado no jogo das interpretações onde se produzem os sentidos do *ambiental*, levando em conta os universos da tradição (tempo de longa duração) e das experiências vividas no presente. Assim, o sujeito ecológico operaria como um subtexto presente na narrativa ambiental contemporânea, configurando o horizonte simbólico do profissional ambiental de modo geral e, particularmente, do educador ambiental. Neste jogo, constitutivo do campo ambiental, de modo geral, e da educação ambiental, em particular, evidencia-se o educador ambiental como, ao mesmo tempo, um intérprete de seu campo e um sujeito ele mesmo "interpretado" pela narrativa ambiental. Neste contexto, a busca de uma correspondência dos posicionamentos, opções e atitudes deste profissional aos ideais de um *sujeito ecológico* tende a adquirir o caráter de condição do ingresso neste campo social.

Além de ser pensado como um *tipo ideal* o sujeito ecológico também encontra outra fonte de inspiração no conceito de *identidade narrativa* (Ricouer, 1997). Esta forma de pensar a identidade, toma-a como espaço de convergência entre diferentes registros, como indivíduo/sociedade, singularidade/agenciamentos coletivos, biografia individual/história social, onde ganha centralidade sua condição narrativa:

> A noção de identidade narrativa mostra sua fecundidade no fato de que ela se aplica tanto à comunidade quanto ao indivíduo. Podemos falar da ipseidade de uma comunidade como acabamos de falar da de um sujeito individual: indivíduo e comunidade constituem-se em sua identidade ao receberem tais narrativas, que se tornam para um e outro sua história efetiva (Ricouer, 1997, p.425).

Desta forma, pode-se definir o sujeito ecológico como um projeto identitário, apoiado em uma matriz de traços e tendências supostamente capazes de traduzir os ideais do campo. Neste sentido, enquanto uma identidade narrativa ambientalmente orientada, o sujeito ecológico seria aquele tipo ideal capaz de encarnar os dilemas societários, éticos e estéticos configurados pela crise societária em sua tradução contracultural; tributário de um projeto de sociedade socialmente emancipada e ambientalmente sustentável. O contexto que situa e torna possível o sujeito ecológico é a constituição de um universo narrativo específico, que se configura material e simbolicamente como um campo de relações sociais (Bourdieu, 1989).

Pode-se pensar, a partir desta proposição de sujeito ecológico, os caminhos de identificação e construção da identidade do *educador ambiental* percorridos nas trajetórias biográficas de educadores ambientais concretos. Desta preocupação derivam perguntas do tipo: Como, no curso de uma trajetória profissional, se processa esta decisão pelo ambiental? Quais as vias pelas quais se dá o acesso, a opção ou a conversão ao ambiental? Quais as conseqüências desta escolha sobre a experiência passada do sujeito? Como se reconfiguram, no campo ambiental, outras experiências profissionais e existenciais do sujeito que aí se insere?

No horizonte do *sujeito ecológico* abre-se uma série de frentes de ação e de estilos existenciais para o educador ambiental. A militância, por exemplo, ao ser incorporada como um *habitus,* parece atravessar as opções profissionais gerando uma forma particular de ser um *profissional ambiental*. Para identificar os momentos-chave das trajetórias de profissionalização em EA, três cortes analíticos pareceram significativos: os mitos de origem, as vias de acesso e os ritos de entrada. A referência aos conceitos de mito e rito tem aqui um valor metafórico, na medida em que remetem às passagens – enquanto ações simbólicas – que fundam a identidade narrativa do sujeito ecológico (no caso do mito) e definem o hetero e o auto-reconhecimento do profissional da educação ambiental (no caso do rito).[5] Os mitos de origem integram um processo de (re)constituição de sentido, isto é, a instauração de uma raiz remota da sensibilidade para o ambiental, reencontrada e ressignificada *a posteriori*.

MEMÓRIA, ESTÉTICA E SENSIBILIDADES AMBIENTAIS NA FORMAÇÃO DO EDUCADOR

Relembramos aqui uma asserção básica deste trabalho: o educador ambiental é um caso particular do sujeito ecológico e, sendo assim, integra este projeto identitário maior atualizando-o em algumas de suas possibilidades. Isto não significa que partilhar desta identidade ecológica seja necessariamente um pré-requisito para tornar-se educador ambiental. Em vários casos, o caminho pode ser inverso, ou seja, da EA para a identidade ecológica. A EA tanto pode ser fruto de um engajamento prévio como constituir-se em um passaporte para o campo ambiental. Desta forma, identificar-se como sujeito ecológico e tornar-se educador ambiental podem ser processos simultâneos, no sentido simbólico, mas podem estruturar-se em diferentes tempos cronológicos (tornar-se um sujeito ecológico a partir da EA ou vice-versa). Isto repõe a questão da diferença entre um *cronos* linear, mensurável e cumulativo – que direciona a flecha do tempo em um sentido irreversível, onde o passado define o presente e encadeia o futuro como conseqüência das ações passadas – e um tempo experiencial, onde o passado pode ser ressignificado pelo presente ou por expectativas em relação ao futuro.

É neste sentido que poderíamos considerar a construção dos mitos de origem como uma estrutura que encontramos nos relatos biográficos, na qual o sujeito que narra injeta uma linha de sentido do presente – onde possivelmente também assume um papel importante o ideal do sujeito ecológico, no sentido de um dever ser, que remete a um futuro utópico e atemporal – em direção ao passado. Nesta conexão entre presente e passado o sujeito, freqüentemente, identifica lá no passado as raízes remotas do que decorreu depois. É nesta reconfiguração da experiência à luz dos entrecruzamentos do tempo vivido e rememorado que os entrevistados se situam como ativos construtores/autores de suas biografias pessoais e da identidade narrativa do educador ambiental.

Para esses entrevistados, o encontro com uma natureza boa e bela, emerge como núcleo forte de suas memórias longínquas, que ganham a forma do que descrevemos aqui como um mito de origem. Tais momentos são investidos com forte sentido identitário, são memórias infantis como "a *fazenda em Mato Grosso*"; "*o pé de manga rosa no quintal*"; "*os sapos, as borboletas e as pererecas da infância em uma cidade do interior*"; "*a paixão pelos insetos*"; "*as joaninhas do jardim da casa*"; "*o quintal rural da casa urbana*"; "*os acampamentos, o alpinismo e o montanhismo na juventude*".

Esses "mitos de origem", por sua vez, revisitam certos elementos importantes que destacamos na composição de uma tradição ambiental demonstrando sua vigência. O valor da natureza enquanto reserva estética e moral que se pode encontrar no naturalismo e nas chamadas novas sensibilidades para com a natureza parece reeditar-se como espécie de memória mítica dos educadores ambientais, remontando a um mito de origem do próprio ecologismo. No imaginário ecológico, muitas vezes, a natureza, como contraponto da vida urbana e sua inscrição em uma visão arcádica, aparece combinada com o sentimento romântico de contestação. O repúdio romântico à uniformidade da razão, ao seu caráter instrumental, ao individualismo racionalista, pode ser observado em certas inspirações do ideal societário ecológico que se afirma como via alternativa, contra os ideais de progresso e de desenvolvimento da sociedade capitalista de consumo.

É interessante observar que, além das memórias pessoais, essa sensibilidade naturalista para com as plantas e os animais pode ser reencontrada como elemento destacado na vertente conservacionista do campo ambiental. O movimento conservacionista, por sua vez, é o ponto em relação ao qual se diferencia o ecologismo, afirmando-se como movimento social que, tendo uma crítica política, não se restringe às ações de conservação da natureza, mas pretende transformar a sociedade. No entanto, apesar dessa diferença, a visão ética e estética que entende a natureza como portadora de direitos e tendo um valor em si mesma para além de sua utilidade para os humanos, permanece como elemento de continuidade entre estes dois movimentos dentro do campo ambiental. Desde este lugar de contraponto do movimento ecológico, o conservacionismo mantém-se disponível como visão de mundo que informa, não apenas ações de mobilização contra o desaparecimento de espécies, proteção dos animais, etc., mas também é particularmente evocado na ação do Estado, que tende a identificar sua política ambiental com uma política de proteção ambiental.

É possível notar certa descontinuidade entre o discurso ambiental politizado – que, ao tomar o *modus operandi* conservacionista como contramodelo, rejeita o enaltecimento ingênuo da natureza – e a vigência de uma ética e estética naturalista que se perpetua no imaginário dos sujeitos ecológicos. É algo desta sensibilidade que emociona e constitui a identificação com a luta ambiental para muitos. Esse foi um ponto de inflexão recorrente nas narrativas que recolhemos, nas quais os entrevistados, ao narrarem sua história, relacionaram as raízes mais remotas de sua vinculação com a questão ambiental a uma *sensibilidade* para com a natureza, presente em sua experiência de vida. Muitos localizaram esta experiência na infância, enquanto outros, em momentos da vida adulta anteriores a seu engajamento no campo ambiental. Assim, o que no debate das idéias e nos confrontos ideológicos tende a se contrastar na oposição naturalismo/conservacionismo *versus* ecologismo/ visão socioambiental, no nível das sensibilidades que constituem os sujeitos ecológicos, parece estar bastante entrelaçado.

TORNAR-SE EDUCADOR AMBIENTAL: CAMINHOS, MITOS E RITOS

As vias de acesso dos educadores à educação ambiental conduzem aos ritos de entrada, remetendo aos caminhos de aproximação e à ultrapassagem de certa fronteira de conversão pessoal e reconversão profissional. A partir daí se dá a identificação com um ideário ambiental e a opção por este campo como espaço de vida e de profissionalização. As maneiras de entrar no campo e construir uma identidade ambiental são parte dos ritos de entrada e ajudam a iluminar os desdobramentos que dizem respeito especificamente aos trânsitos em direção ao campo ambiental; aos lugares profissionais aí disponibilizados (concursos na universidade, diferentes modalidades de contratações em ONGs, prestação de serviços em diferentes instituições, etc.) e a negociação dos capitais simbólicos e culturais anteriores ao novo *status* de profissional/educador ambiental.

Os acessos em direção ao ambiental são múltiplos e passam por diferentes caminhos, conforme mostram os percursos dos entrevistados. O encontro com a natureza, a busca de novas soluções profissionais, formas de reorganizar crenças e ideologias, reconversões institucionais, são alguns dos marcos reconstituídos nos relatos enquanto momentos *liminares*,[6] onde o presente tende a traduzir a experiência passada, como no mito de origem, mas, ao mesmo tempo, o faz orientado por uma expectativa voltada para um horizonte de possibilidades futuras, dentro das regras do jogo e da *illusio* (Bourdieu, 1989) do campo ambiental.

Tomando a idéia da viagem como metáfora dos deslocamentos existenciais, da reinvenção do outro e recriação de si, as vias de acesso que a pesquisa identificou indicam percursos que podem ser exemplificados como: de uma experiência pessoal/subjetiva para o ambiental; da luta contra ditadura para o ambiental; da engenharia para o ambiental; da educação popular para o ambiental, entre outros. Estes percursos não são excludentes e freqüentemente se superpõem. Outras vezes se entrecruzam na trajetória de um mesmo sujeito. Não esgotam as possibilidades de acesso, mas mostram, em cada um destes trânsitos, como se passa o processo de uma experiência refigurada.[7]

Nomear-se educador ambiental aparece ora como adesão a um ideário, ora como sinônimo de um ser ideal ainda não alcançado, ora opção de profissionalização, ora como signo descritor de uma prática educativa ambientalizada, combinando em diferentes gradações as vias da militância e da profissionalização em um perfil *profissional–militante*. Resulta disto que as formas de autocompreender-se e apresentar-se, que daí surgem, assumem o caráter de uma identidade dinâmica, muitas vezes em trânsito. Isto é, uma identidade que não se fixa necessariamente apenas em um dos pólos: profissional ou militante, por exemplo. Tampouco ganha a forma de uma identidade permanente e totalizante, no sentido de subsumir outras auto-identificações e filiações profissionais.

Politicamente, um dos traços distintivos do educador ambiental parece ser partilhar, em algum nível, de um projeto político emancipatório. A idéia de mudanças radicais abarca não apenas uma nova sociedade, mas também um novo sujeito que se vê como parte desta mudança societária e a compreende como uma revolução de corpo e alma, ou seja, uma reconstrução do mundo incluindo o mundo interno e os estilos de vida pessoal. Este parece ser o elemento diacrítico que confere o caráter promissor e sedutor do campo ambiental e do saber que ele busca fomentar em suas esferas de formação de especialistas, publicações e teorização. A máxima registrada por Huber (1985) de "mudar todas as coisas" na dimensão política das práticas ambientais evoca uma transformação não apenas política mas *da política*, isto é, da maneira de compreender, de viver e de fazer política, acenando com novos trânsitos e também com possíveis riscos para a própria esfera política. As condições do percurso da própria educação ambiental apontam para uma área recente onde, como em todo campo ambiental, sobrepõem-se as marcas de um movimento social e as de uma esfera educativa epistemologicamente fundamentada e institucionalmente organizada.

Como aparece em vários depoimentos, fazer EA não garante uma identidade pacífica de educador ambiental, ou pelo menos construída com certa homogeneidade, como se poderia supor em outros campos mais consolidados. Ser educador ambiental é algo definido sempre provisoriamente, com base em parâmetros que variam segundo o informante, suas filiações, moldando-se de acordo com a percepção e a história de cada sujeito ou grupo envolvido com essa ação educativa. É uma identidade que comporta um espectro de variações na sua definição e apresenta um gradiente de intensidade de identificação – identidade plenamente assumida como destino escolhido, identidade em progresso como algo a ser alcançado, identidade negada ou secundarizada entre outras possibilidades e escolhas do sujeito no processo de negociação. Esta dinâmica parece apontar tanto para um campo historicamente novo quanto para sua natureza multidisciplinar. Condições que tornam mais difícil a legitimidade e o reconhecimento social de uma nova identidade profissional, deixando grandes margens para estes gradientes de identificação, bem como uma grande mobilidade entre eles. Pode-se atuar profissionalmente de diversas maneiras e a partir de várias especializações, dentro do campo ambiental, e fazer EA pode ser uma opção, entre outras, ou simultaneamente a outros fazeres ambientais. Neste contexto, as atuações profissionais no campo ambiental, excluindo-se aquelas que exigem alta especialização técnica, tendem a favorecer o trânsito e mesmo a invenção de novas modalidades e perfis profissionais.

Finalmente cabe lembrar que, se a construção de uma prática educativa nomeada como Educação Ambiental e a identidade profissional de um educador ambiental a ela associada formam parte dos movimentos de estruturação do campo ambiental, a EA estará submetida aos *efeitos da censura*[8] exercidos por este campo. Esta é a fronteira que define um certo universo de sentidos possíveis, circunscrevendo o que é pensável ambientalmente e, por conseguinte, o que neste campo se torna impensável, ou indizível.

EA: DESAFIOS POLÍTICOS E EPISTEMOLÓGICOS

A educação ambiental no ensino formal tem enfrentado inúmeros desafios, entre os quais se pode destacar o de como inserir-se no coração das práticas escolares a partir de sua condição de transversalidade, posição consagrada pelos Parâmetros Curriculares (MEC, 1997). Contudo, ainda que a transversalidade venha em consonância com as propostas elaboradas desde longa data pelo próprio campo dos educadores ambientais e tenha sido incorporada pelos parâmetros, restam muitos questionamentos, tais como: afinal, como ocupar um lugar na estrutura escolar desde essa espécie de não-lugar que é a transversalidade? Para a EA, constituir-se como temática transversal pode tanto ganhar o significado de estar em todo lugar quanto, ao mesmo tempo, não pertencer a nenhum dos lugares já estabelecidos na estrutura curricular que organiza o ensino. Por outro lado, como ceder à lógica segmentada do currículo, se a EA tem como ideal a interdisciplinaridade e uma nova organização do conhecimento? Em outras palavras, poder-se-ia dizer que, como herdeira do movimento ecológico e da inspiração contracultural, a EA quer mudar todas as coisas. A questão é saber como, por onde começar e os melhores caminhos para a efetividade desta reconstrução da educação. Diante de um projeto tão ambicioso, o risco é o da paralisia diante do impasse do tudo ou nada: ou mudar todas as coisas ou permanecer à margem, sem construir mediações adequadas.

Quando se pensa na formação de professores em educação ambiental, outras questões se evidenciam. Uma delas é a de que a formação de professores comporta uma dimensão que transcende os objetivos programáticos dos cursos e metodologias de capacitação. Trata-se da formação de uma identidade pessoal e profissional. Desta forma, quaisquer que sejam estes programas e metodologias, eles devem dialogar com o mundo da vida dos(as) professores(as), suas experiências, seus projetos de vida, suas condições de existência, suas expectativas sociais, sob pena de serem recebidos como mais uma tarefa entre tantas que tornam o cotidiano do professor um sem-fim de compromissos. Uma outra dimensão que não deve ser esquecida é a de que, ao falar de EA, está-se referindo a um projeto pedagógico que é herdeiro direto do ecologismo. Constitui parte de um campo ambiental e perfila em sua esfera de ação um sujeito ecológico. Assim, a formação de professores em EA, mais do que uma capacitação buscando agregar nova habilidade pedagógica, desafia a formação de um *sujeito ecológico*.

E, se há tantos desafios para a EA construir seu lugar e sua legitimidade como prática educativa, o que não dizer dos processos de avaliação em EA. Apenas a título de reflexão inicial sobre este tema, mas compatível com a idéia de formação de um sujeito ecológico, enquanto orientação pessoal e profissional poderia ser um critério de avaliação a capacidade de um processo em educação ambiental gerar experiências significativas de aprendizado. Isto valeria para os níveis pessoal, grupal (professores, alunos, funcionários), mas, sobretudo, deveria incidir também em mudanças na estrutura da escola, denotando algum tipo de mudança e aprendizado institucional. Isto significa tomar a sério a noção de aprendizagem, entendida como processo capaz de operar mudanças cognitivas, sociais e afetivas importantes tanto nos indivíduos e grupos quanto nas instituições. Talvez, desta forma, a EA consiga sair de um lugar muitas vezes situado à margem da escola (atividades extraclasse que ocorrem no tempo "livre" dos professores e alunos, por exemplo) para ter alguma ação de transformação sobre o que se poderia chamar de "núcleo duro" da formação dos professores e da organização das práticas escolares. Como se sabe, o debate ambiental ainda não foi internalizado plenamente, nem como disciplina, nem como eixo articulador nos currículos dos cursos de formação de professores, como demonstrou o levantamento sobre projetos de EA no ensino fundamental (MEC, 2000). Tampouco a EA tem conseguido estar presente nos espaços-chave, da organização do trabalho educativo na escola como, por exemplo, na definição dos projetos pedagógicos, dos planos de trabalho, do uso do tempo em sala de aula, do planejamento, da distribuição das atividades e do tempo remunerado dos professores.

Isto tudo não significa deixar de reconhecer que muito se tem feito, tanto em políticas públicas quanto nas escolas, para experimentar diferentes modos de impulsionar a EA. Os professores são muito criativos e têm gerado inúmeras atividades e projetos em EA por todo este país, haja vista o grande interesse destes profissionais que têm sempre estado presente, intercambiando suas experiências inovadoras nos eventos nacionais e regionais de EA. Contudo, ainda resta o desafio de internalizar nos espaços institucionais estruturantes do campo educativo a formação de uma sensibilidade e de uma leitura crítica dos problemas ambientais.

NOTAS

1. Para uma interessante discussão do conceito de subjetividade, ver Sawaia, 2000.
2. Os depoimentos foram transcritos, mas, por uma razão de economia de espaço, não foram incluídos neste capítulo. Ao todo foram analisadas 18 trajetórias biográficas.
3. Sobre o perfil romântico reatualizado no movimento contracultural, sendo revisitado e revivificado contemporaneamente pela via da luta militante-emancipatória, ver Löwy (1993). Para uma boa análise do romantismo como movimento cultural, ver Maia Flickinger (1993). O romantismo parece estar presente como visão de mundo no mundo ecológico, tanto pela via da militância quanto pela visão libertária e idealizada da natureza como lugar de libertação dos constrangimentos de um modelo social visto como degradado e equivocado em termos éticos e políticos.
4. A noção de tipo ideal, como entendemos aqui, é aquela utilizada no sentido weberiano. Para Weber (1987), a compreensão do real passa pela interpretação dos nexos de sentido que constituem os fenômenos. Estes são caracterizados pela tensão entre sua expressão categórica "ideal" e a sua expressão enquanto ação "real". A elaboração do tipo ideal de um fenômeno recorrente, portanto, guardaria racionalidade e coerência "ideais", em face do que se poderia compreender uma ação real, determinada por irracionalidades de toda espécie (afetos, erros, etc.) como uma variante (desvio) do desenvolvimento esperado da ação racional.
5. Existe uma ampla contribuição da antropologia para estes conceitos, que cada vez mais têm sido usados não apenas para descrever as sociedades tradicionais, mas sobretudo para explicar a sociedade contemporânea. Para efeito deste estudo, faço uso da definição de ritual proposta por Kertzer (1987, p.9) como "comportamento simbólico que é padronizado e repetitivo", presente em todas as culturas, bem como da discussão sobre seus efeitos na política e no poder das sociedades contemporâneas. Importante ainda para nossa reflexão é a evocação do símbolo enquanto elemento que provê de conteúdo o ritual e suas propriedades: 1) condensação do significado; 2) multivocalidade e 3) ambigüidade, ressaltadas pelo autor. Em relação ao conceito de mito, vale lembrar que, a partir de Lévi-Strauss, tem sido definido como sistema de signos ou ainda "expediente cognitivo usado para reflexão e das contradições e princípios subjacentes em todas as sociedades humanas" (Outhwaite e Bottomore, 1996, p.470), de modo que, assim como a noção de ritual, passou a ser identificado como atributo de todas as sociedades e parte da vida contemporânea.
6. O conceito de liminaridade (*liminality*) é usado por Victor Turner para designar a fase intermediária do rito de passagem – compreendido como tendo três fases: separação, margem ou *limen* e reintegração. Os estados e os processos liminares são

marcados pela ambigüidade, pela suspensão das normas e valores da ordem anterior e ainda pela não-incorporação plena das normas e valores da ordem para a qual se está fazendo a transição, o estado liminar é o de estar *entre* dois mundos simbólicos (Turner, 1978).
7. Estes percursos biográficos e profissionais estão relatados em outro trabalho (Carvalho, 2002) e aqui são mencionadas algumas das conclusões das análises realizadas.
8. Os campos sociais, segundo Bourdieu, exercem um efeito de censura (Bourdieu, 1989, p.165), no sentido de limitar o universo dos discursos que neles se produzem a um universo de enunciados possíveis de serem ditos no âmbito da problemática particular daquele campo.

REFERÊNCIAS

CARVALHO, I.C.M. *A invenção ecológica: sentidos e trajetórias da educação ambiental no Brasil.* 2.ed. Porto Alegre: Editora da UFRGS, 2002.

BHABHA, H. K. *O local da cultura.* Belo Horizonte: Editora UFMG, 1998.

BOURDIEU, P. *O poder simbólico.* Lisboa: Editora Difel, coleção Memória e Sociedade, 1989.

BRUNER, E. "Ethnography as narrative". In: TURNER, V. & Bruner, E. (orgs.) The anthropology of experience. Chicago: llinois University Press, 1986.

BRUNER, J. *Acts of meaning.* Cambridge: Harvard University Press, 1990

BRUNER, J.; WEISSER, S. A invenção do ser: autobiografia e suas formas. In: OLSON, D.; TORRANCE, N. (orgs.). *Cultura escrita e oralidade.* São Paulo: Ática, 1995

CAMPBELL, C. The romantic ethic and the spirit of modern consumerism. Oxford: Blakwell Publishers, 1995.

GADAMER, H-J. *Verdade e método.* Petrópolis: Vozes, 1998.

HUBER, J. Quem deve mudar todas as coisas; as alternativas do movimento alternativo. Rio de Janeiro: Paz e Terra, 1985.

KERTZER, D. I. *Ritual, politics & power.* Yale: University Press, 1997.

LÖWY, M.; SYRE, R. *Romantismo e política.* São Paulo: Paz e Terra, 1993.

MAIA-FLICKINGER, M. Schopenhauer e a concepção romântico-idealista da natureza. *Veritas*, Porto Alegre, v. 38, n.152, dez. 1993.

MARRE, J. L. História de vida e método biográfico. *Cadernos de sociologia,* v. 3, p.55-88, 1991.

MINISTÉRIO DA EDUCAÇÃO E DA CULTURA (MEC). Secretaria de Educação Fundamental/Coordenação de Educação Ambiental. *A implantação da educação ambiental no Brasil.* Brasília, 1998.

_____. Secretaria de Educação Fundamental/Coordenação de Educação Ambiental. *Diagnostico preliminar de projetos de educação ambiental no ensino fundamental.* Brasília, 2000.

_____. Secretaria de Educação Fundamental. *Parâmetros Curriculares Nacionais.* Brasília, 1997. 10v.

OLIVA, J.T. A educação Ambiental na escola. In: MINISTÉRIO DA EDUCAÇÃO E DO DESPORTO (MEC). Secretaria de Educação Fundamental/Coordenação de Educação Ambiental. *Textos da série Educação Ambiental do Programa Salto para o Futuro*. Brasília, 2000. p 9-20.

OUTHWAITE, W.; BOTTOMORE, T. *Dicionário do pensamento social do século XX*. Rio de Janeiro: Jorge Zahar, 1996.

RICOUER, P. *Tempo e narrativa* (tomo III). São Paulo: Papirus, 1997

SANTOS, B. S. *Um discurso sobre as ciências*. 13.ed. Porto: Afrontamento, 2002.

TURNER, V. *O processo ritual: estrutura e antiestrutura*. Petrópolis: Vozes, 1974.

TURNER, V.; TURNER, E. *Image and pilgrimage in christian culture*. New York: Columbia University Press, 1978.

WEBER, M. *Economía y sociedad; esbozo de sociología comprensiva*. 8. reimp. México: Fondo de Cultura Económica, 1987.

4
Relação com a natureza e educação ambiental

Bernard Charlot
Veleida Anahi da Silva

"A ecologia, quando se mora na cidade, é uma coisa, mas, quando rodamos em estradas de terra e quando não há trabalho porque não se tem direito a derrubar árvores, é outra". Estas são as palavras de um professor universitário que morou muito tempo no Estado do Acre. Embora seja biólogo, questiona fortemente o discurso ecologista. Encontramos um caso similar há alguns anos: uma amiga telefonou para Veleida para informar que a floresta estava queimando no Estado de Roraima. "E morreram índios no incêndio?", perguntou Veleida. Essa resposta indignou a amiga, que acusou Veleida de não gostar da floresta, como se, sob as árvores, não houvesse homens...

Escutando alguns discursos, tem-se a impressão, às vezes, de que o homem e a natureza são atualmente inimigos, não podendo um deles sobreviver se o outro não morrer ou não se debilitar. Há uma solução teórica para esse aparente conflito de interesses: chama-se "desenvolvimento sustentável". O conceito tem o apoio de todos, mas, a partir do momento em que o debate ultrapassa a palavra, ressurge a oposição entre aqueles que estão "do lado da Natureza" e aqueles que estão "do lado do desenvolvimento econômico". Enquanto não se vencer essa oposição, será ilusório esperar que se construa um controle ecológico de nosso mundo. Trata-se, portanto, de uma questão central para uma educação ambiental, para a qual buscamos contribuir apresentando algumas reflexões teóricas e alguns resultados de pesquisa.

A IDENTIDADE DO HOMEM E DA NATUREZA

Em *A ideologia alemã*, Marx e Engels (1953) sustentam que há "identidade entre o homem e a natureza". Não é uma idéia evidente hoje em dia, tendendo-se mesmo a colocá-las em oposição. Mas qual é o raciocínio que está por trás disso?

"A condição primeira de toda história humana é, naturalmente, a existência de seres humanos vivos (...). Toda história deve partir dessas bases naturais e de sua modificação pela ação dos homens ao longo da história". Os homens produzem seus meios de existência, o que os distingue dos animais. Ao produzirem esses meios de existência, estão produzindo o meio no qual vivem. Em outras palavras, o homem não vive mais em uma natureza original – que não existe mais –, vive em uma natureza transformada por sua ação, "modificada pela história". A "natureza que antecede a história humana (...) de nossos dias não existe mais em lugar algum, exceto talvez em alguns atóis australianos". O homem se encontra "sempre diante de uma natureza que é histórica e de uma história que é natural". A história do homem é natural, pois é a história da forma como os homens, coletivamente, produzem, transformando a natureza, o mundo no qual vivem. A natureza, por sua vez, é "histórica" porque o que chamamos de "natureza" não é uma natureza original, mas o resultado da ação histórica dos homens sobre a natureza. As paisagens "naturais" que vemos, os campos e as florestas onde passeamos carregam a marca do homem. Criticando Feuerbach, Marx e Engels escrevem: "E essa atividade, esse trabalho, essa criação material constante dos homens, enfim, essa produção, é a base de todo o mundo sensível tal como vemos hoje em dia, de tal modo que, se interrompêssemos isso, que fosse por um ano apenas, não somente Feuerbach veria uma enorme mudança no mundo natural, como também deploraria muito rapidamente a perda de todo o mundo humano e de sua própria faculdade de contemplação, e até a de sua própria existência".

Não se pode pensar, pois, nem a natureza nem o homem sem pensar a ação humana sobre a natureza. Há uma "identidade entre o homem e a natureza". Isso não é uma simples fórmula. Por um lado, a ação humana sobre a natureza é uma ação coletiva – portanto, na natureza, tal como nos aparece em uma dada época, pode-se ler as formas de organização sociais do homem, sendo as relações com a natureza "condicionadas pela forma da sociedade e vice-versa". Por outro lado, essa ação coletiva de transformação da natureza transforma os próprios homens – trata-se do processo que Marx chama de *práxis*. Não se pode, pois, pensar separadamente a natureza, a organização social, o tipo de indivíduo que existe em um dado momento da história.

Historicamente, como se apresenta essa relação do homem com a natureza? Evidentemente, é impossível reconstruir aqui essa história, mas gostaríamos de comentar alguns momentos particularmente significativos.

A natureza aparece, inicialmente, como "inteiramente estranha, potente e incontestável" (Marx e Engels, 1953). A relação com a natureza é então, ao mesmo tempo, religiosa e mágica – o que significa, como observa Robert Lenoble (1969), que os homens nunca foram ignorantes a respeito da natureza, eles já têm algum conhecimento dela, já começam a humanizá-la. Essa humanização, porém, toma a forma de deuses, que podem ser influenciados pela magia, e já aí, então, essa relação entre o homem e a natureza tende a se confundir com as relações sociais dos homens entre si. "A causalidade mágica regula não somente as relações dos fenômenos entre si, mas suas relações com os homens e as relações dos homens uns com os outros" (Lenoble, 1969).

Essa relação com a natureza é vista no candomblé. Dessa forma, Iansã é, simultaneamente, "rainha dos raios, dos ciclones, furacões, tufões, vendavais", "orixá do fogo, guerreira e poderosa", "dona das paixões", "guia dos espíritos desencarnados, senhora dos cemitérios" (Barcellos, 1995). Iansã é uma força da natureza cujo elemento básico é o fogo e ela expressa tudo o que é fogo, seja da natureza física (ciclones), da natureza social (guerra) ou da natureza psíquica (paixões). Notemos que ela simboliza também a morte (com Obaluaê), isto é, o inverso do fogo: nossa relação com a natureza é fundamentalmente ambivalente.

Essa tentativa de dominar e humanizar a natureza toma nos gregos uma forma filosófica: "A natureza de Platão e de Aristóteles é uma natureza feita para o homem e pelo homem (...), é totalmente organizada para a tranqüilidade e o bem-estar da alma" (Lenoble, 1969). A natureza imprevisível, portanto perigosa, é substituída na filosofia grega por um "mundo de harmonia total", um cosmos regido por leis. Também em Epicuro, mas de uma outra forma, é o conhecimento da natureza que nos permite viver uma vida segura e feliz. "Se não fôssemos perturbados pelo temor dos fenômenos celestes e pela morte, inquietos ao pensar que esta poderia se interessar por nosso ser, se ignorássemos os limites das dores e dos desejos, não teríamos necessidade de estudar a Natureza", diz Epicuro (citado por Lenoble, 1969). Concluindo *História da idéia de natureza*, Lenoble afirma: "A natureza sempre apareceu no pensamento dos homens como construção, não arbitrária, evidentemente, mas cujo plano é intensamente influenciado pelos desejos, paixões, tendências, e também pela reflexão humana". Conclusão que converge com a de Marx e Engels: em qualquer época histórica, a concepção da natureza é construída a partir da relação do homem com a natureza, sendo "a natureza em si" somente abstração.

Em outras épocas, a tentativa de humanização da natureza era científica e técnica. Essa tentativa pode tomar distintas formas – do século XVII até os dias de hoje –, mas sempre sustentada pela idéia de Progresso. A natureza não é mais uma potência benfeitora ou, ao contrário, perigosa, que rege o destino do homem, mas uma grande mecânica – nos séculos XVII e XVIII – da qual o homem pode conhecer suas leis, escritas em uma linguagem matemática e da qual pode se tornar mestre e possuidor. Assim, torna-se possível a idéia de uma natureza externa ao homem – a matéria de um lado, o espírito de outro, como em Descartes – e a de uma luta entre a natureza e o homem. Essa exterioridade, porém, é também o resultado de um trabalho de separação produzido pelo homem, que construiu essa idéia da natureza. É, portanto, também a expressão de uma certa relação do homem com a natureza, relação marcada por uma vontade de dominação.

Essa relação de dominação enfrentou, ao longo da história, reações contrárias. O romantismo, por exemplo, representa uma delas, o nazismo também. Para compreender essas formas de relações com a natureza, é interessante buscar aporte nos trabalhos do sociopsicanalista Gérard Mendel, especialmente em *La révolte contre le père* (1968).

Como inúmeros autores observaram, a natureza é considerada freqüentemente como Mãe. Aliás, a própria etimologia do termo "natureza" remete ao fato de nascer ou de fazer nascer: a palavra latina *natura* deriva de *natus* (nascido). Há, pois, em nosso inconsciente, um vínculo profundo entre a idéia de natureza e a de maternidade. G. Mendel explica que a relação dos homens com a natureza coloca em questão as imagos maternas e paternas.

O que são imagos? São representações inconscientes dos personagens com os quais estabelecemos nossas primeiras relações intersubjetivas, reais e fantasmáticas: imago materna, paterna e fraterna. A primeira relação "é caracterizada por uma indistinção parcial ou total do sujeito e do objeto" (G. Mendel): o bebê não distingue, ou muito pouco, seu corpo e o de sua mãe. A mãe é fonte de vida, de alimento, de amor; essa relação é interiorizada no inconsciente em uma imago da mãe "boa". As frustrações inevitáveis acarretam, todavia, uma agressividade reacional contra a mãe, interiorizada como imago da mãe "má". Por se fundirem, essas relações e as imagos que produzem provocam angústia. A identificação com o pai, fonte de uma imago paterna, vem depois na constituição do Eu e protege dessa angústia. A imago paterna "boa" "é a de um pai justo, forte, livre e benevolente" (Mendel, 1968).

Segundo Mendel, "os povos anteriores ao período paleolítico viveram suas relações com o meio ambiente de um modo primário, projetando no mundo exterior suas imagos maternas". Esse mundo exterior, a natureza, toma então a forma de uma Mãe Natureza muito forte: mãe "boa" (que nutre) e, ao mesmo tempo, mãe "má" (agressiva). Mais tarde, no paleolítico – idade dos primeiros instrumentos em pedra lascada –, as mudanças são vividas no Inconsciente como vinculadas à imago paterna. De uma maneira mais geral, o desenvolvimento da modernidade, da tecnologia, da ciência e da racionalidade, está relacionado no inconsciente a um poder do pai sobre a mãe arcaica, o que permite gerar a angústia, mas é acompanhado de uma culpabilidade em relação à mãe-natureza assim "mutilada".

Dessa forma, assiste-se às vezes uma revolta contra o pai (fantasmático) e volta-se a valorizar a mãe (fantasmática e ambivalente). O romantismo constitui uma sublimação[1] artística das imagos maternas, que são valorizadas em detrimento das imagos paternas. Assim, Rousseau escreve, em *As confissões*: "Ó Natureza, ó minha mãe, estou aqui sob tua guarda somente; não há resquício de homem hábil e desleal que se interponha entre mim e ti" (citado por Mendel, 1968). Fica claro que Rousseau escolheu neste caso a Natureza e não a técnica, a Mãe e não o Pai. Mas os românticos não esquecem que a natureza é mãe "boa" e, ao mesmo tempo, mãe "má". Vigny escreve simultaneamente: "As grandes florestas e os campos são vastos asilos" e, dando voz à Natureza, "dizem que sou uma mãe e sou, na verdade, um túmulo" (citado por Mendel, 1968).

O nazismo representa uma outra forma de revolta contra o pai (fantasmático) em nome da Mãe natureza. Hitler diz:[2] "O homem nunca deve cair no erro de acreditar que alcançou verdadeiramente a dignidade de senhor e mestre da natureza", "A natureza eterna se vinga impiedosamente quando se transgridem seus comandos". Essa natureza assim valorizada é aquela que simboliza a imago da mãe "má", agressiva: "A humanidade, segundo a natureza, (...) elimina os fracos para dar lugar aos fortes". A defesa da Natureza contra o Progresso pode chegar na forma da fusão romântica, mas também na da monstruosidade representada pelo nazismo...

A Natureza não é um objeto eterno e imutável. Na forma que a conhecemos em cada época, é o resultado da ação coletiva de transformação do mundo pelos homens. É também, em cada época, lugar de projeção dos desejos e das angústias e, no inconsciente humano, o lugar onde se confrontam desejo de fusão e aspiração à dominação.

Hoje em dia há uma corrida em busca da dominação cega da natureza, que é também, na lógica analisada por Marx e Engels, uma busca de dominação dos homens e uma tentativa de impor um modelo de sociedade. Não é por acaso que os Estados Unidos, ao mesmo tempo, recusam-se a assinar o Protocolo de Quioto, declaram guerra em diversos pontos do mundo e querem impor a todos o modelo de democracia norte-americana. Tal empreitada tem por base, evidentemente, os interesses econômicos das multinacionais. Mas, se nos perguntamos sobre suas raízes psicológicas, pode-se dizer que se trata de uma aliança entre a imago paterna e a imago da mãe "má", entre a força apoiada na tecnologia e a morte.[3]

Contra tal empreitada se posiciona o protesto ecológico. Este toma, porém, duas formas.

Há um discurso ecológico romântico, nova forma de revolta contra o pai e em nome da mãe "boa".[4] Trata-se de um retorno arcaico à Natureza como mãe "boa", atacada pelo pai (a ciência, a racionalidade, etc.). Esse discurso remete a uma aspiração de fusão com uma natureza original e imutável e vê no homem somente um assassino e na racionalidade somente uma agressão. Esse discurso é incompatível com a idéia de "desenvolvimento sustentável" e leva a um impasse, pois opõe o homem e a natureza, em vez de pensar as formas possíveis de sua identidade no mundo atual.

O outro discurso ecológico é aquele que adere realmente ao projeto de desenvolvimento sustentável e que se recusa a opor o homem à natureza, a origem à ciência, a vida à técnica. Posicionamo-nos, assim, a favor dessa ecologia, que supõe uma aliança do pai e da mãe "boa". É uma ecologia que se baseia na consciência da unidade do homem e da natureza, na convicção de que essa unidade se tornou tão íntima e tão reflexiva – com o domínio da genética – que o desenvolvimento só pode ser hoje o do homem *e da natureza*. Não há atualmente desenvolvimento possível do homem sem desenvolvimento da natureza.

A floresta amazônica é um símbolo para cada uma dessas posturas: para as multinacionais predadoras, e especialmente para os Estados Unidos, é uma jazida de riqueza biológica; para a ecologia romântica, é o símbolo da Mãe original, fonte da vida; para a ecologia do desenvolvimento sustentável, é o desafio da necessária reconciliação entre o Homem-Natureza e o progresso.

Pensamos ter mostrado que a questão fundamental – a que deve estar no centro da educação ambiental – é a questão da relação dos homens com a natureza. Qual é hoje a relação dos jovens com a natureza? Que tipo de relação a educação ambiental busca construir?

A RELAÇÃO DOS JOVENS COM A NATUREZA

Qual é hoje a relação dos jovens com a natureza? Um questionário (com muitas questões abertas) foi distribuído para 824 alunos brasileiros e franceses, de zona urbana ou da região amazônica (São Paulo, Cuiabá e Alta Floresta, no Brasil, e Saint-Denis e Épinay-sur-Seine, na França), escolarizados em ensino público ou privado, de 5ª e 8ª séries do ensino fundamental e do 3º ano do ensino médio (ou o equivalente na França) (Da Silva, 1999). A maioria desses alunos tem entre 10 e 20 anos.

Apresentamos aqui somente alguns resultados dessa pesquisa. Esses jovens brasileiros e franceses têm uma boa consciência ecológica, como veremos a seguir.

- "Você acredita que a natureza esteja hoje ameaçada em todo o mundo?" 94,3% responderam "sim"; 5,3% responderam "não" (0,4% não responderam).
- "O que lhe parece mais correto? 1. O homem tem direito de fazer da natureza o que bem entender para poder viver e criar seus filhos. 2. Há uma solidariedade entre o homem e a natureza e o homem necessita dessa solidariedade para viver". 5% dos alunos escolheram a primeira resposta; 94,5%, a segunda.

Nestas duas questões, não aparece uma diferença significativa entre brasileiros e franceses. Os alunos de zona urbana e os do ensino médio optam um pouco mais que os outros pela segunda resposta, mais ecológica.

A consciência ecológica desses jovens continua forte quando opomos a natureza à produção humana de seus meios de sobrevivência, para retomar as palavras de Marx e Engels. No entanto, a convicção ecológica cai quando introduzimos a questão do emprego e do dinheiro, e ainda mais quando introduzimos a idéia de alimentar os filhos.

- "Uma fábrica vai ser instalada em (nome do lugar da pesquisa), mas ela vai jogar produtos químicos na água. Você pensa que: 1. O governo deve dar autorização, uma vez que isso traz emprego e dinheiro; 2. O governo deve proibir sua instalação para preservar a natureza de (nome do lugar)". 13,5% dos alunos optaram pela primeira resposta e 86,5%, pela segunda. Quanto mais elevado o nível social, maior é a percentagem em favor da proibição (87,3% na "categoria 3", 81,2% na "categoria 1" e 76,6% entre os filhos de desempregados). Notemos, porém, que mesmo os filhos de desempregados se pronunciam maciçamente contra a instalação da fábrica.
- "Se nascem muitas crianças em um país, temos o direito de queimar alguns trechos da floresta para poder alimentá-los?" 31,1% dos alunos respondem "sim" e 67,8%, "não" (0,8% não respondem). A maior incidência de respostas positivas está entre os alunos mais próximos da floresta amazônica, os de Alta Floresta. A diferença entre as respostas dos meninos (69,1% dizem "não") e das meninas (66,9% dizem "não") é pequena.

Teriam esses alunos conhecimentos científicos na área da ecologia? Foram-lhes propostos 12 enunciados de tipo científico, aos quais deveriam responder por "verdadeiro" ou "falso". A percentagem média de respostas corretas é de 72%, o que é mais tranqüilizador. No entanto, alguns resultados mostram que a educação ambiental, em especial no Brasil, ainda não é totalmente satisfatória:

- Para 10 enunciados de cada 12, os resultados dos franceses são melhores do que os dos brasileiros (mesmo tratando-se de alunos franceses escolarizados em zonas de educação prioritárias, ou seja, em meio urbano desfavorável).
- Para 6 de cada 12 enunciados, os resultados dos alunos do 3º ano do ensino médio são inferiores àqueles da 8ª e da 5ª séries (considerando alunos brasileiros e franceses misturados). Tudo se passa, portanto, como se o saber científico na área ecológica fosse frágil e desaparecesse com o tempo. É surpreendente que 39% dos alunos escolarizados, com mais de 10 anos de estudo, respondem "verdadeiro" para a afirmação que diz que "a vida na Terra existe há 1998 anos", 33% dentre eles não sabem que "as plantas têm necessidade de luz para crescer" e 59% ignoram que "há espécies de seres vivos que já desapareceram da Terra".
- Um desses enunciados diz: "Os seres vivos que vivem no mesmo meio influenciam-se uns aos outros". Esse enunciado é fundamental para compreender as relações entre os homens e a natureza. Ora, apenas 58% dos alunos respondem que é verdadeiro (53% dos brasileiros).

Quase a metade dos alunos, portanto, ignora o que é a base de um projeto de desenvolvimento sustentável.

Detenhamo-nos agora no mais surpreendente desses resultados. Ele aparece quando se comparam as respostas a duas questões.

- "As árvores são seres vivos?" 92,8% dos alunos respondem que "sim" e 7,6%, que "não" (0,5% não respondem).
- "Quando uma flor está seca, pode-se dizer que está morta?" 42% dos alunos respondem "sim" e 57,6%, "não" (0,4% não respondem).

Assim, quase todos os alunos sabem que uma árvore é um ser vivo, mas a maioria nega que uma flor seca esteja morta. A contradição é especificamente brasileira, ainda que o problema atinja também um terço dos franceses – 95,4% dos brasileiros e 83,6% dos franceses respondem que as árvores são seres vivos; 34,9% dos brasileiros, no entanto, respondem que a flor seca está morta contra 67,8% dos franceses.

Há nesse caso um exemplo interessante de obstáculo epistemológico, no sentido de Gaston Bachelard: é difícil pensar a morte de um ser vivo, mais no Brasil do que na França. Mas quais são as explicações dos alunos? Para explicar que as árvores são seres vivos, 76,5% evocam o ciclo da vida (mas 2,5% evocam esse mesmo ciclo para explicar por que as árvores não são seres vivos...). Para explicar por que a flor não está morta, eles utilizam argumentos de tipo antropomórfico: a flor tem necessidade de cuidados e de carinho, de ar e de água, ela não está morta, mas cansada ou triste, de qualquer forma, ela poderá reviver. Tais respostas são mais freqüentes entre os alunos brasileiros, mas são encontradas também entre os franceses. Ao ler essas respostas, fica claro que, se a flor não pode ser considerada morta, é porque apresenta as características do ser humano e porque, desse ponto de vista, é doloroso imaginá-la morta. De uma certa forma, se ela não pode estar morta, não é por *mesmo que* seja um ser vivo, mas *porque* é precisamente um ser vivo – vivo como um ser humano.

O que aparece aqui sob a forma de um obstáculo epistemológico é essa identidade entre o homem e a natureza que analisamos anteriormente de um ponto de vista teórico. A relação dos homens com a natureza leva a uma concepção de natureza, é isso o que vemos acontecer com os alunos. Como então essa relação é ensinada pela escola?

A RELAÇÃO DOS HOMENS COM A NATUREZA NOS MANUAIS BRASILEIROS

Para saber qual tipo de educação ambiental os alunos brasileiros recebem, seria preciso pesquisar nas salas de aula, em muitas turmas, em lugares e em níveis diversos, o que suporia uma equipe e meios mais refinados. Uma outra via foi, portanto, adotada: a análise de manuais.[5] Foram analisados dois manuais brasileiros supostamente muito usados em sala de aula, uma vez que foram várias vezes reeditados. Chamaremos esses manuais aqui de A e B, pois nosso interesse é científico e não comercial. Por não podermos nos estender em demasia, trataremos mais especificamente das principais conclusões da análise.

Comecemos pelo manual A, manual de ciências de 5ª série. É organizado em 25 capítulos: 21 tratam de questões científicas, os capítulos 22 e 23 são dedicados à ecologia (19 páginas das 206 do manual), 24 e 25 à higiene e à saúde. Esperamos que professores e alunos tenham tempo para chegar até esses últimos capítulos e para se deterem um pouco neles...

A análise dos 21 primeiros capítulos nos leva a três conclusões principais:

Em primeiro lugar, em todos esses capítulos, o homem e sua ação sobre a natureza não aparecem muito no próprio texto e, quando são evocados, é no mesmo patamar de outros "componentes" da natureza. O homem existe nas "leituras complementares", cujo *status* em termos de saber é inevitavelmente desprezado pelo aluno (e talvez até mesmo pelo professor).

Em segundo lugar, o manual opera uma série de disjunções, deixando ao professor e ao aluno a tarefa de construírem a noção de meio, de trocas no meio e de interdependências. Essas noções, evidentemente, serão objeto dos dois capítulos dedicados especificamente à questão ecológica, mas as noções científicas de base não poderão ser evocadas, portanto, senão como tendo sido já abordadas: os conhecimentos científicos não constam nos capítulos sobre a ecologia (nem mesmo nos capítulos finais dedicados à higiene e à saúde). Há uma organização pouco propícia à construção de uma consciência ecológica apoiada em um saber científico.

Em terceiro lugar, por fim, o autor propõe implicitamente, em sua indignação seletiva, uma escala de gravidade quanto aos crimes ambientais: para ele, são condenáveis, acima de tudo, o desmatamento e os incêndios. A leitura complementar proposta ao final do Capítulo 7 explica, aliás, de maneira bem explícita, que o Brasil é um dos países que menos polui do ponto de vista do gás carbônico, mas que vem em primeiro lugar em termos de desmatamento. A questão ecológica tende a ser, assim, reduzida à da floresta.

A análise do primeiro capítulo (22), dedicado à ecologia, mostra que o meio é apresentado como meio natural, e não como um meio atualmente humanizado. Primeiramente, o homem quase não aparece nesse capítulo; em segundo lugar, o manual desenvolve uma representação unilateral das relações entre os seres vivos e o meio: o fato de os seres vivos transformarem o meio passa quase despercebido – se não fosse por uma nota complementar de um texto complementar, quando o homem degrada radicalmente esse meio, provocando a eutrofização dos lagos. Por fim, esse manual oferece uma representação estática e não histórica do meio.

No segundo capítulo dedicado à ecologia (Capítulo 23), o homem aparece finalmente, mas somente na forma de um predador criminoso, fútil, um pouco estúpido, "que contribui muito para a exterminação de certas espécies e para a quebra do equilíbrio ecológico". Ele mata os elefantes pelo marfim de suas presas, o pavão e o faisão para produzir belas plumas e os rinocerontes para "a fabricação de botões, peças de decoração e produtos que supostamente têm virtudes medicinais". Com isso, a conclusão: "Protejamos nossa flora e nossa fauna. Olhe com carinho para as árvores e para os animais. Nossa vida também depende deles, pois, no final das contas, somos apenas uma espécie a mais que integra as tão diversas comunidades que habitam os ecossistemas do planeta TERRA". O homem é somente uma "espécie a mais", sem especificidade em suas relações com a natureza, senão a de ser constituído por criminosos ecológicos ignorantes e fúteis...

A partir daí, não surpreende que a questão da desigualdade e da pobreza – por sua vez, essencial quando se fala sobre ecologia – não conste nesse manual. Quando, em dois capítulos dedicados à higiene e à saúde, o autor fala de diferentes tipos de doenças, da higiene, da necessidade de uma boa alimentação, das vacinas, do esporte, das roupas limpas, etc., ele não os relaciona com a pobreza, como se, no Brasil, a boa alimentação e as roupas limpas dependessem apenas da consciência ecológica individual...

Tal manual utiliza uma representação romântica da natureza: aquela da mãe "boa" ("olhe com carinho", "nossa vida depende também deles") agredida por um pai criminoso e estúpido. Ele passa ao largo da questão fundamental: a especificidade das relações entre a natureza e os homens, que, precisamente, não são "uma espécie a mais".[6]

O manual B apresenta um outro tipo de relação entre o homem e a natureza. Trata-se de um manual dedicado especificamente à educação ambiental e que pode ser utilizado igualmente na 5ª série. Constitui-se de 10 capítulos.

Logo no início, apresenta a questão do "homem a serviço da ecologia", já que com esse título introduz o primeiro capítulo. Parte da noção de meio e o considera como um meio humano: "nossa terra", o homem e "seu próprio planeta". Aliás, o ser humano é apresentado nas ilustrações do manual (e pode ser uma mulher...), ao passo que, no manual A, sua representação era muito rara.

Ao longo do manual B, o homem está no centro da reflexão sobre o equilíbrio e o desequilíbrio dos sistemas. Não se trata mais do caçador de rinocerontes e de elefantes, mas do homem atual, que usa inseticidas, detergentes, carros, etc. Esse homem aparece também, nessa obra, como destruidor, mas, diferentemente do outro manual, compreende-se por que ele destrói, e essa destruição é relacionada com sua ação criadora (culturas, máquinas agrícolas, adubo, etc.). A espécie humana é, assim, apresentada em sua singularidade. O autor apresenta claramente a questão: "Somos diferentes das outras espécies?". E responde: "O homem construiu uma sociedade organizada para melhor se proteger", é capaz de produzir seus alimentos pela cultura e pela criação de animais, sabe conservá-los, sabe também se proteger. A ênfase é dada, desse modo, à atividade criadora do homem *no* e *sobre* o meio. Mas nem por isso o manual deixa de manter a tensão entre o poder e a dependência do homem: "A ciência ampliou os limites de nossa existência a tal ponto que esquecemos que fazemos parte da natureza e de seus ciclos e que, em última instância, sempre dependeremos desta". O homem é, simultaneamente, destruidor e produtor, poderoso e dependente.

Esse homem vive em sociedade, daí a pergunta: "Por que o homem destrói a natureza?". O autor explica que se trata de um efeito do crescimento populacional do mundo, mas também do "tipo de sistema econômico e político que os estados modernos adotaram". O Capítulo 7 inicia por uma revisão histórica, evocando especialmente a escravatura, os indígenas e a falta de uma proteção eficaz dos ecossistemas pelas leis e pelas instituições governamentais. O Capítulo 8, da mesma forma, apresenta um mapa do mundo que mostra que a América do Norte, a Europa e a Ásia são os principais responsáveis pelo efeito estufa e pelo buraco da camada de ozônio, que as principais catástrofes ecológicas foram produzidas na Europa (incluindo a ex-URSS) e que o principal problema ecológico do Brasil é o desmatamento. O manual evita, no entanto, limitar o aluno à idéia de que a questão ecológica no Brasil se reduz à do desmatamento da Amazônia. A respeito da Amazônia, evoca não somente o desmatamento e os incêndios, como também as usinas hidrelétricas, a extração de minerais, a construção de cidades e de rodovias. Além disso, insiste também na ameaça ecológica que pesa sobre as outras regiões do Brasil: campos cerrados, Pantanal, Mata Atlântica – "um dos ecossistemas mais devastados" –, etc.

Não estamos dizendo com isso que esse manual seja perfeito, pode-se lamentar, por exemplo, o fato de não discutir a questão da desigualdade e da pobreza; mas ele apresenta de forma clara e pertinente a relação específica, de criação e de destruição, da espécie humana com a natureza. Essa deve ser, em nossa opinião, a base de uma educação ambiental que visa ao desenvolvimento sustentável.

NOTAS

1. A sublimação é o processo pelo qual uma pulsão deriva de seu objetivo sexual para objetos socialmente valorizados. A respeito de imago e sublimação, ver J. Laplanche e J.-B. Pontalis. *Vocabulaire de la psychanalyse*. Paris: PUF, 1973.
2. Citações de Hitler retiradas do livro de G. Mendel (1968) que analisa *Mein Kampf*.
3. Georges W. Bush é filho de um presidente da República (o Pai como força, potência) e, antes mesmo de ser ele próprio presidente dos Estados Unidos, já era conhecido como o campeão de execuções por pena de morte (a Mãe vingadora). Notemos que Ben Laden e, de uma maneira mais geral, as atuais formas de terrorismo, representam também uma aliança do pai e da mãe "má": a mãe (qualquer fundamentalismo reivindica a origem!) se vinga do pai (o mundo ocidental, sua racionalidade e demo-

cracia) voltando contra ele suas próprias armas (ataques com aviões, domínio dos circuitos financeiros, etc.).
4. Atualmente, não encontramos um pensamento ecológico relacionado à mãe "má". Mas a tentação existe e se expressa às vezes, raramente é bem verdade, por atos de violência (houve alguns assassinatos perpetuados em nome da defesa dos animais ou da recusa do aborto, ou seja, como vinganças da mãe-natureza).
5. Essa parte, bem como a anterior, apóia-se no DEA (mestrado) de Veleida Anahi Da Silva.
6. Esse tipo de relação com a natureza é encontrado em outros manuais. Koury, em 1992, que analisa a 7ª ed. de um manual do segundo grau, chega a conclusões muito próximas das apresentadas aqui. Cf. Koury, D.M.M. *A ecologia no livro didático de segundo grau: uma reflexão para o biólogo*. Monografia para o curso de Especialização em Educação Ambiental, Departamento de Educação, Universidade Federal de Mato Grosso, 1992.

REFERÊNCIAS

BARCELLOS, M.C. *Os orixás e o segredo da vida. Lógica, mitologia e ecologia*. Rio de Janeiro: Pallas, 1995.

DA SILVA, V.A. Le rapport des élèves à la nature et à la question écologique (Approche comparative Brésil – France). Mémoire de Diplôme d'Études Approfondies en Sciences de l'Éducation (DEA), sob orientação de Ridha Ennafaa, Universidade Paris VIII, 1999.

LENOBLE, R. *Histoire de l'idée de nature*. Paris: Albin Michel, 1969.

MARX, K.; ENGELS, F. *Idéologie allemande*. Paris: Éditions Sociales, 1953.

MENDEL, G. *La Révolte contre le père. Une introduction à la sociopsychanalyse*. Paris: Payot, 1968.

5

"Escritura" do mundo em Octavio Paz: uma alternativa pedagógica em educação ambiental

Valdo H. L. Barcelos

PARA INÍCIO DE CONVERSA...

Quero adiantar que meu objetivo com este capítulo não é propor mais uma alternativa pedagógica "salvadora" em educação ambiental. Até porque essa idéia de salvação é moderna demais para o mundo no qual estamos sendo desafiados a (com)viver. Talvez o fato de constatar-se que não há mais salvação seja a possibilidade de se salvar alguma coisa. Ou, dizendo de outro modo: se o melhor dos mundos não é possível, vamos, então, pensar um mundo melhor.

Minha intenção com este texto é provocar um debate sobre as possibilidades de intervenção nas questões ecológicas, tendo como ponto de partida o cotidiano vivido. Cotidiano este que pode ser uma sala de aula de uma escola qualquer; um grupo de pequenos(as) agricultores(as); uma comunidade de moradores. Enfim, um grupo de pessoas envolvidas com a discussão de suas questões cotidianas. Apresentarei, a seguir, os fundamentos que servirão de base para a elaboração de uma alternativa pedagógica em educação ambiental.

A vontade que conduzirá minhas idéias nessa trilha, feita de linhas e letras, é proceder a uma aproximação entre a metáfora paziana[1] do texto literário como "representação do mundo", como "metáfora da realidade", e uma proposta pedagógica de educação ambiental, na qual um determinado problema ecológico é tratado, olhado, analisado, "interpretado" como um texto.

Ao afirmar que o mundo pode ser visto como um texto, Paz está, a meu ver, nos desafiando a pensar nas múltiplas possibilidades de relacionamento e de representações deste mundo. Sendo o mundo um texto, posso fazer dele várias leituras, interpretações. O autor afirma que, ao refletir sobre a forma como nossa imaginação representa os objetos, estes não se apresentam tal qual são na realidade. Para ele, a maneira de darmos presença ao que queremos nomear é a representação. Esta é a forma de aparição da presença. O mundo constitui-se de um cacho de signos. Assim, "a representação significa a distância entre a presença e nosso olhar: é o sinal de nossa temporalidade mutante e finita" (1994, p. 45).

O texto literário, para Paz, é tecido por sentimentos e por fragmentos do cotidiano, compondo o mundo relativo de cada hora, de cada dia. Assim sendo, tem a capacidade única de, por meio de ficções e até mesmo de mentiras, revelar verdades que por ora se encontrem escondidas na sociedade. A literatura, ao mesmo tempo em que nos encanta pelo fato de fazer-nos "inventar realidades", nos fascina por ter a capacidade de nos fazer duvidar da realidade. É nesta ambigüidade da obra literária que, segundo Paz (1994, p. 671), reside a possibilidade de esta emitir significados distintos e sucessivos para leitores que também se apresentam de maneira distinta e sucessiva, conforme suas construções históricas e sociais. Posso ir além e dizer que, como texto, o mundo carrega uma infinita dose de virtualidade. Traz, escondido em suas "entrelinhas", vários outros mundos virtuais à espera de leituras, interpretações, representações. Serão tantos mundos e tantos textos quantos(as) forem os seus leitores ou as suas leitoras. Ler e escrever se constituem maneiras de nomear ou de decifrar signos. Seria como fazer uma caminhada, uma peregrinação. Pois, pela sua própria natureza, o ato de escrever vai sempre adiante de si mesmo. Para Paz, "o que buscamos não está na escritura, exceto como sinal ou indicação: a escritura se anula e nos diz que aquilo que buscamos está adiante" (Paz, 1994, p. 62).

Este sempre adiante, à frente, seria a permanente mudança. A incessante metamorfose que, em realidade, é a vida. Um caminho de signos, que se mostra sempre diferente, à medida que, ao alcançar-se um, imediatamente outro já se apresenta. A escritura seria, assim, um processo de peregrinação pelo mundo ou pelo nosso próprio corpo. A literatura é aqui vista como mais uma forma de produzir conhecimento, constituindo-se, portanto, em um imenso mosaico formado pelos fragmentos da complexidade que são os seres humanos. Por outro lado, o texto literário acaba transformando-se em uma trama capaz de registrar crenças, costumes, conceitos, preconceitos, valores, em um mundo cada vez mais marcado pelo caos e pela incerteza.

A literatura, como outras manifestações da arte, pode se constituir em mais um território de acontecimento da aprendizagem. Uma escola não-formal *da* e *pela* vida, ao mesmo tempo que possibilita aos homens e mulheres um pouco mais de conhecimento sobre si mesmos e sobre sua história, sua cultura. Enfim, sobre seu devir no mundo social. Nesta representação de mundo como um texto, de que nos fala Paz, assim como nos textos, o mundo também não é único. Não apresenta uma realidade única, menos ainda totalmente decifrável. Na sua opinião, o mundo acaba por perder sua realidade, convertendo-se, por vezes, em uma figura de linguagem. A pluralidade de textos implica que não existe, nunca, um texto que seja o verdadeiro e original. Há em cada texto um espaço, um "lugar vazio" para abrigar a interpretação de cada leitor(a). É neste espaço que se constrói a realidade do texto, representada pelas diversas leituras. Esta possibilidade de representação de múltiplas realidades, representadas no texto, cria o paradoxo de, embora sendo sempre único, sempre o mesmo, cada texto veicula variações da mesma realidade. Ou seja, mesmo sendo único, cada texto é distinto, dependendo de cada leitura.

O texto não está fora da história, da cultura, da política, das crenças, mitos e ritos de cada sociedade. Ao contrário, está dentro deles. Faz parte de sua construção, ao mesmo tempo em que é construído por eles. Vista deste modo a literatura constitui-se em uma das manifestações humanas e artísticas das mais significativas no sentido de dar forma e divulgar valores neste processo permanente que é a produção da cultura. Muitos são os momentos em que isto pode ser comprovado. Um deles é o estudo da história dos povos. Quando estudamos a história das civilizações, constatamos que os textos literários[2] produzidos pelas mesmas tornaram-se os veículos mais potentes de disseminação e/ou consolidação de suas raízes culturais. Em *Laberinto de la soledad*, ao refletir sobre a formação histórica do povo mexicano, Paz afirma que, embora os seres humanos sejam passíveis de "câmbios" via os "instrumentos sociais ou pedagógicos" (1994, p. 59), estes não são as únicas formas de promover essas transformações. Afirma que a própria história contemporânea está a demonstrar isto, pois, os seres humanos não são apenas fruto da história e das forças que a constroem "tampouco a história é o resultado de uma vontade humana apenas – presunção que se funda, implicitamente, no sistema de vida norte-americano. O homem, me parece, não está na história: é história" (1994, p. 58). Neste mesmo texto, Paz chama a atenção para o fato de que os seres humanos, ao se fazerem história, precisam se reconciliar com o universo. Uma reconciliação que precisa ser reaprendida, pois acabamos por perder o sentido de toda a atividade humana, qual seja, assegurar uma ordem em que coincidam consciência e inocência, o homem e a natureza" (Paz, 1994).

Em *El mono gramático* (1970), Paz constrói seu texto com um conjunto de metáforas e analogias no qual busca um caminho que, mesmo metaforicamente, restabeleça esta relação de autonomia e dependência entre consciência/inocência/seres humanos e natureza. A leitura sendo tomada como uma possibilidade de entendimento ou, nas suas próprias palavras, "Ler um pedaço de terreno, decifrar um pedaço de mundo...A leitura considerada como um caminho...o caminho como uma leitura: uma interpretação do mundo natural" (1994, p. 480). O texto literário configura-se, assim, como um "pedaço de mundo", um "fragmento da história", permanentemente aberto às mais diferentes disciplinas do conhecimento (história, física, filosofia, sociologia, antropologia, matemática, biologia...), bem como às mais complexas manifestações humanas (artísticas, religiosas, políticas, afetivas, *demens, ludens*...).

É esse um dos lugares de onde parto nesta viagem: sendo as questões ecológicas chamamentos, ecos de vozes em tempos de pós-modernidade, emergentes em/do nosso mundo, portanto, parte integrante deste, não poderíamos tratá-las também como um texto e assim tentar entendê-las melhor, através dos sentidos gerados por esse texto?

TEXTO, TECIDO E VIDA: FIOS E TRAMAS

> El texto que es el mundo no es un texto único: cada página es la traducción y la metamorfosis de otra y así sucesivamente. El mundo es la metáfora de una metáfora (Paz, 1994-Los hijos del limo).

Ao discutirmos sobre as possíveis origens das questões ecológicas, alguns consensos começam a se construir. Entre esses está o de que as mesmas são questões de extrema complexidade. São questões que envolvem as mais diferentes dimensões do pensar e do agir humanos. Em decorrência disto, ao se buscarem soluções para os problemas ecológicos, defrontamo-nos com tantas e tão grandes dificuldades. São dificuldades que, em muitos casos, não decorrem de falta de vontade sincera de resolução destes problemas por parte daqueles e daquelas que estão envolvidos(as) com a questão. São dificuldades e impasses que nem sempre estão relacionados a discordâncias quanto aos fins a serem atingidos, nem mesmo quanto aos métodos a serem utilizados, muito menos a disputas pessoais e/ou grupais de poder.[3] Mas estão, sim, vinculados ao fato de que o mesmo problema ou questão ecológica e/ou ambiental pode ser visto, interpretado, representado, de forma diferente, pela pessoa envolvida. Ou seja, as representações que se formam podem ser bastante diferentes, embora, aparentemente, o problema seja o mesmo. Uma prova radical desta situação é que, em muitos casos, aquilo que é tido como problema ecológico por um(a) não o é por outro(a). Poderia citar outros exemplos disto, tais como a gravidade atribuída a um problema ambiental nem sempre é equivalente para diferentes cidadãos(ãs), mesmo que estejam convivendo com realidade semelhante. Nossas representações sobre as questões ecológicas não estão imunes às nossas crenças, aos nossos valores morais, éticos, religiosos, econômicos, políticos, aos nossos conceitos científicos, ao nosso senso comum, às nossas ideologias... Enfim, são criações autônomas e, ao mesmo tempo, dependentes de nossa cultura, nosso tempo, de nossos processos de vida e morte... Enfim, como afirma Paz, são nossa história, pois, segundo ele, os seres humanos não *estão* na história: *são a história*.

No texto *América Latina y la democracía*, do livro *Tiempo nublado* (1983), ao comentar a forma como as idéias e ideologias acabam por afetar nossa vida e nossos processos de construção de formas de pensar e viver, Paz fala de um processo de *"emascaramento"* que, em muitos casos, pode nos levar a ver, ou a não ver, aquilo que queremos ou não queremos ver. Ao transformarmos nossas idéias em ideologias estamos criando mecanismos de cegueira em relação a uma compreensão mais aberta da realidade ou das realidades. Na compreensão de Octavio Paz, ao convertermos nossas representações em ideologias, criamos, "vestimos" máscaras que, ao mesmo tempo, podem servir para ocultarmo-nos, podem nos impedir de ver os problemas da realidade que nos cerca. Acabam por "Enganar aos outros e nos enganam a nós mesmos" (1994, v.9, p.78-79). Quando tratamos das questões ecológicas, muito facilmente podemos cair nesta armadilha criada por estes processos de "emascaramento".

Uma questão bastante importante para repensarmos nossas teorias e ações em relação às questões ecológicas é, justamente, esta capacidade de nos ocultarmos em relação a nossas responsabilidades frente às mesmas. Tal atitude fica bastante evidente em nossos discursos sobre os problemas ecológicos, quando, via de regra, falamos dos mesmos excluindo-nos da sua origem. Assumimos, com isto, uma certa exterioridade ao problema. Agimos como se não fizéssemos parte desta faceta da realidade: a faceta negativa de nossas ações. Esta postura ficou evidente em várias pesquisas que realizei, por meio de questionários e entrevistas, junto a alunos e alunas de cursos que ministrei, nos últimos anos, para professores(as) das redes de ensino de vários municípios do país, bem como para alunos(as) de diversos cursos de graduação e pósgraduação de diferentes universidades. Isto apenas para citar pesquisas de cunho acadêmico, pois, se nos detivermos a avaliar com mais atenção, esta ocultação individual frente às questões ecológicas está presente em nossas falas e ações cotidianas. Faz parte instituinte e instituidora de nosso senso comum. Está presente de forma marcante em nossas representações cotidianas. Compõe o imaginário de grande parte de nossa sociedade.

Se em um primeiro momento esta ocultação individual pode servir para nos eximir de nossa parcela de responsabilidade, em um segundo nos dá o direito de apontar os "verdadeiros culpados" por todos os problemas surgidos, no caso em que estamos discutindo, os problemas ecológicos. Esta é uma outra constatação feita nas pesquisas a que me referi. As falas acabam, em geral, revelando que as pessoas atribuem a responsabilidade e/ou a competência para resolver os problemas ecológicos ao "outro" ou "outra", assim como às "instituições públicas", tais como: governos municipais, estaduais, federais e até mesmo a poderes extranacionais, além de "instituições privadas" – empresas, indústrias, fábricas, etc. Estes dois exemplos de consequências deste "emascaramento" são os mais facilmente detectáveis. No entanto, não devem ser os únicos. Certamente, outras conseqüências deste processo podem ser encontradas. Por exemplo, a compreensão diferenciada sobre o que é ou não um problema ecológico. Sua abrangência e/ou sua importância para os destinos do planeta.

Desnecessário seria dizer que este discurso, decorrente deste "emascaramento", traz consigo um processo extremamente contraditório, principalmente se levarmos em consideração o fato de que hoje, dificilmente, encontramos alguém que negue conscientemente sua parcela de responsabilidade nas conseqüências nocivas ao ambiente do modo de vida contemporâneo. Esta dualidade, ou certa contradição, é na verdade uma característica de nossa maneira de pensar. Uma maneira de pensar onde são poucos os espaços possíveis para a convivência entre os contraditórios. Um destes aparentes contraditórios é a dualidade "indivíduo e sociedade" e "sociedade e natureza". No caso das questões ecológicas, estas dualidades aparecem de forma radical e produzem, a meu ver, conseqüências bastante graves. A representação dos problemas ecológicos como exterioridade, suas possíveis causas, bem como os(as) possíveis responsáveis pela sua solução, nada mais é que uma conseqüência do paradigma moderno de oposição entre seres humanos e "mundo natural" ou "natureza", onde tudo acaba por se resumir em exterioridade.

Se, em um primeiro momento, esta representação é sobre o dito "mundo natural" ou "natureza", logo a seguir se estabelece também em relação ao outro(a) em nossas relações cotidianas. Ao levarmos este tipo de relação ao extremo, o que acontece é que nos afastamos de nós mesmos, ou seja, acabamos caindo na armadilha de não mais entendermos muitas de nossas próprias ações. Um exemplo disto é o "espanto" que às vezes vemos aparecer em alguns de nós frente aos problemas ecológicos contemporâneos que, como já mencionei, nada mais são que uma decorrência de nossa forma de pensar/agir/viver no mundo. Esta relação, onde o outro(a) é visto(a) como exterioridade, é assim analisada por Paz,

> A oposição entre o homem e o que se chama natureza ou, mais simplesmente, o exterior a nós, reaparece em nossa relação com os outros. O outro é meu horizonte: muralha que nos cerca o passo ou porta que se abre, o espelho que está frente a mim, ao alcance da mão, porém, sempre intocável. Os outros, sejam meus inimigos ou meus irmãos, também estão isolados longe daqui. Enfim, cada um de nós é para si mesmo a iminência vertiginosa com que o horizonte do outro se oferece e se furta. Não estamos longe dos outros: estamos longe de nós mesmos (1994, p. 258).

A constatação de que não estamos nos afastando dos outros, mas sim de nós mesmos, é um excelente ponto de partida para repensarmos nossas representações sobre este(a) outro(a). Um repensar que busque ver/sentir a complexidade que constitui não só o meu ser como todos os demais, pois, ao mesmo tempo que eu vejo o(a) outro(a), este também está me vendo e me sentindo como um "ser outro". O texto literário se constitui, a meu ver, em um território privilegiado para a busca de interlocução entre estes contraditórios, desde que não se tenha a pretensão ou o objetivo de anulação de nenhum deles, mas, sim, de colocá-los em diálogo. Aqui estaria uma possibilidade de se lançar mão desta riqueza de elementos que nos oferece a complexidade do texto. Para Paz, toda a obra literária está datada. É histórica. Quem a faz são homens e mulheres em um determinado tempo e lugar inscrevendo-se em uma dada sociedade, mas também se deslocando desta mesma época. Isto faz com que seja lida "lida de modo diferente dez anos depois, vinte anos depois, cinqüenta anos depois; cada leitura é uma modificação da obra, cada leitura é uma recriação da obra" (Paz, 1999, p. 228). Esta recriação por meio da modificação da obra é que faz de cada leitor(a) e a cada momento, de certa forma, um(a) novo(a) escritor(a). Esta "reinvenção/recriação" do texto constitui-se em uma das conseqüências das múltiplas representações contidas no mesmo. A partir desta idéia pode-se apostar na potencialidade do texto como uma possibilidade de construção/desconstrução de representações. Além desta possibilidade de trabalho em busca de alternativas para a educação ambiental na escola, pelo estudo de diferentes obras literárias, também podemos nos arriscar um pouco mais e buscar por um processo de criação e/ou produção de textos os grupos com os quais estamos no momento envolvidos. Por exemplo, uma turma de alunos(as) em uma escola.

Ao tratarmos uma questão ecológica – um problema ecológico qualquer – podemos transformá-lo em um texto. Pode-se fazer isto por meio da descrição daquilo que estamos vendo e entendendo como um problema ou questão ecológica a ser debatida, refletida... Ao fazermos isto estaremos, na verdade, dando visibilidade e possibilidade de interpretação, pelo texto produzido, a uma parte de nossas representações sobre o que estamos julgando estar sendo descrito. No caso, um problema ecológico. Esta prática estaria, a meu ver, oportunizando uma relação educador(a)/educando(a), na qual seria incentivado o processo criativo individual, ao mesmo tempo em que se daria oportunidade para a troca de experiências entre os(as) envolvidos(as). A discussão sobre o processo, bem como o resultado, acredito, constituir-se-ia em um ótimo ponto de partida para a discussão sobre algumas das representações dos(as) alunos(as), presentes nos textos. Esta possibilidade de encontro ou, se quisermos, de reencontro entre homens e mulheres com o mundo – tendo o texto como caminho – é um exercício belissimamente praticado por Octavio Paz, por exemplo, na descrição que faz em *El mono gramático* (1970) sobre a gravidade e complexidade capaz de ser captada por um simples olhar através do espaço, incapaz de ser encerrado por paredes que, assim como podem servir para prender, podem servir também para abrir passagem para a imaginação.

> A natureza – ou o que assim chamamos: este conjunto de objetos e processos que nos rodeiam e que, alternativamente, nos engendram e nos devoram – não é nossa cúmplice nem nossa confidente. Não é lícito projetar nossos sentimentos em nossas coisas nem atribuir-lhes nossas sensações e paixões. Tampouco o será ver nelas uma guia, uma doutrina de vida. Aprender a arte da imobilidade na agitação do torvelinho, aprender a ficar quieto e a ser transparente como essa luz fixa no meio das ramagens frenéticas – pode ser um programa de vida (1994, p. 466).

Uma relação deste tipo ou, para usar suas palavras, "*Um programa de vida*" de tal dimensão exigirá, certamente, um profundo repensar de nossas formas de ser e de estar no mundo. Um repensar que aceite com prazer e tranqüilidade que a rigidez e a verdade das coisas são sempre momentâneas. Os estados e as situações de equilíbrio por mais perenes que possam parecer, não o são. Ao contrário, estão sempre em um estado "precário" que, se dura, é por apenas um instante, estando sujeitos a transformarem-se toda vez que uma pequena vibração de luz, ou a aparição de uma nuvem ou a mínima alteração de temperatura rompam o pacto de quietude e se desencadeie uma série de transformações (Paz, 1994). Nem mesmo a metamorfose é suficiente para designar este estado de mutação permanente que é o processo de vida, pois, a cada mudança, a cada metamorfose, corresponde imediatamente outra, e outra, e outra... pois, para Paz, "nada está só e nada é sólido: o câmbio se resolve em coisas fixas que são acordos momentâneos" (1994, p. 468).

Como podemos constatar este exercício de (re)leitura do mundo que acontece permanentemente em seus ensaios políticos, em suas reflexões sobre a ciência, a cultura, as religiões, os rituais e crenças do povo mexicano em um primeiro momento – exemplo de *Laberinto de la soledad* –, posteriormente se estende para os demais povos latino-americanos. No entanto, este exercício de buscar estabelecer um diálogo entre texto, leitor(a), história e mundo não fica restrito aos seus escritos políticos e às suas reflexões críticas. Ao contrário, estende-se também, e de forma magistral, aos seus poemas. Vários são os exemplos desta aproximação em sua extensa obra poética. Uma obra poética que soube, como poucas outras, retratar sentimentos, desejos, paixões, corpos e geografias, proporcionando uma demonstração real da relação dialógico-interativa entre trama, texto, autor(a) e leitor(a). Vejamos um exemplo:

> Mira tu cuerpo como un largo río,
> son dos islas gemelas tus dos pechos,
> en la noche tu sexo es una estrella,
> alba, luz rosa entre dos mundos ciegos,
> mar profundo que duerme entre dos mares.
> Mira el poder del mundo:
> Reconócete ya, al reconocerme.
>
> Esto que se me escapa,
> agua y delicia obscura,
> mar naciendo o muriendo;
> estos labios y dientes,
> estos ojos hambrientos,
> me desnudan de mí
> y su furiosa gracia me levanta
> hasta los quietos cielos
> donde vibra el instante:
> la cima de los besos,
> la plenitud del mundo y de sus formas.
> Tibia mujer de somnolientos ríos,
> mi pabellón de pájaros y peces,
> mi paloma de tierra,
> mi leche endurecida,

mi pan, mi sal, mi muerte,
mi almohada de sangre:
en un amor más vasto te sepulto.
(Paz, 1994, p. 25 – *Bajo tu clara sombra*, 1935-1938)

Ao contrário de uma simples comparação entre partes do corpo da mulher e elementos de geografia, o que temos neste poema de Paz é uma relação de mistura, de entrecruzamento do ser mulher – com toda sua complexidade de sentimentos em um universo corporal carregado de mistérios e desejos – com um outro universo, este sim geográfico, mas também carregado de representações e simbolismos. A mulher assume, neste sentido, uma dimensão que extrapola seu simples e tradicional papel de "ser mulher". Apenas mais um ser mortal. A mulher passa a ser representada como um mundo. Um mundo com tudo o que dele faz parte. Amor, paixão, admiração, desejo, erotismo. Mas que, como mundo, também se apresenta carregado de dor, de ausências, de contrariedades, e como não poderia deixar de ser: de morte, como fica explícito no fragmento que finaliza o poema citado. Também na poesia Paz recorre ao recurso do paradoxo, do confrontamento entre os contrários, para nos falar do mundo. Um exemplo disto é o processo de vida e morte, verdade e dúvida, liberdade e aprisionamento, convivendo em um mesmo território, fazendo parte do processo permanente de criação e destruição. No poema *El prisioneiro* (1937-1947), esta dualidade assim é retratada por Paz:

No te has desvanecido.
Las letras de tu nombre son todavía una cicatriz que no se cierra,
Un tatuaje de infamia sobre ciertas frentes.
Cometa de pesada cola fosfórea: razones-obsesiones,
Atraviesas el siglo diecenueve con una granada de verdad en la mano
Y estallas al llegar a nuestra época.
(Paz, 1994, p. 111)

Neste poema o autor faz também uma analogia entre os planetas do universo e os corpos em movimento em busca de um lugar seguro onde repousar. Um lugar para habitar, preenchendo, assim, o vazio deixado pela explosão das verdades em que acreditava o século XIX, e que se fragmentaram em infinitos pedaços como – "uma granada de verdade na mão" – ao aportar à "nossa época". Já em outro poema, *Cuerpo a la vista* (1943-1948), Paz representa o corpo como se fosse um país imaginário. Uma pátria a ser amada. Uma passagem para um universo infindável.

La noche de los cuerpos
como la sombra del águila la soledad del páramo.
Patria de sangre,

única tierra que conozco y me conoce,
única patria en la que creo,
única puerta al infinito...
(Paz, 1994, p. 116).

Para não me estender em demasia nos exemplos da obra poética de Paz, como uma veiculadora de representações onde o mundo é uma possibilidade textual, e, neste, homens e mulheres aparecem na sua forma mais complexa e subjetiva, trago um fragmento do poema *Piedra de Sol* (1957), que dá, a meu ver, uma mostra de como natureza e sociedade (aparentes contrários, opostos) podem ser cindidas em uma única representação. Neste exemplo, Paz recorre novamente ao corpo da mulher e ao seu erotismo (muito presente nas suas poesias) para fazer um belo exemplo de mundo como texto poético:

Voy por tu cuerpo por el mundo,
tu vientre es una plaza soleada,
tus pechos dos iglesias donde oficia
la sangre sus misterios paralelos,
mis miradas te cubren como yedra,
eres una ciudad que el mar asedia,
una muralha que la luz divide
en dos mitades de color durazno,
bajo un paraje de sal, rocas, y pájaros
bajo la ley del mediodía absorto,
vestida del color de mis deseos
como mi pensamiento vas desnuda,
voy por tus ojos como por el agua,
los tigres beben sueños en esos ojos,
el colibrí se quema en esas llamas,
voy por tu frente como por la luna,
como la nube por tu pensamiento,
voy por tu vientre como por tu sueños..
(Paz, 1994, p. 219).

A poesia, para Paz, constituir-se-ia em um caminho para a construção da fraternidade e da solidariedade entre os seres humanos e o universo. O poema seria como um exemplo, uma forma viva de organização para a sociedade humana. A poesia perante a destruição da natureza mostra a irmandade entre astros e partículas, as substâncias químicas e a consciência, pois "A poesia exercita nossa imaginação e nos ensina a reconhecer as diferenças e a descobrir as semelhanças. O universo é um tecido vivo de afinidades e oposições. A poesia é o antídoto da técnica e do mercado" (Paz, 1994, p. 592). O pensamento ecologista carrega, desde suas origens, a marca de tentar estabelecer esta relação de diálogo e de pertencimento entre os seres humanos e os demais seres vivos e, por que não dizer, entre todas as coisas do universo.

O sistema educativo, cada vez mais, está sendo questionado justamente pela falta desta relação de diálogo e de pertencimento solidário e planetário. O processo mecanicista e cartesiano, que hegemonizou a educação na modernidade, acabou alijando do mesmo estas dimensões que hoje estão sendo reclamadas. Talvez o mais correto seja dizer que cabe trazer, pela primeira vez, para o interior do processo educativo estas dimensões do pensar e do agir humanos, uma vez que talvez nunca tenham sido incorporados efetivamente ao fazer pedagógico e à construção do conhecimento nas escolas. Ao ser indagado sobre a possibilidade da poesia e da literatura como alternativas para a construção de homens e mulheres mais solidários e fraternos, tendo em vista que muito poucos(as) seriam aqueles e aquelas que têm apreço por estes tipos de arte e acesso a eles. Octavio Paz rebate que a quantidade de pessoas que na sociedade moderna têm este contato não deve servir para desacreditar nem a poesia nem a literatura em geral, como possíveis instrumentos educativos de uma sociedade. Ao contrário, há que se construir estes caminhos de acesso, pois os seres humanos, segundo ele, são atraídos pela poesia desde os primeiros tempos. Octavio Paz traz uma metáfora para ilustrar sua crença nesta possibilidade. Segundo essa imagem, já os primeiros caçadores e coletores um dia se contemplaram atônitos, durante um breve instante inacabável, na água fixa de uma poesia. Para ele, "desde então, os homens não têm cessado de se verem neste espelho de imagens. E se têm visto, simultaneamente, como criadores de imagens e como imagens de suas próriras criações" (1994, p. 592).

Na sociedade pós-moderna a educação, em geral, e a educação ambiental, em particular, terão que se ocupar de questões de origem local, mas que podem ter, e em muitos casos têm, repercussões planetárias. Um exemplo deste tipo de questão são os problemas ecológicos contemporâneos. A intervenção, via processo educativo, nas questões ecológicas, tem uma importante e fértil possibilidade pedagógica por meio da discussão das representações dos(as) educandos(as) envolvidos(as). Educandos e educandas que tanto podem ser um grupo de séries iniciais de uma escola, um grupo de professores(as), um grupo de alunos(as) de graduação de uma licenciatura, quanto um grupo de moradores de uma determinada comunidade. Enfim, um grupo qualquer, envolvido no momento com a discussão sobre um problema ecológico. A discussão das representações sobre as questões ecológicas contidas em um texto, seja ele oferecido aos participantes do grupo ou por estes produzido, tem um caráter pedagógico importante, pois possibilita uma reflexão e um diálogo sobre estas (representações). A partir da construção e/ou desconstrução de representações, às vezes já cristalizadas no imaginário dos educandos e educandas, podemos construir outras representações trazendo o debate ou radicalizando outros valores, outros conceitos como: solidariedade, justiça social, democracia, fraternidade, amor, liberdade e cidadania.

TESTANDO UM "SABOR" PEDAGÓGICO EM EDUCAÇÃO AMBIENTAL: PROVANDO UM APERITIVO

"El mundo es un orbe de significados, un lenguaje...Una cosa es lo que creemos decir y outra lo que realmente decimos" (Paz, 1994, p. 445).

Passo agora a algumas reflexões sobre a alternativa pedagógica de educação ambiental apresentada até este momento. O objetivo é contribuir com aqueles e aquelas que, como eu, estão empenhados em um esforço comum a fim de buscar alternativas de intervenção nas questões ecológicas contemporâneas a partir do processo educativo.

É neste sentido que a expressão "aperitivo" é tomada.[4] Como aquilo que nos provoca, que nos aguça o "apetite" de saber. Da mesma forma o uso aqui de "sabor" tem a ver com a origem comum, no latim, das palavras saber e sabor.[5] Reforço, assim, meu objetivo de não assumir a tarefa, tão em voga, de construtor de novas e iluminadas "saídas" e/ou alternativas ideais de intervenção pedagógica em educação ambiental. Ao buscar entender um problema ecológico como se fosse um texto, estaríamos, já de início, rompendo com a visão reducionista de causa e efeito, muito utilizada nas tentativas de entendimento das questões ecológicas contemporâneas. Registro também que, embora na proposta pedagógica apresentada, a centralidade seja o texto literário/escrito, reconheço a existência de outras formas de expressão e/ou de linguagens que podem, e devem, servir de ponto de partida para a construção de alternativas pedagógicas e metodológicas em educação ambiental. A elaboração de uma alternativa de educação ambiental que leve em conta os tempos atuais não deve se isolar, ao contrário, devem ser buscados diálogos com as diferentes formas de conhecimento e metodologias que busquem o aprofundamento do universo teórico que as questões ecológicas planetárias estão a exigir em um ambiente educacional de pós-modernidade.

Minha opção, neste momento, pelo trabalho a partir do texto literário, não significa que a considere a única possível, muito menos a mais adequada. Além do que vejo como muito fecundo o entrecruzamento de diferentes formas de expressão, tais como: imagens (impressas ou televisionadas), texto escrito, a oralidade, etc.. Não podemos nos esquecer que vivemos em um mundo onde, cada vez mais, o cotidiano de homens e mulheres é invadido pela pluralidade de imagens. Pluralidade esta que não deve ser submetida a critérios de hierarquia em que uma teria mais importância ou valor do que outra, sob pena de desconsiderarmos a complexidade de representações no mundo pós-moderno, onde cada leitura ou representação vem impregnada dos aspectos instituintes e instituidores do imaginário de homens e mulheres. Ao refletir sobre uma educação para a autonomia, Freire (1997) alerta para o fato de que não deve ser desconsiderada na formação docente a criticidade – responsável pela ligação entre a curiosidade ingênua do(a) educando(a) que leva à curiosidade epistemológica – e o valor da afetividade, da sensibilidade, das emoções. Enfim, da capacidade imaginativa e intuitiva do ser humano.

É desta aliança intuição/conhecimento que podem surgir espaços para as diferentes leituras e representações da realidade ou de aspectos desta. Com isto, rompe-se o ciclo da aceitação pura e simples da intuição e passa-se para o ato de conhecer, sem, no entanto, desconsiderar que "conhecer não é, de fato, adivinhar, mas tem algo a ver, de vez em quando, com adivinhar, com intuir" (Freire, 1997, p. 51). Uma proposta pedagógica em educação ambiental ao mesmo tempo que parte, necessariamente, do cotidiano, na medida em que está pautada por eventos da realidade local, não pode descolar-se de uma reflexão e preocupação com o global, com o planetário. Ao contemplar local e global estamos dando oportunidade para a transformação da sociedade em comunidade, algo que para Paz pode ser viabilizado pela relação entre literatura e sociedade.

Em educação ambiental o texto pode servir como educação para a palavra, para a escrita. Esta seria uma maneira de viabilizar aquilo que Paz denominou, em *Signos em rotação* (1994, p. 247), de "Palavra viva e palavra vivida, criação da comunidade e comunidade criadora". Ao juntarmos palavra e ação estamos criando possibilidades para um repensar sobre nossa postura no e frente ao mundo. Este repensar que reconcilia não pode acontecer sem uma valorização da capacidade imaginativa e intuitiva de homens e mulheres e, em especial, das crianças, pois não podemos nos esquecer que *"a infância é o tempo da imaginação"* (Paz, 1994, p. 370).

Vejo uma semelhança muito grande entre a necessidade de valorização da imaginação de que nos fala Freire na educação em geral, e a necessidade de aliar imaginação e cotidiano, quando se pensam iniciativas de educação ambiental em especial. Estou aqui me referindo a uma educação ambiental que contemple um tempo e um espaço marcados por uma construção simbólica elaborada em permanente relação com o mundo da vida em seus aspectos locais e planetários. Esta permanente relação com o cotidiano faz com que a imaginação construída não se restrinja apenas aos limites do humano, mas sim que o transpasse, integrando-se ao espírito do lugar e ao tempo vividos. Nossos atos e atitudes cotidianas estão fortemente condicionados por nossas representações. São a expressão de parte de um imaginário construído que está, por sua vez, de forma direta ou indireta, impregnado de nossas crenças, valores e mitos. Somos criaturas simbólicas e como tal nos movemos no mundo.

Em tempos de pós-modernidade a realidade é muito mais o resultado de uma "mistura", de uma "contaminação" resultante da diversidade de representações, imagens e interpretações que se formam, em decorrência dos meios de comunicação contemporâneos. Elaborações imaginárias que não estão, segundo Vattimo (1992), necessariamente, sendo coordenadas por alguma entidade organizadora central, muito menos única. Tal construção subjetiva leva a uma dilatação dos espaços de vida, proporcionando a entrada em cena de outros possíveis mundos e modos de vida que não são, porém, apenas imaginários ou marginais ou complementares ao mundo real, mas que acabam por constituir, por meio de seu jogo de relações, o mundo real em que vivemos.

A idéia aqui apresentada, de que o mundo pode ser "lido", "interpretado" como um texto, é uma construção teórica forte e recorrente na obra de Paz. Esta proposta leva a pensar, a "imaginar" o mundo, ou um pedaço deste, como um livro de infinitas páginas, à medida que sua "leitura/interpretação" pode vir a ser um processo interminável. Pode-se começar, no entanto dificilmente poderíamos chegar a uma conclusão/interpretação última, definitiva ou verdadeiramente correta. Mais instigante ainda é que, seguindo esta vertente de raciocínio, poderíamos fazer a "leitura/interpretação" deste mundo ou deste fragmento de realidade sem ter que partir de uma ordem dada *a priori*. Ou seja: a "leitura/interpretação" poderia ser realizada de forma completamente aleatória, dependendo de cada "leitor(a)" ou do problema a ser interpretado. A "interpretação" se daria, assim, levando-se em consideração os múltiplos e complexos fenômenos subjacentes ao universo analisado, seja ele um problema ecológico local ou global/planetário. Estou me referindo, neste momento, às diferentes origens e implicações econômicas, históricas, políticas, ideológicas, étnicas, culturais, inerentes aos problemas ecológicos da sociedade pós-moderna em que vivemos e já discutidos anteriormente em outros momentos deste trabalho.

A "interpretação" de um problema ecológico como texto significa, nesta proposta, ir além de uma análise gramatical, semântica, sintática, de conteúdo ou de discurso do mesmo. Significa trabalhar com o texto buscando romper com os seus limites clássicos e preestabelecidos. Isto não só é possível como se torna necessário, do ponto de vista de uma proposta pedagógica de características pós-modernas. Nesta perspectiva, ao "interpretarmos" o problema ecológico como texto, estaremos abrindo espaços não só para a interpretação do que está (es)descrito textualmente, como também para as representações do mesmo, ou de aspectos seus, por meio de imagens, desenhos, sons. Enfim, ampliando os limites clássicos de construção textual e exercitando, mesmo que "por dentro" do discurso e do texto, uma outra alternativa não apenas discursiva. Desta forma, a análise provocada incentiva, gera, uma reconstrução textual que questiona, problematiza o próprio texto original em seus limites e formas. O texto seria, assim, trabalhado como um "gerador de sentidos que, de modo mais ou menos explícito, indaga a forma como os sentidos se produzem" (Santos, 1999, p. 150). O importante, nesta alternativa de trabalho, é que ela incentiva um processo de discussão e ressignificação por parte dos educandos(as), daquilo que os(as) mesmos(as) explicitam como suas representações sobre o tema em discussão.

O processo de discussão das representações de cada educando(a), ou de cada grupo, constitui-se no principal salto pedagógico, já que é nele que se explicitarão as diferentes "interpretações" decorrentes do processo de construção simbólica particular de cada um(a) ou de cada grupo. Tal proposição está em sintonia com o que nos sugere Paz em *Pasión crítica* (1985, p. 84), quando diz que "A vida é um tecido, quase um texto. Melhor dizendo, um texto é um tecido não apenas de palavras mas também de experiências e visões".

"TECENDO" ALGUNS DIÁLOGOS PEDAGÓGICOS

Quero, a partir deste momento do texto, compartilhar com os leitores e as leitoras algumas reflexões sobre a proposta pedagógica em educação ambiental que tem como ponto de partida a idéia de "ler", "interpretar" um determinado problema ecológico como um texto:

– Essa proposta evita que repitamos o paradoxo tão freqüentemente encontrado nas iniciativas de educação ambiental onde se trata de tudo menos da presença do ser humano em suas angústias e sofrimentos existenciais. A possibilidade de "leitura do mundo" aqui proposta só teria pertinência, e sentido educativo, com a inclusão no universo "lido", "interpretado", daqueles e daquelas que "lêem", que "interpretam", ou seja, de homens e de mulheres em seu espaço e tempo de vida. Fazendo presente um passado que não se resume apenas a um tempo biológico ou de calendários, mas, sim, coloca o(a) leitor(a) dentro de uma dimensão histórica, psíquica do tempo. O tempo passa a ser muito mais do que uma abstração, é um pouco da história, da vida, da realidade representada no texto construído ou na leitura feita. O texto passa, assim, a ser visto como um "fragmento do mundo", como um "pedaço da história" e, como tal, permanentemente aberto tanto às múltiplas possibilidades do humano e às diferentes áreas de produção de conhecimento e/ou saberes, quanto às mais diversas interpretações e representações construídas por parte daqueles e daquelas que o "lêem", que o "interpretam" em busca de entendimento.

– Partimos, com esta proposta pedagógica, de uma iniciativa onde história e ambiente, cultura e natureza fazem parte de um mesmo complexo biopsíquico. Estaríamos referendando a idéia de que nossa história passada se confunde com a história das crises e problemas ambientais contemporâneos. Daríamos, assim, crédito à idéia de, juntamente com as denúncias e protestos, fazer-se uma sincera autocrítica. Uma autocrítica que nos leve a assumir os papéis que nos cabem, aceitando nossa parcela de responsabilidade sobre o que de bom e de mau avistamos quando olhamos para o passado. Um passado do qual não podemos fugir, muito menos nos desculpar pura e simplesmente, pois o que estamos vivenciando hoje nada mais é que o produto, o resultado, da ou das iniciativas humanas – autoritarismos, fanatismos, destruição ecológica, aniquilamento do diferente, desprezo pelas minorias –, iniciativas e atitudes estas que certamente fizeram parte de escolhas e que, provavelmente, não eram as únicas possíveis de serem feitas. De outra forma, estaríamos abrindo espaço para o alerta feito por Octavio Paz para o fato de que os seres humanos, mais que atores da sua história, precisam ser conhecidos e também se autoreconhecerem como a própria história em permanente (re)(des) construção. Esta crítica que estou defendendo estaria indo além dos limites e cânones da teoria crítica moderna que, em sua formulação clássica, tem seus limites de alcance justamente no fato de ser feita por dentro dos limites do paradigma dominante. Não postula a saída para os problemas apontados pelas alternativas que rompam com o ideário paradigmático hegemônico, tais como: a idéia de progresso, de futuro, de dominação da natureza, de conhecimento objetivo, hierarquia entre as diferentes formas de saber, apartação sociedade e natureza, natureza e história. Enfim, do paradigma moderno de produção de conhecimento. As questões ecológicas são um exemplo radical da impossibilidade de criação de alternativas, sem o rompimento com o ideário moderno de sociedade. Esta postura crítica estaria muito próxima daquilo que Octavio Paz denominou, em *El mono gramático*, uma crítica do universo, que seria feita levando em conta o estudo e o "deciframento" da gramática deste mesmo universo. A gramática é aqui entendida, tomada, como o estudo das tramas e fatos que regem uma determinada escritura e/ou linguagem, que tanto pode ser um texto, como o universo, como um problema ecológico em análise, transformado em texto. Um texto que jamais será único, na medida em que é tecido pelos sentimentos e pelas subjetividades em metamorfose permanente no cotidiano. Assim vista, a construção e ou/desconstrução do problema ecológico como texto passa a ser uma maneira a mais de produção de conhecimento sobre um fragmento da realidade presente. Em nosso caso, uma produção de conhecimento em educação ambiental.

– Percebe-se que uma conseqüência imediata das duas vantagens citadas é que estaremos contornando e/ou diminuindo as dificuldades para a realização de iniciativas de educação ambiental na escola, decorrentes da rigidez das estruturas curriculares vigentes na maioria das redes de ensino escolar. Se não temos um currículo escolar aberto o suficiente para a discussão de certas temáticas ou para a sua inclusão como conteúdos sem a criação de novas disciplinas, isto não deve servir de impedimento para que as mesmas sejam contempladas nas práticas educativas que as questões contemporâneas estão a exigir de educadores e educadoras em um ambiente educacional de pósmodernidade. Seria uma forma "subversiva" e "conspiradora" de, mesmo por dentro de estruturas rígidas e disciplinares, realizar exercícios de flexibilização curricular e de interdisciplinaridade, proporcionando algo tão necessário quanto raro em educação: o diálogo entre as disciplinas ou os saberes. O problema ecológico analisado seria construído ou desconstruído a partir das representações de cada um dos seus "intérpretes". Com isto estamos exercitanto uma metodologia em que o texto, a leitura e o problema ecológico nele representado permanecem inseparáveis. Esta prática possibilita-nos também a explicitação de uma maior pluralidade de interpretações que o texto implica, por meio da "utilização" pelo(a) leitor(a) daquilo que Paz chama de "espaços vazios" presentes nos textos e que são, em última instância, possibilidades de construção ou desconstrução de representações sobre a realidade ou fragmentos desta.

– Procurando descrever um problema ecológico, a reflexão sobre ele nos coloca em um caminho de autoconhecimento, na medida em que, ao assumirmos determinadas interpretações, estaremos, necessariamente, assumindo também nossa participação ou nossa parcela de responsabilidade sobre o que estamos analisando. Estaríamos lançando mão de algo semelhante ao processo de "desmascaramento" sugerido por Paz em *Laberinto de la soledad* como forma de buscar-se uma aproximação maior com o imaginário de um grupo ou de uma sociedade, bem como evitando cair na armadilha tão freqüente da aposta nas soluções rápidas e simplistas para problemas tão complexos como os ecológicos. Vejo nesta idéia de "desmascaramento" um importante método a ser utilizado, visando compreender mais a fundo as questões ecológicas. Com muita freqüência, estas questões são tratadas apressada e superficialmente. O resultado são conclusões equivocadas e que muito pouco contribuem para um trabalho educativo, comprometido com o urgente e necessário repensar de nossas representações e práticas de educação ambiental. Um exemplo de "máscaras" – já discutido neste trabalho e que vou apenas citar aqui quando da reflexão sobre as questões ecológicas – é o uso e aceitação fácil de determinadas expressões como *"subdesenvolvimento"* e *"Terceiro Mundo"*. Estas duas expressões são dois excelentes exemplos de "máscaras" que, ao nivelarem mecanicamente diferentes situações e/ou países, nos impedem de ver/entender o que se passa de contraditório em seus processos sociais internos. A busca de uma "interpretação" dos problemas ecológicos como se fossem um texto, aliada a este processo de "desmascaramento", acaba também trazendo à tona, dando visibilidade, à representação de "natureza" como mera exterioridade a cada um de nós. Tal situação, já discutida anteriormente, está intimamente ligada ao nosso processo de criar "máscaras" atrás das quais julgamos estar ao abrigo do olhar do outro e também do nosso. Tal fenômeno Paz descreveu como a tentativa de enganar aos outros, mas que acaba em verdade enganando a nós mesmos. Em relação aos problemas ecológicos, esta é uma "máscara" muito freqüentemente "usada". Com muita freqüência as falas que dizem respeito ao entendimento das possíveis origens dos problemas ecológicos são direcionadas ao "outro" ou à "outra" raramente incluindo, neste processo, aquele ou aquela que fala.

– Em vários momentos fiz referência à importância que devemos dar ao diálogo entre os diferentes conhecimentos. A idéia de buscar que cada pessoa envolvida com o problema ecológico o descreva, ao mesmo tempo em que nos possibilita uma "interpretação" que contemple a subjetividade individual, abre espaços para a manifestação de outras formas de conhecimento que não apenas o científico. Ao "interpretar" cada pessoa o fará por meio de suas representações e também de seus conhecimentos, que podem vir permeados por outras formas de saberes, como o saber étnico e o saber popular. A educação em geral, em tempos de pós-modernidade, está cada vez mais procurando estabelecer diálogos entre as diferentes formas de saber. Frente à complexidade das questões ecológicas, as alternativas de educação ambiental não podem prescindir deste diálogo. Diria que o mesmo se torna condição decisiva, ou senão como imaginar uma iniciativa de educação ambiental, por exemplo, na Amazônia, desconsiderando os saberes dos povos amazônicos? Como entender os problemas ecológicos urbanos sem dialogar com os moradores das regiões em que vivem, buscando identificar quais suas prioridades, suas preferências, suas necessidades imediatas, a médio ou longo prazo, quais seus desejos e representações sobre lazer, religião, saúde, educação, trabalho, transporte. Enfim, há que se buscar uma aproximação com o imaginário das comunidades envolvidas no processo.

– O diálogo sobre um problema ecológico apresenta também a possibilidade importante de tornarmos visíveis, pelas diferentes interpretações e representações de cada participante, as contradições, as oposições e os conflitos inerentes aos processos que envolvem a vida das pessoas em seu meio. Lidar com as questões ecológicas contemporâneas é estar permanentemente mexendo com conflitos, com interesses – individuais e coletivos – os mais variados. Diria até que as questões ecológicas têm este grande mérito: o de "desmascarar" interesses às vezes escondidos, pouco visíveis, em certas falas e discursos. No entanto, não basta identificar as oposições, os antagonismos. Há que ir além. O grande desafio para a construção de uma sociedade mais fraterna, democrática e socialmente justa passa, necessariamente, pela busca de convivência entre os ditos "contrários". Se temos muito freqüentemente um monólogo, há que estabelecer um diálogo. As alternativas em educação ambiental precisam apostar neste diálogo como forma de "inventar" práticas pedagógicas que rompam com os dualismos, os antagonismos e as separações clássicas da modernidade aos quais já me referi no fragmento sexto deste trabalho. A interpretação de um problema ecológico pelo diálogo/confronto entre os diferentes sujeitos envolvidos pode nos ajudar, em muito, a pôr em prática a idéia de Octavio Paz de "construção pelo paradoxo". Em geral, as grandes questões de nossa época envolvem situações paradoxais. No entanto, estou convencido de que poucas estão tão radicalmente impregnadas desta característica quanto as questões ecológicas. No fragmento sexto deste texto, fiz uma lista de alguns destes paradoxos intrínsecos aos problemas ecológicos e que estão a nos desafiar toda vez que buscamos entender e/ou resolver questões que envolvem a ecologia local e global. Neste sentido é que vejo uma importante contribuição metodológica de trabalho em educação ambiental à idéia presente na obra de Paz, da construção de conceitos e de novas regras de convivência no planeta por meio da "construção via paradoxos".

- Uma última, e não menos importante, questão que apresento sobre a idéia de tomar-se o texto como fonte para o estudo das questões ecológicas é que estaremos, com isto, rompendo com a idéia de que só se pode fazer educação ambiental nos espaços extra-escola, extraclasse. E quero deixar explícita, mais uma vez, minha posição de que não tenho nada contra que se trabalhem as questões ecológicas nos espaços que envolvem a escola. Ao contrário, defendo que as questões ecológicas, como as demais temáticas com que se trabalha em educação, precisam, e devem, ser tratadas na sua maior complexidade buscando, sempre que possível, sua contextualização e relação com as diferentes realidades vividas pelos(as) educandos(as). A hegemonia das atividades educativas em educação ambiental, realizadas por professores(as), é constituída de ações fora da sala de aula. Tal situação pode ser facilmente constatada pelas várias pesquisas já realizadas sobre as tendências e perspectivas de trabalho em educação ambiental no Brasil. De minha parte, já tratei deste tipo de pesquisa em vários momentos. A conclusão a que se chega é que, hegemonicamente, as iniciativas em educação ambiental são extra-classe. Acontecem em outros espaços que não o da escola e de seus respectivos conteúdos curriculares mínimos ministrados. Espaços e territórios estes, sem dúvida, da maior importância para uma educação cidadã e criadora de espaços democráticos e libertários. Assim sendo, considero da maior relevância e pertinência, neste momento, trabalhos e pesquisas em educação ambiental que visem à construção de alternativas de intervenção sobre as questões ecológicas, tomando como ponto de partida o espaço das relações didático-pedagógicas no cotidiano escolar. Explicitando: há que se descobrir formas e metodologias de trabalho em educação ambiental nas quais a discussão e a reflexão sobre as questões ecológicas estejam intrinsecamente relacionadas com os conteúdos curriculares das diferentes disciplinas, áreas e/ou níveis do processo educativo escolar.

A discussão sobre as possibilidades desta proposta ou alternativa pedagógica de educação ambiental poderia ser interminável. Espero ter dado início a esta reflexão. Estou convencido de que é do confrontamento e do diálogo entre as diferentes propostas e alternativas de educação ambiental, em andamento nas mais diferentes regiões e confins do Brasil e do planeta, que poderão surgir novas e criativas formas de (com)vivência entre homens, mulheres e as demais formas de vida e de existência atuais e futuras.

Uma educação, em geral, e uma educação ambiental, em particular, que estejam sinceramente comprometidas com a construção da cidadania planetária não poderão deixar de ouvir e refletir sobre as diferentes vozes e silêncios, venham eles de onde vierem. Por mais "estranhos" que nos possam parecer, merecem ser discutidos a partir de critérios de paz, solidariedade, justiça social, fraternidade, democracia, amor e ecologia.

NOTAS

1. Esta idéia é apresentada de forma mais detalhada em minha tese de doutoramento na qual faço um estudo da obra do poeta e ensaísta mexicano Octavio Paz. A referida tese intitula-se: *Texto Literário, Ecologia e Educação Ambiental: a contribuição das idéias de Octavio Paz às questões ecológicas contemporâneas*. Florianópolis: UFSC, 2001.
2. Estou me referindo aqui apenas ao texto literário, ou seja, à literatura na forma escrita; no entanto, muito do que vale para a história escrita, do ponto de vista da sua contribuição como fonte de formação e/ou construção cultural, vale também para a literatura oral que, em muitas civilizações, desempenha o papel da literatura escrita nas civilizações letradas.
3. A título de esclarecimento, quero registrar que não estou aqui descartando estes componentes das questões ecológicas. Ao contrário, reafirmo que eles estão intimamente ligados às mesmas.
4. Conforme o *Novo Dicionário Aurélio da língua portuguesa*: Aperitivo: do Lat. *Aperitivu*. "Que abre os poros; que estimula o apetite".
5. Conforme o mesmo dicionário: Saber: do lat. *Sapere* "Ter gosto". Sabor: Do lat. *Sapore* "Impressão que as substâncias produzem na língua"

REFERÊNCIAS

CAMPOS, H. Constelação para Octavio Paz. In: LAFER, C.; CAMPOS, A. (orgs.). *Signos em rotação*. São Paulo: Perspectiva, 1996.

FREIRE, P. Pedagogia da autonomia: saberes necessários à prática educativa. São Paulo: Paz e Terra, 1977.

MACIEL, M.E. *A palavra inquieta*. Belo Horizonte: Autêntica, 1989.

_____ . *As vertigens da lucidez. Poesia e crítica em Octavio Paz*. São Paulo: Experimento, 1995.

PAZ, O. *Itinerário*. México: Fondo de Cultura Económica, 1994.

_____ . *Pasión crítica*. Barcelona: Seix Barral, 1984.

_____ . Obras Completas. V. III. México: Fondo de Cultura Económica, 1994. 13v.

_____ . Obras Completas. V. X. México: Fondo de Cultura Económica, 1994. 13v.

_____ . Obras Completas. V. IX. México: Fondo de Cultura Económica, 1994.13v.

_____ . Obras Completas. V. VIII. México: Fondo de Cultura Económica, 1994.13v.

_____ . Obras Completas. V. XI. México: Fondo de Cultura Económica, 1994. 13v.

_____ . Completas V. II. México: Fondo de Cultura Económica, 1994. 13v.

_____ . Obras Completas. V. I. México: Fondo de Cultura Económica, 1994. 13v.

_____ . Obras Completas. V. V. México: Fondo de Cultura Económica, 1994. 13v.

_____ . Obras Completas. V. VI. México: Fondo de Cultura Económica, 1994. 13v.

_____ . *Vislumbres da índia. Um diálogo com a condição humana*. São Paulo: Câmara Brasileira do Livro/Mandarim, 1999.

_____ . *A dupla chama. Amor e erotismo*. São Paulo: Siciliano, 1994.

_____ . *Signos em rotação*. São Paulo: Perspectiva, 1996.

PAZ, O.; CAMPOS. *Transblanco*. São Paulo: Siciliano, 1994.

SANTOS, L.A.B. O olho livre divaga - dinâmicas narrativas na obra de Sérgio Santanna. In: OTTE; OLIVEIRA (orgs). *Mosaico crítico*. Belo Horizonte: Autêntica, 1999.

_____ . Um cachorro corre na cidade vazia. In: MACIEL, E.M.; ÁVILA, M.; OLIVEIRA, M.P. (orgs). *América em Movimento – ensaios sobre literatura latino-americana do século XX*. Rio de Janeiro: Sete Letras, 1999.

VATTIMO, G. *As aventuras da diferença*. Lisboa: Edições 70, 1980.

_____ . *A sociedade transparente*. Lisboa: Relógio Dagua, 1992.

_____ . Posmodernidad: una sociedad transparente? In: *En torno a la posmodernidad*. Barcelona: Anthopos, 1994.

_____ . *O fim da modernidade. Niilismo e hermenêutica na cultura pós-moderna*. Lisboa: Editorial Presença, 1987.

6

Insurgência do grupo pesquisador na educação ambiental sociopoética

Michèle Sato
Jacques Zanidê Gauthier
Lymbo Parigipe

Para onde foi a sabedoria do homem branco? Toda filosofia foi transformada em lucro econômico e nós, os índios, fomos relegados a um plano ainda mais baixo de toda a sociedade humana. Não conhecíamos a pobreza. Queremos dizer isso para vocês, no sentido de mostrar que a ciência do homem branco precisa conversar com a ciência indígena. Porque vocês podem usar quinze anos fazendo pesquisas, gastar 300 milhões de dólares em vão. Ao passo que, conversando com os índios e fazendo acordo com os povos indígenas, podemos fazer com que toda a riqueza e conhecimento não tenham tantos gastos e que o dinheiro das pesquisas possa ser utilizado para matar a fome dos próprios parentes, dos menores abandonados, das pessoas que não têm o que comer, nem o que beber (Marcos Terena, 2000, p. 21).

Nossas lutas cotidianas parecem buscar a esperança de que a sociedade desejada seja democraticamente construída, ambientalmente responsável e socialmente justa. Os movimentos sociais, em especial os indígenas e ecologistas, sempre tiveram suas histórias marcadas na luta pelos enfoques que embasassem os processos de transição democrática, onde o mundo possibilitasse integrar a participação social por meio das justiças ambientais. Essa preocupação, no nosso ver, deve ser autogerida, ou seja, regulada pelos próprios participantes da luta, da pesquisa, da educação, do pensamento. A vida mostra que é melhor não precisar de representantes, a vida nos ensinou a não delegar nossas potências nem nossos poderes, nem na área política, nem na área científica ou poética. Sugerimos que as energias cognitivas presentes nas pessoas, alvo das pesquisas ambientais e outras, não sejam colonizadas pelos esquemas de pensamento europeus ou norte-americanos. Para isso, confiamos na força da sociopoética, filosofia e prática da pesquisa e da educação baseada em cinco princípios norteadores:

1. A instituição: negociada entre os parceiros – de um grupo pesquisador, onde o conhecimento é produzido coletiva e cooperativamente. Todo grupo pode constituir-se em um grupo-sujeito, autor e ator da pesquisa ou da aprendizagem. Os pesquisadores acadêmicos e professores(as) ou pajés são facilitadores. A afirmação da igualdade entre os saberes não é a negação das diferenças. O saber adquirido na universidade pelos facilitadores de pesquisa ou professores(as), assim como o saber e a sabedoria do pajé, permitem perceber as estruturas implícitas do pensamento do grupo. Em nossa prática de pesquisadores e educadores, percebemos que as pessoas envolvidas no tema da pesquisa são portadoras de conhecimentos de todo tipo (intelectual, sensível, emocional, intuitivo, teórico, prático, gestual...), tanto quanto nós. Como nós, elas estão mergulhadas no caos, firmando assim a complexidade da vida. Assim, elas devem ser co-pesquisadoras, com responsabilidades iguais no decorrer da pesquisa, participando da escolha das técnicas de produção dos dados, do processo dialógico de leitura, da análise e da interpretação dos mesmos, assim como da escolha das formas de socialização do processo e dos resultados da pesquisa.

A objetividade científica constitui-se quando se encontram, no mesmo fundo caótico, estruturas diferentes, formas de complexidade divergentes. A organização de linguagens, de códigos de compreensão e comunicação a partir de e dentro da experiência das energias da vida, torna possível o saber, o conhecimento. A ciência deve interrogar as energias que são impressas nos corpos das pessoas, nos seus afetos, nas suas crenças e nos seus saberes. A pesquisa tem por objetivo resgatar as marcas do passado, mesmo quando são tão íntimas ou tão presentes em toda atividade, que as pessoas não as percebem mais. A objetividade da ciência que queremos está no desnivelamento e na análise, pelo grupo pesquisador, dessas marcas inconscientes, sem as quais é impossível entender as experiências de vida das pessoas, seus saberes e não-saberes. Para nós, uma ciência que não enfrenta essa questão do inconsciente com a participação ativa dos sujeitos da pesquisa, em todas as fases da pesquisa (produção de dados, análise e interpretação, socialização), torna-se subjetiva, presa nos limites das projeções teóricas do pesquisador acadêmico. Na pedagogia, esse trabalho é importante para que o(a) aluno(a) se situe em relação aos diferentes mundos culturais nos quais ele(a) vive. Daí partem outros princípios da sociopoética:

2. Favorecimento da participação das culturas de resistência na leitura dos dados da pesquisa e na construção dos objetos de conhecimento,

pois são estruturações finas da experiência da vida popular. Isso é um jeito radical de instituir o diálogo entre culturas heterogêneas, que têm definições divergentes do saber legítimo. Nas interações entre os membros do grupo pesquisador desterritorializam-se os marcadores culturais ou teóricos heterogêneos, que se miscigenam de maneira imprevisível, criando uma interferencialidade emergente.

3. O terceiro princípio da sociopoética é o de considerar o corpo inteiro – emocional, intuitivo, sensível e sensual, gestual, racional, imaginativo – como portador de marcas históricas e, igualmente, como fonte de conhecimentos. As culturas de tradição oral e de resistência desenvolvem particularmente formas sensíveis e intuitivas de conhecer, até ritualizadas em danças, que a formação geralmente recebida na academia não permite perceber, ainda menos desenvolver. Além disso, muitos conhecimentos, relacionados às opressões sofridas pelos povos colonizados, ficam presos na escuridão dos nervos e músculos. Conscientizar-se desses conhecimentos sempre foi considerado como relevante, tanto pelos membros dos grupos pesquisadores que instituímos como na relação pedagógica.

4. Favorecimento, pelo uso de técnicas artísticas de produção de dados, da emergência de pulsões e saberes inconscientes, desconhecidos, inesperados, como dados de pesquisa que expressam o fundo íntimo, perto do caótico, das pessoas. Isso em diálogo com técnicas como a entrevista, coletiva ou individual. Experimentamos várias vezes que não são expressos os mesmos conteúdos durante uma entrevista, por meio de uma pintura ou de um jogo teatral. Na pedagogia, o uso de tais técnicas artísticas é legitimado por várias pesquisas que fizemos.

5. O último princípio da sociopoética é a interrogação, pelo grupo pesquisador, do sentido político, ético, humano, espiritual do processo de pesquisa que ele desenvolveu, e das formas de socialização a serem desenvolvidas. Uma pesquisa possui um aspecto político, pois participa do contexto das relações de poder e saber entre a comunidade envolvida e a sociedade, e dentro da própria comunidade. As culturas de resistência, negras e indígenas, valorizam o sentido espiritual da vida, portanto, dos saberes e das aprendizagens incluídos nas nossas práticas, interligados com a Mãe-Terra, as plantas, as energias espirituais, os antepassados. Alunos e alunas da Bahia, pesquisados por nós, mostraram não somente um conhecimento fino das plantas, mas também uma exigência ética e espiritual muito forte, que dá seu sentido às aprendizagens. Em uma visão intercultural, é importante não ignorar esses valores, que não são apenas características dos povos que foram colonizados pelas potências européias, mas que possuem um sentido universal em nossa interrogação da condição humana e em nossa luta cotidiana para firmar nosso desejo de autogestão.

A metamorfose originada na EA busca a emergência de um novo tempo, e é neste cenário que reivindicamos a sociopoética como um novo método de pesquisa colaborativa na EA. O pressuposto básico deste método visa, essencialmente, ao abandono de um pesquisador independente para a formação de um grupo pesquisador (Gauthier, 1999). A poética tem outras raízes gregas (*poiesis*), que primariamente foi usada por Demócrito para analisar substâncias e qualidades atomísticas. Platão deslocou esta palavra para a construção da inteligência por meio do prazer, para condená-la. Foi Epicuro que abandonou o deleite somente ao final da construção mental e deslumbrou a possibilidade da realização intelectual prazerosa durante todo o processo. Uma razão essencial encontra-se no conceito de *clinamen*, ou seja, *desvio* na queda dos átomos, princípio de singularização, de diferenciação, de vida e de pensamento. O desvio, na ecologia como na política, é a afirmação alegre da potência de viver (Deleuze e Guattari, 1980).

Como a ciência ambiental ainda não se abriu muito para formas de conhecimento e interações energéticas locais, isto é, presentes nas comunidades e na vida cotidiana dos sujeitos implicados, como as pesquisas científicas pretendem "pensar globalmente e agir localmente", em lugar de pensarem localmente e agirem globalmente, o que seria talvez mais relevante, temos o desejo de avançar um passo em direção aos parceiros da comunidade científica, falando a língua habitual que é, até agora, uma língua marcada pelas pretensões universalizantes do ocidente. Assim, para embasar nosso diálogo com os cientistas, iniciamos com uma revisitação de alguns conceitos orientados no interior do ambientalismo, buscando, na década de 1980, a formação de uma comissão mundial, liderada pela primeira-ministra da Noruega, Gro Brundtland, que se reunia e publicava o relatório "Nosso Futuro Comum" (WCDE, 1987). Pela primeira vez na história da humanidade, assistíamos ao surgimento do termo "desenvolvimento sustentável", até então ambíguo, encerrando múltiplas interpretações e controvérsias no cenário mundial. Ainda que as ideologias fossem duvidosas, o termo acabou se consagrando para além do ambientalismo, estando presente em diversas outras áreas do conhecimento.

A literatura mundial pode ser uma categoria emergente e pré-figurativa que "se ocupa de uma forma de dissenso e alteridade cultural onde termos não-consensuais de afiliação podem ser estabelecidos com base no trauma histórico" (Bhabha, 1998, p.33). Entretanto, sem reivindicar qualquer rebeldia inconsistente, mas na tentativa de denunciar o perigo das forças hegemônicas, diversas vozes se lançam para que um "falso espelho" não traga reflexos das forças imperialistas como únicas verdadeiras, situando cenários diferenciados em categorias padronizantes e universais de um "cosmopolitismo desenraizado" (Deleuze e Guattari, 1980). Utilizamos a metáfora da pintura surrealista, em particular a de René Magritte (2000), para reivindicar um olhar fenomenológico sob uma nova reinvenção educativa, poderosamente capaz de transgredir e ousar caminhos múltiplos que possam tentar responder às complexidades mundiais. Os quadros "Falso Espelho" e "Princípio do Prazer", de Magritte, parecem coadunar com alguns princípios da sociopoética em querer insistir que novas perspectivas podem (e devem) ser eleitas pela arte da conversação do grupo pesquisador e da construção do conhecimento pelo deleite. "A existência crepuscular da imagem estética é a imagem da própria arte como o próprio evento do obscurecer, uma descida para a noite, uma invasão da sombra" (Levinas, 1987, p.8).

Na eloqüência de novas proposições democráticas, surge o "Programa Cone Sul Sustentável", uma iniciativa das organizações-cidadãs do Brasil, Chile, Uruguai e Argentina, que, desde 1998, buscam proposições para os modelos de desenvolvimento da América Latina (Larraín, Leroy e Nansen, 2002). Ao formar o "Pacto de Ação Ecológica da América Latina/PAEAL", realizou o seminário intitulado "Nosso Futuro Ameaçado", em clara alusão e afastamento do jargão situacionista "Nosso Futuro Comum" com toda repulsa contra o mercantilismo autoritário, já que "ninguém pode inventar uma cartografia de autonomia – ou um mapa que desenhe todos os nossos desejos" (Bey, 2003, p. LXXXV).

No Brasil, este movimento é conhecido como "Brasil Sustentável e Democrático" e vem-se consolidando como um forte movimento social de ampla participação popular. O Pacto considera que não é possível discutirmos a dimensão da sustentabilidade sem nos posicionarmos nas esteiras da dívida externa, maior causadora da degradação social e natural dos países da América Latina. É preciso denunciar os sucessivos ajustes e programas do Fundo Monetário Internacional (FMI) e do Banco Mundial, que abarcaram tanto a externalização dos custos ambientais e sociais do comércio internacional, como o intercâmbio ecológico e economicamente desigual. A Organização Mundial do Comércio (OMC) também orienta interesses de lucros transacionais, reforçando um modelo de desenvolvimento dominante. Não é possível, assim, aceitar as estratégias que impulsionam os círculos de poder como sujeitos principais da sustentabilidade, nem aceitar o dilema da densidade demográfica como problema ambiental de primeira ordem, muito menos aceitar o otimismo tecnológico como alternativa prioritária para solucionar a crise ambiental (Larraín, Leroy e Nansen, 2002).

Na arte da conversação surrealista de René Magritte, ou na busca de um novo dado ontológico metamorfoseado de Octavio Paz (1994), entre a problemática divisão ideológica do Norte e do Sul, a definição de sustentabilidade da América Latina pauta-se nos objetivos da eqüidade social, da proteção ambiental e da participação democrática, integrando o desenvolvimento econômico apenas como um aspecto dependente dos anteriores e jamais aceitando a trilogia do desenvolvimento sustentável, em evidenciar a economia como fator de igual importância à sociedade e à ecologia.

Estou convencido de que, na linguagem da economia política, é legítimo representar as relações de explorações e dominações na divisão discursiva entre o Primeiro e Terceiro Mundo. Apesar das alegações de uma retórica espúria de 'internacionalismo' por parte das multinacionais estabelecidas e redes de indústrias da tecnologia de novas comunicações, as circulações de signos e bens que existem ficam presas nos circuitos viçosos do superávit que ligam o capital do Norte aos mercados de trabalho do Sul através das cadeias da divisão internacional do trabalho e das classes nacionais de intermediários. (Bhabha, 1998, p. 44)

A proposição central do PAEAL é que o "espaço ambiental" deve fixar não apenas o teto máximo de uso e consumo de recursos para a capacidade de carga do planeta, senão também assinalar um piso correspondente a uma mínima quantidade de recursos que uma pessoa necessita para viver dignamente. Uma *linha de dignidade* deve ser arquitetada, como um espaço de confluência e suficiência para todos os seres vivos, que permita o exercício de direitos e da satisfação das necessidades humanas, limitando os níveis excessivos da riqueza e de consumo (Figura 7.1). Além de uma linha quantitativa de pobreza ou do Índice de Desenvolvimento Humano (IDH), a linha qualitativa de dignidade deve ser um indicador de convergência distributiva entre o Norte e o Sul, para a distribuição eqüitativa dos recursos e serviços planetários sobre a base de um marco de direitos humanos igualitários por pessoa (*per capita*), coerente com as concepções sobre direitos coletivos.

Em outras palavras, o hiperconsumismo não é ecologicamente sustentável e deve possuir um teto máximo permitido. Mas, igualmente, a privação e a fome são socialmente insustentáveis e devem ter um nível socialmente digno que possibilite diminuir as desigualdades do espaço ambiental. Em contraposição aos programas do FMI e do Banco Mundial, que buscam um regime de acumulação, livre mercado e produção de necessidades sob a égide da eficiên-

HIPERCONSUMISMO (ecologicamente não-sustentável)	Teto (uso máximo permitido do espaço ambiental/*capita*)
ESPAÇO AMBIENTAL disponível/capta	
PRIVAÇÃO (socialmente não-sustentável)	Piso (uso mínimo socialmente necessário do espaço ambiental/*capita*)

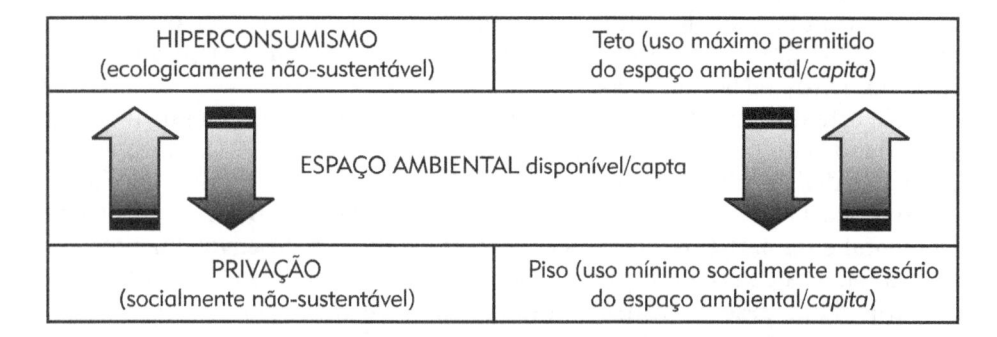

Figura 7.1 Espaço ambiental da linha de dignidade. Fonte: Larraín, Leroy e Nansen, 2002.

cia tecnológica, da democracia e das liberdades formais, o PAEAL propõe uma economia solidária de mercado regulado, por meio de políticas de suficiência e mudanças na cultura de consumo. Jamais retira o papel das políticas públicas fortalecidas pela participação popular e solicita a construção participativa de indicadores sociais e ambientais que alcancem a liberdade e a democracia reais. Isso implica dizer que o PAEAL brinda um movimento da antiglobalização neoliberal, já que considera a sustentabilidade nas esteiras das ações de sociedades sustentáveis em níveis locais, regionais e nacionais.

A democracia é um processo pleno de construção permanente que aponta sempre para uma nova utopia. Em seu movimento subversivo, como na arte surrealista, a democracia passa pela economia, mas pautada pela dimensão ética, e desemboca necessariamente na justiça social e ambiental. Afinal, qual país se deseja para o amanhã? Que democracia pode resistir impunemente à perpetuação da desigualdade, ao desprezo das elites pela classe trabalhadora ou por demais segmentos da população marginalizada?

CAMINHANDO COM O SONHO
Quando busco profundamente sonhar
É porque em mim
Há algo muito forte
Que me faz acreditar
Que o sonho
Faz parte do nosso caminho
Para que possamos caminhar.
(Lymbo Parigipe, s.d.)

A Nação Indígena também se levanta neste debate, já que para eles, a educação era naturalmente passada de geração a geração (Neves, 1995; Alves, 1997; Muñoz, 1997; Taukane, 1997; Terena, 2000). A dádiva desta reminiscência assemelha-se a um escutador do infinito e a memória não delimita a lembrança, senão ao refazer, reconstruir, repensar imagens e idéias por meio das experiências do passado, pois "somos a multiplicação dos caminhos construídos pelos nossos antecessores" (Taukane, 1997, p. 33). Entretanto, este renascimento dentro da educação indígena, em termos de desenvolvimento econômico, ainda não tem condições de obter informações corretas das grandes cidades. Em forma de educação cultural, percebemos que os desenvolvimentos são fluidos por uma obediência à natureza em si e os segredos sociais são totalmente guardados. O objetivo é aprender, mas, também, ensinar tudo sobre o respeito à natureza. A forma de troca, depois do período colonial e do tempo de "Cabral", não trouxe bens, mas, sim, uma influência de hábitos consumidores. Aliás, o processo da "ocupação européia no Brasil, conhecido como 'descobrimento', revela o preconceito e o desconhecimento sobre as populações indígenas e sua história" (Neves, 1995, p.171).

Precisamos ter consciência da existência indígena, não importa o passado, as mágoas, as dores; o que importa é que hoje os indígenas conservam a essência, mesmo estando miscigenados. Não tiveram poder de decisão sobre a devastação ou influência da civilização branca, porém é possível comprovar que nos dias de hoje, do jeito que se encontram algumas tribos, ainda é preciso saber o que é cultural e natural. Assim podemos integrar-nos uns aos outros, sem termos tantas teorias da evolução humana ou privilegiarmos a técnica em nome do *Homo sapiens*. Estamos conscientes de que não podemos excluir a técnica da humanidade, todavia "não há *téchne* mais valiosa do que a humanidade" (Bey, 2003, p. LX).

> Nós sabemos que alguma coisa está errada com o chamado desenvolvimento de vocês (...) Precisamos dialogar entre a ciência de vocês e a nossa sabedoria da natureza – estamos tratando do futuro do planeta (Terena, 1992[1]).

Ao referenciarmos a cultura e a identidade indígena ou africana, sabemos que evocamos as relações sociais e não o *pool* do material genético. Portanto, a natureza do debate deve ser essencialmente política e social, que permita consolidar a democracia e a sustentabilidade como conceitos intrinsecamente dependentes, pois são partes de um sistema que comparte o mesmo cérebro e o mesmo coração. As perspectivas para esta concretização podem estar ancoradas nos intercâmbios de informações, na validação social da ciência e da tecnologia, na legitimação e no aproveitamento do saber acumulado pelos diferentes segmentos da sociedade e na elaboração de propostas democráticas para as políticas públicas. O diagnóstico da agenda nacional, setorial ou temática é apenas o início da história de transição.

É neste cenário que a EA deve se configurar como uma luta política, compreendida em seu nível mais poderoso de transformação: aquela que se revela em uma disputa de posições e proposições sobre o destino das sociedades, dos territórios e das desterritorializações; que acredita que, mais do que conhecimento técnico-científico, o saber popular igualmente consegue proporcionar caminhos de participação para a sustentabilidade por meio da transição democrática. "Es una ilusión pretender encontrar planes unicamente científico-técnicos para lograr la sustentabilidad" (Larraín, Leroy e Nansen, 2002, p.73). E também acredita que mais do que racionalidade científica, o conhecimento pode ser abluído pela sensibilidade poética em acolher a ternura como aporte importante para a transformação desejada.

O sujeito ecológico da EA deve ser, portanto, um sujeito responsável pelas proposições políticas que visem a estratégias metodológicas de cada região, situação ou contexto, promovendo um diálogo multicultural de fontes acadêmicas e populares e que potencialize a pesquisa em sua perspectiva social mais ampla. A opção pela sustentabilidade, em vez do desenvolvimento sustentável, não é mera troca semântica. Nietzsche (1996) já dizia que as palavras sempre foram inventadas pelas classes dominantes e, antes de serem signos, impõem-nos uma interpretação.

> O verdadeiro sábio é aquele que diz:
> Oh vento, dizei-me
> Que faço parte de ti
> E não apenas uma folha
> Que vagueia
> Nesse imenso céu azul
> Solitário e único.
> Dizei-me
> Que sou a arte
> De aprender tudo
> E não saber nada.
> Pois o tudo é tudo aquilo que aprendi
> E o nada
> É tudo aquilo que achava que
> Tinha aprendido.
> (Lymbo Parigipe, s.d.)

Se internacionalmente a EA é orientada para a contenção de consumo, mudança de estilos de desenvolvimento e reciclagem das velhas latinhas de alumínio, além do repetitivo marco histórico internacional, para além de Estocolmo, deve existir outra morada. Nossa sociedade brasileira parece querer consumir, mais do que propriamente conter. A atenção aos projetos em EA deve esclarecer, neste contexto, que, mais do que uma EA para os ricos, devemos buscar uma EA adequada à realidade brasileira, que se atente à produção científica contemporânea, que legitime a linha de dignidade na perspectiva da diversidade cultural e biológica e que, sobremaneira, saiba se posicionar criticamente diante dos modelos importados da sociedade industrial. Ela deve ser historicamente acumulada e densamente transgressora, para que as múltiplas racionalidades se encontrem com a paixão, o brincar e a imaginação nos seus desejos de renovação e dialoguem com as ancestralidades que os ventos, os rios e os mares escrevem nas paisagens brasileiras e sul-americanas.

Se outrora tínhamos pouco acesso às publicações na área da Educação Ambiental (EA), hoje uma vasta literatura nos impede de termos consciência das variadas experiências, pesquisas, vivências e referenciais teóricos tecidos na rede caleidoscópica da EA. Entretanto, este múltiplo cintilar traz o risco das fragmentações, uma vez aceito que a EA encerra um campo multi e inter-referencial de conceitos e ideologias. Sua heterodoxia é legada por diferentes formações, desde as ciências mais rígidas aos conhecimentos populares; da pesquisa acadêmica aos movimentos ecologistas; de estratégias de pura contemplação da natureza à ousadia de ações para uma participação mais democrática; e de amplos conceitos que se misturam e se divorciam nos emaranhados fios, nós e elos tecidos dos caminhos multifacetados da EA.

Como qualquer outra área do conhecimento, a EA apresenta lacunas e falhas. Possui orientações generalistas duvidosas e ainda reserva a inquietação de ser apenas uma preocupação sociomidiática, em vez de representar um campo de pesquisa consolidado no interior do debate acadêmico. Por outro lado, representa a esperança de mudanças e a vontade de inserir a dimensão ambiental como pauta de uma nova revisão conceitual das ciências. Gutiérrez (2003) considera que o cenário é de controvérsias e discórdias, e nossas formações acadêmicas iniciais podem oferecer uma heterodoxia de conceitos, porém, com margens de tentações e caos na EA. Lima (2002) e Sato e Santos (2003) ainda evidenciam o campo conceitual e discursivo da sustentabilidade, reivindicando uma EA contextualizada em sua dinamicidade histórica e democrática, posicionando a necessidade da inclusão social e da proteção ambiental, debatendo a vida e não se reduzindo aos modelos de desenvolvimento. Qualquer que seja sua textura, a EA traz reflexos de vidro e caracteriza-se como uma luz que reivindica a formação de um grupo-pesquisador para sua (re)construção.

Propomos, desta forma, discutir alguns conceitos da EA sob a invenção de um dispositivo, que realiza o trabalho de pesquisa pela interação solidária dos participantes nas esteiras da aventura científica e educacional. É preciso ousar a formação de *grupos pesquisadores*, ou seja, transformar os sujeitos da educação em um grupo autogenerativo, construindo cooperativamente os conhecimentos e responsabilizando-se coletivamente pela socialização e pelos efeitos desse trabalho. O grupo pesquisador, assim construído, torna-se facilitador da aprendizagem ou da pesquisa, com duas características principais: 1) Todos os saberes presentes no grupo pesquisador são iguais em direito. 2) As facilitadoras e os facilitadores têm um papel específico, ao proporem, em primeiro lugar, uma leitura dos dados de pesquisa que seja a mais objetiva possível, no sentido de procurar qual é a estrutura do pensamento do grupo pesquisador popular considerado como um único filósofo coletivo, e, em segundo lugar, colocar esse pensamento em diálogo com saberes acadêmicos (teorias científicas) ou culturais (xamanismo, candomblé, etc.) próprios, sem deixar de solicitar leituras propostas pelos demais membros do grupo pesquisador.

A proposição do grupo pesquisador requer uma nova alquimia para possibilitar os vôos na liberdade desta construção intelectual. Teremos que abandonar a harmonia, sem temer a crise, mas também, sem reivindicá-la. Queremos encontrar, na superação do caos, algo que transcenda a lógica hegemônica desprovida de espírito. Evocar o caos não é deslizar à entropia, mas ousar insurgir uma nova energia semelhante às estrelas, uma espécie de organização provisória, um *estar*-juntos em lugar de um *ser*, diferente das pirâmides sociais opressoras. Evidenciar as diferenças ainda constitui-se, desta forma, o desafio da EA em não buscar a síntese hegemônica, mas oferecer caminhos multifacetados à construção de uma nova ética que se insira para além do respeito, mas que possibilite a "(com)vivência" e a co-produção científica com os diferentes (Passos e Sato, 2002).

Por essa razão queremos aprender com os nossos parceiros índios e tribos africanas, cuja relação com a natureza sempre foi de respeito, diálogo e inclusão, modos espirituais de se viver a dimensão ambiental da pesquisa e da educação. Se a biodiversidade posiciona-se no consenso do ambientalismo, a pluriculturalidade torna-se igualmente importante. Ironicamente, a perda da diversidade genética significa também a perda da cultura. A literatura revela que nos países de megabiodiversidade, há também a maior diversidade lingüística dos povos. Tais povos têm demandado o reconhecimento de seu direito fundamental à autodeterminação como único modo de resolver os impactos sofridos. "Isso significa reconhecimento pelos direitos territoriais e culturais, permitindo que eles assumam o controle do próprio destino" (Gray, 1995, p. 113). Assim, após termos colocado o primeiro princípio da *sociopoética*, que diz respeito à instituição do grupo pesquisador, orientamo-nos a partir do segundo princípio da sociopoética: *valorizar os conhecimentos e as filosofias das culturas dominadas e de resistência na produção, análise, interpretação e socialização dos dados.*

Da lógica positivista ao caos da transição, nossa existência testemunha e protagoniza duas grandes dimensões, debatidas exaustivamente no cenário mundial: de um lado, as proposições científicas para uma verdade instituída, com discursos da neutralidade, hegemonias acadêmicas e rigores postulados. De outro, o desafio arrebatador na crença das múltiplas verdades, do reconhecimento de diversos saberes e da busca da alma e da poesia para que também contemplem a mudança sensível. Considerando que o conhecimento científico dominante, ao seguir o paradigma que alguns chamam de patriarcal (valorizando a análise, a hierarquização, o distanciamento, a neutralização), outros de cartesiano, outros ainda de eurocêntrico, impede que a ciência tome conta da *complexidade* dos fatos humanos e sociais, introduzimos o terceiro princípio da sociopoética: *que o corpo inteiro se mobilize na produção do conhecimento, trabalhando não apenas com a razão, mas também com as sensações e a sensualidade, com a emoção, com a intuição, a gestualidade, a imaginação.* Existem, na própria cultura européia, tendências que reconhecem essas dimensões do conhecimento, mas são os povos nativos da América e da África que mais as desenvolveram.

A lógica positivista é desafiada e o conceito de harmonia finalmente cai por terra. Não se trata de propor o desequilíbrio como postulado contemporâneo das ciências, mas, sim, de inventar uma teoria do meio, onde a superação da crise possa oferecer originalidade na liberdade do vôo. Aqui encontramos o quarto princípio que orienta as pesquisas e a educação fundamentadas na abordagem, ou melhor, no *método* – no sentido amplo dado por Edgar Morin, que chamamos de sociopoética: *considerar a produção artística nos dados de pesquisa, ou nos dados a partir dos quais se desenvolvem os processos educacio-*

nais, como uma potente contribuição na consolidação de uma visão científica do mundo, que não nega os aspectos inconscientes, recalcados de alguns conhecimentos, que devem ser revelados e analisados. Técnicas artísticas de produção de dados favorecem essa emergência de conhecimentos velados, singulares, íntimos, muitas vezes desconhecidos pelos próprios participantes do processo de pesquisa ou educação.

Durante o processo sociopoético, além do cuidado que temos com as múltiplas e heterogêneas referências trazidas pelos membros do grupo pesquisador, observamos *eventos* onde se tecem *interferências,* ou seja, ligações entre conceitos e entre afetos (ou entre essas misturas de afeto e conceito que chamamos de *confetos*), presentes no grupo pesquisador, ou criados por ele. Assim constitui-se o grupo pesquisador em filósofo coletivo, com um pensamento específico – que não é a mera adição das idéias de cada um, mas, sim, um ser complexo que é capaz de gerar conceitos e *confetos* polifônicos, abertos, contribuindo para a vida cognitiva e solicitando a discussão crítica na vida social.

Em um estudo sobre a aproximação do pensamento filosófico de Heidegger e Foucault, Figueiredo (1995) considera que nossa relação com a verdade, que nos permite reconhecermo-nos como sujeitos dos acontecimentos, exige também uma relação no campo do poder, onde somos sujeitos capazes de agir sobre os outros. Nessa dimensão, ele propõe a simbologia de uma "casa", onde é necessário assumir a existência da ética. A nova morada certamente sofre desvios. Para Foucault (1982), as relações entre grupos ou indivíduos trazem o mecanismo de poder, não na mera competitividade ou na defesa dos territórios, mas na presença de um conjunto de ações que induzem às outras ações. Aqui encontramos o quinto e último (mas presente em cada momento da pesquisa ou da educação) princípio da sociopoética, ou seja, o cuidado do grupo pesquisador com o sentido social, político, ético e espiritual em suas atividades. Relações de poder, de saber, de querer são analisadas, visto atravessarem o grupo pesquisador. Além disso, é interrogado o elo que mantemos, no seio do grupo pesquisador, com a Natureza, suas energias e suas formas, e com a Humanidade, em nós e no todo. Não se trata de valorizar religiosamente o Todo, ou a Harmonia, mas de praticar a *escuta sensível* com os nossos parceiros na educação e na pesquisa ambiental.

Os recentes estudos têm demonstrado que a suposição do desequilíbrio, em vez do equilíbrio, tem maior valor analítico-ecológico. Embora muito tempo renegada, a teoria do caos propõe que a irreversibilidade dos sistemas físicos em desequilíbrio tem um papel construtivo na natureza, pois lhe permite a reorganização e a auto-organização espontânea (Prigogine e Stengers, 1997). Portanto, a irreversibilidade e a instabilidade são fontes criadoras de novas formas de organização.

Aventurar-se na EA é correr o risco, encarnando formas simultâneas de liberdade e de desordem, despertando um sentimento de solidão sob a teimosa busca de um alvitre de novos dados ontológicos. Na pesquisa e na educação sociopoéticas, vivenciamos processos de desidentificação, de constituição de "identidades" provisórias e heterogêneas, nós, queremos dizer, todas e todos os membros do grupo pesquisador, por certo os facilitadores da pesquisa ou aprendizagem, e também os possíveis co-pesquisadores, demais membros do grupo, igualmente responsáveis pela pesquisa/aprendizagem. Não se trata de propor uma "Zona Autônoma Temporária" (Bey, 2001), nem de considerar os facilitadores como elites de aspecto hierárquico, mas de evocar o processo de co-educação, de responsabilidades coletivas tecidas nos interstícios e rupturas da arbitrariedade autoritária. Isso coloca a questão importante das *implicações* (e superimplicações) das pessoas na criação dos objetos a serem investigados, da análise crítica dessas implicações – geralmente inconscientes – e do distanciamento das superimplicações.

Já os físicos da física quântica (Heisenberg, Einstein, Bohr) mostraram que nossa posição, nossos instrumentos de percepção e até nossas teorias influem diretamente na constituição dos fenômenos explorados, a tal ponto que é impossível saber nada dos objetos, independentemente do nosso "olhar" experimental e teórico. É necessário que se diga que o paradigma contemporâneo das ciências naturais, em especial o da teoria quântica, tem compreendido a impossibilidade do grupo pesquisador manter-se fora do jogo de sua observação e, neste sentido, toda a interpretação é um trabalho hermenêutico. Há claramente uma substituição do determinismo e a previsibilidade pela probabilidade, embora Einstein tenha afirmado que Deus não jogava dados (Heisenberg, 1995). Todavia, há coisas inquantificáveis na vida e as "qualidades expressam-se por imagens que passam pelo conhecimento mitológico e poético" (Morin, 2000, p.28). O pensamento complexo existe na necessidade que um pensamento satisfaça os vínculos, as interações e as implicações mútuas, os fenômenos multidimensionais, as realidades solidárias e conflituosas, que respeite a diversidade do todo, reconhecendo as partes. Enfim, um pensamento organizador que seja capaz de conceber a relação recíproca do todo com as suas partes.

> Assistimos ao surgimento de uma ciência que não mais se limita a situações simplificadas, mas nos põe diante da complexidade do mundo, uma ciência que permite que se viva a criatividade humana como a expressão singular de um traço fundamental comum a todos os níveis da natureza. (Prigogine, 1996, p.14)

Toda ditadura desemboca em duas formas prediletas de impérios: o monólogo e o mausoléu, ou seja, mordaças e monumentos despóticos. Entretanto, a análise institucional e a esquizoanálise mostraram, após Devereux, que nossas implicações materiais – organizacionais, libidinais, ideológicas e poéticas estão "dobradas dentro" – ou seja, etimologicamente, *im-plicadas* nos objetos de conhecimento de todas as ciências do ser humano e da sociedade. A consideração atenta da heterogeneidade das histórias de vida e das referências cognitivas dos membros do grupo pesquisador facilita a análise crítica coletiva dessas implicações, assim como a vigilância epistemológica com as projeções inconscientes e as cegueiras oriundas das superimplicações (quando o desejo e a potência de agir das pessoas estão agarrados ao objeto): sem a vigilância dos outros, não posso ver minhas próprias costas.

Ao fazer emergir a sociopoética, é importante sublinhar que no processo de pesquisa cooperativa acontecem momentos de questionamento e rupturas, de aproximação com o caos interior de cada um, podendo ir até a crise: a sociopoética não se inscreve no puro recital de poesias românticas para aliviar as dores do coração – muito mais do que isso, ela é um talento metodológico subversivo. Se tiverem momentos de desarmonização dentro das pessoas e dentro do grupo pesquisador, o carinho e a capacidade de sonhar com o outro, de devanear coletivamente, garante a superação das crises, ou seja, a instituição de uma forma prazerosa de revolução, no momento mesmo de criação coletiva de conhecimentos novos, que geralmente liberta "algo" no ser humano em todas as suas formas. Como no movimento surrealista, que vem no sentido político revolucionário, a sociopoética nasce e se concretiza por meio de uma ação sobre a qual se exerce, depois solicita uma nova reflexão (Freire e Shor, 1986). O surrealismo sociopoético amplia as estruturas na ação com uma nova idéia de destino humano, pois requer responsabilidades não-neutras diante dos fatos sociais que perpetuam a injustiça e a exploração desenfreada da natureza. Desafia o racionalismo técnico estrito – envelhecido e reacionário – que hoje não aspira à outra coisa senão à sustentabilidade do *status quo* das relações de poder instituídas no mundo acadêmico. Explicita seus medos, mas ousa ampliar a razão, dando-lhe um *status* específico e não-imperial, para liberar os sentidos, eliminando todo conflito de primazia entre os múltiplos modos existentes do conhecimento.

A proposição que expomos aqui, fazendo emergir uma EA crítica sob uma nova invenção, ou simplesmente uma EA sociopoética, encerra a confiança de que existe um certo ponto do espírito onde a vida e a morte; o real e o imaginário; o passado e o futuro e demais pares binários deixam de ser percebidos contraditoriamente. É uma oposição entre a divisão da razão e da emoção, buscando estabelecer a metamorfose capaz de ousar a transformação. É assim que concebemos a EA, pois nada jamais conseguirá fazer com que ela se desvie da aventura multi e inter-referencial que nela própria habita. Se por um lado isso pode ser uma energia revitalizante de mutação, também implica dizer que não estamos imunes às armadilhas e tentações, já que a EA encerra um espaço híbrido em constante movimento (Sato e Santos, 2003). Em outras palavras, a EA sociopoética pode ser considerada como constitutiva de uma corrente geral de sensibilidade que, ao superar seus limites, embriaga-se pelo princípio do prazer.

A relevância da sociopoética é grande, pois ela insiste na necessidade de mergulhar cada vez mais profundamente no contexto local dos conhecimentos trazidos individualmente pelos membros do grupo pesquisador. Por esse processo de abstração por *supercontextualização* (diferente da forma dominante de abstração no ensino e na pesquisa, que geralmente se realiza por descontextualização, ou seja, ao eliminar as diferenças próprias de uma situação dada, para manter somente as características gerais, comuns a todas as situações), favorecemos o conhecimento específico e a contextualizado de cada objeto de estudo. Este adquire, assim, uma dimensão social, humana, política, ética – ele se transforma em objeto a ser questionado por todos e todas. Não reduzido a uma abstração pobre, conforme as definições do dicionário, e sim complexo, enraizado em contextos plurais, ele chama para o debate político. Isso é uma garantia da cientificidade na área dos conhecimentos do ser humano e da sociedade, enquanto abstrações de tipo matemático e platônico, descontextualizadas e gerais, são obstáculos, tanto ao debate cidadão quanto à criação científica.

A supercontextualização do conhecimento é uma garantia de que os saberes ambientais não sejam reduzidos a abstrações manipuladas pelo poder imperial da falsa democracia do consumo e das representações. A formação sistemática de grupos pesquisadores, entre universidades e comunidades, pode ser a base de uma mudança sociopoética. A universidade é o objeto e a crítica da sociedade, pois, embora congregue jovens e pesquisadores, insiste em segregá-los em departamentos e conhecimentos fragmentados (Paz, 1994; Gutiérrez, 2003). E assim vamos aprendendo que a universidade tem a função de promover o isolamento, em vez de estimular o diálogo. E a secessão vai gerar a palavra proibida na ciência – a palavra maldita: "o prazer" (Paz, 1994, p. 244). Um prazer que ainda revela uma metade obscura dos seres humanos que tem sido humilhada e sepultada pelas regras da lógica científica, mas que revela a arte de apaixonar-se pelo conhecimento. É nossa tarefa inventar um outro sistema de transparências para provocar a aparição da nova linguagem sociopoética, como um movimento capaz de revelar uma realidade anterior às hierarquias, classes, propriedades ou extrema racionalidade. A sociopoética pode ser considerada como uma violenta tentativa de afirmar o dado ontológico para que o mundo não seja habitável somente para os imbecis. É uma espécie de poesia da liberdade e que, para além desta, sempre pedirá o impossível:

> A poesia do corpo que se nega a cair vítima da corrupção da inteligência pura a serviço da emasculação; poesia que enlaça em uma única noite de núpcias a embriaguez e a sobriedade, o sono e a vigília; a cordura e a loucura; a música e o silêncio; poesia que conspira contra a náusea do legado imodificável da condição humana. (Henao, 1999, p. 159)

Ao finalizar este texto, escrito com as tintas verdes de Octavio Paz, não tememos em manifestar que a EA é bilíngüe – ela traz a linguagem científica dos conceitos próxima à linguagem poética do sentido subjetivo. Afinal, "bela é a filosofia que não teme a diferença, nem a contradição; antes, as convoca e as agasalha em sua sombra" (Bosi, 1996, p.47).

NATIVOS DA TERRA

Acordei olhando para o mundo
Achando que não me entende
São meus olhos que me enganam
Acordei e abri de novo
Desta vez com o meu coração
Vi que a cultura é rica em segredos, educação e tradição
Para termos uma idéia
Vamos começar pelo ancião
Com uma sabedoria nata
Que despoja solução
Olhemos para as crianças
Que começam com os pés no chão
Inicia-se uma educação.
Aprendendo também com os animais
Seus estilos e instintos diferentes
Ao se alimentarem e serem ágeis
Fortes, bravos e valentes
Felinos consagrados.
Renasce a semente.
Segue-se à adolescência
A fase da liberdade
Que tem por respeito aos mais velhos
Que considera sábios.
Vem então o casamento
Seus filhos virão a nascer.
Como pais, ganham mais respeito
Então começam a crescer
Também as responsabilidades
Os afazeres que nos fazem alvorecer.
Passando nossos costumes
Ao redor de uma fogueira
Para mais tarde compreender.
Gerações após gerações
Continuamos a viver.
O pajé líder espiritual
Conhecedor dos sentimentos
Faz valer a educação
Em todos, ou um só momento.
O cacique por sua vez
Forma guerreiros conscientes
Bravos e fortes
Para proteger nossa gente.

Temos por natureza
A educação do dia a dia
Que reina em nossas veias
Abraçando alegrias.
Para entendermos o que é a educação indígena
É preciso entender dos valores culturais
Pois as raízes estão presas
Nas terras dos ancestrais.
Educar é vivenciar
Aprender é viver livre, em paz
Os filhos respeitam os pais
Os pais respeitam os avós
Os avós respeitam os antepassados.
E juntos, somos sementes da natureza.
(Lymbo Parigipe s.d.)

NOTA

1. Marcos Terena, em discurso realizado durante a Eco-92 (citado por Alves, 1997, p.360).

REFERÊNCIAS

ALVES, V. Desvelando os segredos de um "programa de índio": investigando a linguagem corporal e lúdica de uma comunidade indígena. In: MATO GROSSO, SEDUC (org.) *Ameríndia: tecendo os caminhos da educação escolar*. Cuiabá: SEDUC-MT, CEI & Coordenação de Assuntos Indígenas, 1997. p.347-370.

BHABHA, H. *O local da cultura*. Belo Horizonte: EdUFMG, 1998.

BEY, H. *Caos - terrorismo poético & outros crimes exemplares*. São Paulo: Conrad, 2003. (Coleção Baderna)

_____ . *Zona autônoma temporária*. São Paulo: Conrad, 2001. (Coleção Baderna)

BOSI, A. *Leitura da poesia*. São Paulo: Ática, 1996.

DELEUZE, G; GUATTARI, F. *Mille plateaux*. Paris: Minuit, 1980.

FIGUEIREDO, L. C. Foucault e Heidegger. *Tempo Social - Revista de Sociologia*, v. 7, n. 1 e 2, p.136-149, 1995.

FOUCAULT, M. Subject and power. In: DREYFUSS, H.; RABINOW, P. *Beyond structuralism and hermeneutics*. Bringhton: The Harvester Press, 1982.

FREIRE, P.; SHOR, I. *Medo e ousadia*. São Paulo: Paz e Terra, 1986.

GAUTHIER, J. *Sociopoética - encontro entre arte, ciência e democracia na pesquisa em ciências humanas e sociais, enfermagem e educação*. Rio de Janeiro: AnnaNery/UFRJ, 1999.

GRAY, A. O impacto da conservação da biodiversidade sobre os povos indígenas. In: SILVA, A.; GRUPIONI, Luis (orgs.). *A temática indígena na escola*. Brasília: MEC & UNESCO, 1995. p.109-124.

GUTIÉRREZ, J. Controvérsias disciplinares e compromissos pendentes na pesquisa contemporânea em educação ambiental. *Revista de Educação Pública*, v.12, n.22, 2003 (no prelo).

HEISENBERG, W. *Física e filosofia*. Brasília: UnB, 1995. 158p.

HENAO, R. Identidade da poesia surrealista latino-americana. In: PONGE, R. (org.) *Surrealismo e o novo mundo*. Porto Alegre: Ed. Universidade/UFRGS, 1999. p.159-161.

LARRAÍN, S.; LEROY, J.P.; NANSEN, K. (Eds.). *Cono sur sustentable: aporte ciudadano a la construcción de sociedades sustentables*. Berlín: Fundación Heinrich Böll, 2002.

LEVINAS, E. Collected philosophical papers. *Reality and its shadow*. Dordrecht: Martinus Nijhoff, 1987. p.1-13.

LIGHTHILL, J. The recently recognised failure of predictability in Newton dynamics. *Proceeding of the Royal Society*, v. A, n.407, p. 35-50, 1986.

LIMA, G. Sustentabilidade e educação: possibilidade e falácias de um discurso. In: *Associação Nacional das Pesquisas em Ciências Ambientais - ANPAS*. São Paulo: USP, 2002 (CD-ROM).

MORIN, E. *Saberes globais e saberes locais: o olhar transdisciplinar*. Rio de Janeiro: Garamond, 2000.

MUÑOZ, H. Política pública y educación indígena escolarizada en América Latina. In: MATO GROSSO, SEDUC (org.) *Ameríndia: tecendo os caminhos da educação escolar*. Cuiabá: SEDUC-MT, CEI & Coordenação de Assuntos Indígenas, 1997. p.35-70.

NEVES, E. Os índios antes de Cabral: arqueologia e história indígena no Brasil. In: SILVA, A.; GRUPIONI, L. (Orgs.). *A temática indígena na escola*. Brasília: MEC & UNESCO, 1995. p.171-192.

NIETZSCHE, F. Humano, demasiado humano - um livro para espíritos livres. In: _____ . *Obras incompletas*. São Paulo: Abril Cultural [Os Pensadores], 1996. p.61-133.

PARIGIPE, L. *Críticas poéticas*. Mímeo (obra em desenvolvimento).

PASSOS, L.A.; SATO, M. Educação ambiental: o currículo nas sendas da fenomenologia merleau-pontyana. In : SAUVÉ, L.; ORELLANA, I.; SATO, M. (orgs.). *Sujets choisis en éducation relative à l'environnement - D'une Amérique à l'autre*. Montréal: ERE-UQAM, 2002. Tome I: p. 129-135.

PAZ, O. *El laberinto de la soledad*. México: Fondo de Cultura Económica, 1994.

PRIGOGINE, I. *O fim das certezas: tempo, caos e as leis da natureza*. São Paulo: UNESP, 1996.

PRIGOGINE, I.; STENGERS, I. *A nova aliança: metamorfose da ciência*. Brasília: UnB, 1997.

SATO, M.; SANTOS, J.E. Metamorfoses ambulantes. In: ALEXANDRE, A. (org.). *Cadernos de Ecologia Política*. Florianópolis: Grupo de Estudos de Ecologia Política, UFSC, 2003 (no prelo).

TAUKANE, D. Professores indígenas: uma sabedoria em re-significar a resistência em movimento? In: MATO GROSSO, SEDUC (org.). *Ameríndia: tecendo os caminhos da educação escolar*. Cuiabá: SEDUC-MT, CEI & Coordenação de Assuntos Indígenas, 1997. p.29-34.

TERENA, M. Idéias sustentáveis. In: MORIN, E. (Coord.). *Saberes globais e saberes locais: o olhar transdisciplinar*. Rio de Janeiro: Garamond, 2000 (participação especial).

WORLD Commission on Development and Environment. *Our Common Future*. Oxford: Oxford University Press, 1987.

WEBLIOGRAFIA

MAGRITTE, René. *Ad perpetuam rei memoriam*. [download] www.surrealism.net. 28/set/00.

7

Interdisciplinaridade e educação ambiental: explorando novos territórios epistêmicos

Edgar González-Gaudiano

INTRODUÇÃO

Tal qual a natureza do currículo, a busca da interdisciplinaridade caracterizou alguns dos principais debates sobre a educação durante grande parte da segunda metade do século XX. A polêmica sobre estes dois importantes temas foi coincidente, já que, se sobre o currículo se discutiu muito em torno de sua composição e integração, na realidade os termos do debate necessariamente derivavam para as relações entre a teoria e a prática e entre a educação e a sociedade. Kemmis (1988, p. 14) nota, a respeito:

> (...) a educação é um terreno prático, socialmente construído, historicamente formado, e seus problemas não são separáveis em, ou reduzíveis a, problemas de aplicação de saberes especializados desenvolvidos pelas disciplinas "paternas", "puras". Mais ainda, se é correta nossa idéia de que a prática do currículo é um processo de representações, formação e transformação da vida social, a prática do currículo nas escolas e a experiência curricular dos estudantes deve ser entendida como totalizadora, de forma sintética e compreensiva, mais que através das estreitas perspectivas das especialidades das disciplinas particulares.

Como se pode ver, estas idéias remetem à interdisciplinaridade, quer dizer, a uma busca de novos sentidos do conhecimento que as disciplinas individuais por si mesmas não estavam em condições de proporcionar. Esta não é uma discussão de tipo "técnico", como muitos autores sobre currículo (Mager, 1962; Popham e Baker, 1970) chegaram a apresentar, isto é, uma perspectiva instrumental que deposita sua confiança na organização dos conteúdos e na necessidade de que a escola responda pontualmente às demandas da estrutura ocupacional.

A discussão sobre a interdisciplinaridade tem outros componentes que convém esclarecer, já que, quando foi legalizada a partir de 1972, em Estocolmo, e, mais tarde, com o início do Programa Internacional de Educação Ambiental (PIEA) (1975-1995), a educação ambiental se viu imersa em uma complexa e intrincada controvérsia que estava ocorrendo no interior do campo educativo em seu conjunto, da qual nunca pôde se abster, nem tampouco se incorporar apropriadamente. Considerei que este "retorno aos básicos" é importante para os fins de um processo de consolidação do campo da educação ambiental e da necessária "fuga para a frente" que se necessita em um momento de profundas tensões. Vejamos.

ALGUMAS ORIGENS E CONCEITOS

Em 1970, celebrou-se, em Nice, o Seminário sobre Interdisciplinaridade organizado pelo Centro para Investigação e Inovação do Ensino (CERI), dependente da Organização para a Cooperação e o Desenvolvimento Econômico (OCDE), e o Ministério Francês de Educação. Dois anos mais tarde, apareceu o informe do seminário, coordenado por Leo Apostel, Guy Berger, Asa Briggs e Guy Michaud, intitulado "Interdisciplinaridade. Problemas do ensino e da pesquisa nas universidades", publicado no México, em idioma espanhol, pela Associação Nacional de Universidades e Instituições de Educação Superior (ANUIES). Não é ocioso dizer que este livro foi emblemático para os especialistas da educação e, embora tenha também recebido críticas (Fallori, 1982), promoveu e organizou, em termos muito distintos, uma preocupação que estava se desenvolvendo há vários anos. No prólogo desta obra, escrito por J. R. Gass, diretor do CERI nesse momento, se diz:

> A "interdisciplina" de hoje é a "disciplina" de amanhã. Realmente, a classificação de conhecimentos conforme uma hierarquia de disciplinas não é senão o reflexo de valores sociais.

Obviamente, o prognóstico do professor Gass não se cumpriu, pelo menos não no lapso destes 30 anos, já que a interdisciplinaridade continua sendo um horizonte de possibilidade dentro da educação, que não conseguiu uma adequada definição no currículo escolar de todos os níveis, além disso a pesquisa sobre o tema foi descontínua. A educação escolar, em seus variados níveis e modalidades, permanece submetida aos ditados e às severas limitações das disciplinas convencionais – e, portanto, a esses valores sociais que Gass menciona –, e embora tenham existido algumas experiências que tentaram construir propostas revolucionárias (isto é, os sistemas modulares), estas não se generalizaram.[1]

Interdisciplinaridade é um conceito polissêmico, mas em geral costuma ser entendido como uma proposta epistemológica que tende a superar a excessiva especialização disciplinar surgida da racionalidade científica moderna. Algumas aproximações tentam incluir outras formas de conhecimento do mundo construídas a partir de paradigmas não-científicos e que, amiúde, costumam ser descartadas, ao serem qualificadas de conhecimento vulgar, saber tradicional, senso comum e outros apelativos invalidadores.

Não é que se imagine a interdisciplina como a pedra filosofal da educação, mas, sim, como a forma de reorganizar o conhecimento para responder melhor aos problemas da sociedade. Parte-se da premissa de que a realidade é divisível desde o teórico, para fins de estudo, mas os diferentes componentes cognitivos que dão origem às diversas disciplinas estão de fato relacionados inexoravelmente. De uma perspectiva política, a interdisciplina questiona as práticas de produção e reprodução do conhecimento, a própria concepção de ciência e sua relação com a Ética e o social, a noção de sujeito epistêmico e, naturalmente, as conseqüências de sua aplicação na natureza e na vida em seu conjunto.

Mas o que a interdisciplina não põe necessariamente em xeque é o fundamento essencialista do qual o discurso científico desfruta no pensamento ocidental. Quer dizer, a relação entre o conhecimento científico, a verdade e a realidade objetiva em oposição àqueles conhecimentos que habitam o território das aparências e apresentam realidades deformadas ou distorcidas. Arditi (1991, p. 134) percebe que "a percepção do saber como *mimesis* do real, isto é, o processo de conhecimento que supõe um sujeito cognoscente que busca 're-presentar o real como tal' no pensamento, esteve em crise desde que foi formulado" por Descartes. Esta busca da essência do real para resguardar a verdade e, portanto, a presunção de que há uma só realidade verdadeira, não é superada com a proposta interdisciplinar, nem com o diálogo de saberes, se não se questiona a pretensão iluminista da busca da unidade do real, de um saber onicompreensivo que pretende explicar a totalidade de fenômenos discretos, para começar a dar conta da diversidade constitutiva do mundo.[2]

O DEBATE INTERNACIONAL

Em Nice, distinguiu-se a idéia de interdisciplina da de multidisciplina, esta entendida como a justaposição de disciplinas e aquela como a integração recíproca de métodos e conceitos de diversas disciplinas. Ainda que isto naturalmente seja mais fácil de estabelecer em termos conceituais que em termos operacionais e que muitas vezes se mencione uma pela outra.[3]

Previamente à realização do Seminário de Nice, fez-se um estudo do qual participaram 14 países, aplicando-se um questionário que se propunha a identificar algumas características das universidades em relação ao tema interdisciplinar. Algumas das conclusões são relevantes para os fins deste trabalho.

Uma delas afirma que "na maioria dos casos, as disciplinas se agrupam em torno de um domínio de estudos, mais que sobre a base da estrutura do conhecimento ou dos algoritmos de aprendizagem".[4] Outra: "Não encontramos nenhuma proposição sistemática que tente determinar o modo como deveria ocorrer a integração nem a ênfase que cada disciplina deveria ter".[5]

As duas conclusões nos remetem ao modo como estão organizados os processos de ensino-aprendizagem e de pesquisa, e um problema que deriva disso é que nos leva a ver que uma ciência não é a mesma coisa que uma disciplina. Apostel (1975), referindo-se às conclusões de H. Heckhausen, descreve:

> (...) o significado da palavra "disciplina" varia de um campo para outro. Às vezes, uma disciplina é definida em relação a seus procedimentos de observação (espectrografia), às vezes, em relação a seus modelos explicativos (física) e, às vezes, em relação a seu objeto (história) (...) a conclusão é óbvia: o campo da educação e da pesquisa não está organizado de uma maneira que possa ter a aprovação de um pesquisador de operações.

E mais adiante, quanto à definição de ciência, Apostel, apoiando-se em M. Boisot, diz que "uma ciência é, depois de tudo, uma estrutura". Lembremos que nestes anos tinha muita força o estruturalismo como referencial filosófico para o estudo do social. A idéia do estruturalismo é abordar as relações entre os fenômenos mais que a natureza dos fenômenos em si mesmos, e os sistemas ou estruturas formados por estas relações constituíam o objeto de estudo.[6] Aplicando esta à definição dada por Boisot e sem entrar nos formalismos sobre rigor e validade, em termos gerais teríamos que entender uma ciência como uma estrutura ou sistema de conhecimentos que guardam entre si relações de tipo distinto e que aspiram a fazer previsões e interpretações sobre certos fenômenos da realidade.

Isso nos leva a outro clássico, o trabalho coordenado por Stanley Elam, publicado em 1973, que leva por título *A educação e a estrutura de conhecimento. Pesquisas sobre o processo da aprendizagem e natureza das disciplinas que integram o currículo*. A obra sustenta-se sobre quatro premissas, assinaladas na introdução escrita por B. Othanel Smith:

- O ensino será mais eficaz se incorporar as formas em que estão relacionados logicamente os elementos do conhecimento.
- O que se aprendeu será retido por mais tempo se for incorporado a uma estrutura cognitiva significante.
- O que se aprendeu se transferirá mais facilmente se estiver integrado em um sistema de conhecimento.
- As categorias do currículo – o que chamamos comumente, em termos convencionais, de cadeiras – devem se relacionar de alguma maneira

com as categorias do conhecimento, já que este pode ser categorizado de forma mais útil no final do ensino.

O livro é muito útil e, embora não aborde especificamente o tema da interdisciplinaridade, estuda a estrutura do conhecimento em diversas áreas de conhecimento, como nas artes, na física e nas ciências sociais. Inicia com um conjunto de interrogações sobre o que diferencia o conhecimento das distintas disciplinas, para afirmar que cada disciplina possui uma estrutura substantiva. Esta estrutura substantiva, diz Schawb (1973), pode ser tão simples como a de um sistema classificador baseado em uma única qualidade visível, e achar-se firmemente encravada na experiência ordinária de uma criança ou ser algo tão complexo como as partículas ondulantes da física moderna e alheio (ou, na realidade, contrário) à experiência ordinária.

Mas as disciplinas também têm, nos diz Schawb, uma estrutura sintática, que remete à forma como cada disciplina define o que constitui uma descoberta ou uma comprovação, os "critérios que emprega para medir a qualidade de seus dados, quão estritamente pode aplicar seus cânones para precisar quais são seus elementos de prova e, em geral, o de determinar a via por meio da qual a disciplina se move a partir de seus dados brutos até suas conclusões".

Ambas as formas estruturais teriam que intervir em uma possibilidade interdisciplinar, buscando criar um modelo distinto para dar significado à experiência. A este respeito, Bruner (1962, p. 120) falava de conceitos organizadores para dar sentido e organizar as relações: "Inventamos conceitos como o de força em física, liga em química, motivos em psicologia, e estilo em literatura, como meios para chegar à compreensão".

A EDUCAÇÃO AMBIENTAL

O momento em que surge a educação ambiental está marcado por todas estas disputas; por isso, e pela necessidade de definir sua identidade frente a outros campos da educação, encontra no conceito de interdisciplinaridade um recurso muito conveniente, mas não se abre a um apropriado debate para lhe dar a especificidade requerida por um campo que se reconhecia como de convergência disciplinar de áreas em conflito epistemológico e socioprofissional: as ciências naturais e as ciências sociais.

No prefácio para o informe da Conferência Intergovernamental de Educação Ambiental realizada em Tbilisi, em 1977, se disse que "a educação ambiental não é uma matéria suplementar que se soma aos programas existentes, exige a interdisciplinaridade, quer dizer, uma cooperação entre as disciplinas tradicionais, indispensável para poder se perceber a complexidade dos problemas do meio ambiente e formular sua solução". Mas, no corpo do documento, que é muito heterogêneo, se diz muito pouco sobre este elemento fundamental da identidade do campo, já que a chamada dimensão ambiental a incorporar no currículo é por definição interdisciplinar.

"Dimensão" foi a expressão empregada quase desde o início para designar como deveria se proceder caso ocorresse a incorporação dos conteúdos, enfoques e perspectivas metodológicas ambientais no currículo. Se as agências responsáveis e as reuniões internacionais não recomendavam que o ambiental fosse expresso no currículo sob a forma de cadeiras ou matérias de ensino, era precisamente porque se sabia que este seria (e assim foi) o recurso mais usado. Temia-se que o manejo nesse aspecto não só fragmentaria o ambiental, como acontece com as demais matérias, como se evitaria a articulação com as diferentes áreas de conhecimento em busca de criar as relações interdisciplinares, que eram consideradas fundamentais para buscar aproximações mais apropriadas à construção de conhecimento e para a aprendizagem do ambiental.

A dimensão ambiental era, pelo contrário, uma proposição que impregnava o currículo em seu conjunto, para tentar fecundar o conteúdo convencional das cadeiras com uma "ambientalização" que, muito freqüentemente, consistia na adição de conteúdos e atividades didáticas sobre algum problema ou fenômeno ambiental. Esta situação ocorria apesar de em Tbilisi se haver insistido que a incorporação da educação ambiental ao sistema escolar, embora estivesse demonstrado que aumentava a adequação e a eficácia dos processos educativos, "não é imediatamente evidente nem espontânea, dado que implica, a prazo mais ou menos longo, uma transformação do paradigma educativo" (UNESCO, 1980, p. 28).

Em Tbilisi foram recuperadas algumas estratégias de desenvolvimento do currículo buscando "compreender, segundo uma perspectiva holística, os diversos aspectos ecológicos, sociais, culturais e econômicos do meio ambiente, quer dizer, os currículos devem ter caráter interdisciplinar". E para consegui-lo se mencionam quatro propostas que podem ser executadas, pois não requerem uma transformação completa dos sistemas de educação (UNESCO, 1980, p. 41).

- Uma primeira aproximação consiste em abordar um problema a partir de uma disciplina que passe a ser a responsável, ou disciplina-piloto. As demais disciplinas intervêm quando for necessário, dedicando parte de seu tempo a estudar os temas apresentados na disciplina-piloto.
- Outro modo de conseguir a interdisciplinaridade é a co-participação, que permite, por exemplo, dois professores ensinarem em uma mesma aula, ou apoiarem-se em especialistas externos.
- Outra fórmula consiste em que alunos e professores disponham de uma tarde por semana para explorar o meio ambiente (cada professor conforme sua especialidade), para informar grupos de alunos (even-

tualmente a cargo de especialistas) ou para entrar em acordo para organizar a aula.
- Mas a forma mais recomendável para introduzir o enfoque interdisciplinar é a técnica do projeto, que consiste em buscar diferentes soluções para problemas de higiene, de alimentação, de contaminação ou de organização de uma zona verde. Cada disciplina não impõe sua linguagem própria, mas contribui para a melhor compreensão dos problemas, e os professores das diferentes disciplinas intervêm a pedido dos grupos de alunos, apoiando-se em assessores externos, voltando-se para problemas específicos de sua comunidade e criando grupos de trabalho dedicados à análise e à ação.

Como podemos ver, cada estratégia implica noções distintas de interdisciplinaridade ou, pelo menos, diferentes níveis de realização da ou de imersão na mesma. Por outro lado, trata-se de recomendações que são mais úteis para a educação fundamental e não tanto para a educação tecnológica e superior. Para estas últimas também foram feitas três sugestões estratégicas (UNESCO, 1980, p. 53-54):

- A primeira possibilidade é introduzir nos programas de formação profissional, ao terminar o ciclo, uma visão geral dos problemas ambientais. Trata-se de dar aos estudantes uma idéia dos problemas ambientais em relação aos processos econômico e social, de fazer com que esses problemas sejam percebidos como pertencentes à sociedade, quer dizer, o político e o normativo desempenham um papel essencial, e, por último, ensinar técnicas básicas que possam contribuir para resolver os principais problemas do país. Este objetivo implica que o resto do programa contenha também uma análise de sistemas e de temas que se aferrem aos problemas da concepção e execução das políticas e estratégias de ação.
- Uma segunda proposição consiste em dedicar o primeiro ano de iniciação geral aos problemas ambientais seguido, durante o ciclo, do estudo de temas facultativos sobre os principais campos ambientais. Esta proposta é recomendável para aquelas instituições organizadas em departamentos e nas quais o sistema administrativo permite aos estudantes optarem livremente por certas matérias durante o desenvolvimento do seu curso. Esta segunda forma de trabalho costuma necessitar de modificações nos programas de estudo.
- A terceira possibilidade implica uma reforma total do currículo, a fim de incorporar de modo funcional um componente relativo ao meio, com características interdisciplinares e centrado em problemas concretos. Seria algo assim como tentar uma formação do tipo da que recebiam os aprendizes no século XIX, seguindo o sistema

de oficina (educação artesanal). Uma educação deste gênero deve conceder um lugar privilegiado aos projetos criativos, à análise de sistemas e ao estudo dos efeitos da ciência e da tecnologia sobre a sociedade.

As três propostas são de ordens qualitativamente distintas com presumíveis implicações muito variadas nos resultados do processo de formação. No final, no princípio ou ao longo e ao largo de todo o programa e sem entrar no resto do documento em uma maior especificidade sobre como fazer o trabalho. Isso suscitou a convocação, com uma perspectiva regional, para se revisar o que se podia fazer nas distintas áreas de conhecimento. Por isso, realizou-se em Bogotá, em 1985, o que se denominou Primeiro Seminário sobre Universidade e Meio Ambiente para a América Latina e o Caribe. A idéia era de diagnosticar o grau de avanço dos problemas ambientais nas universidades da região, intercambiar experiências e discutir conceitos, orientações e critérios sobre a incorporação da dimensão ambiental nas práticas acadêmicas e de pesquisa. Participaram 59 universidades e instituições ambientais de 22 países.

O seminário tratou da incorporação da dimensão ambiental em três áreas socioprofissionais: ciências naturais, ciências sociais e engenharia, embora no informe apareçam também as ciências da saúde por um documento preparado pela OPS. A noção de interdisciplinaridade atravessa as discussões do princípio ao fim, em todas as áreas, mas com aproximações epistemológicas distintas. No documento, afirma-se que a incorporação da dimensão ambiental vai além das possibilidades de introduzir cátedras "interdisciplinares" formadas pela conjunção de saberes e métodos provenientes de diferentes disciplinas e, desde então, já era claro que a área mais resistente para incorporar a dimensão ambiental era a de ciências sociais, pois, dos 33 projetos de pesquisa interdisciplinares registrados nesse momento na região, apenas quatro envolviam as disciplinas sociais.

Do Seminário extraíram-se 95 recomendações para todo o mundo: para as próprias universidades, para a UNESCO e para o PNUMA, para outros organismos internacionais e para os governos da região, em relação aos cursos de pós-graduação, programa de pós-graduação, formação de professores, pesquisadores e profissionais, para os programas de extensão, para a relação entre as universidades e a comunidade, para as áreas temáticas trabalhadas no Seminário, etc. Relendo estas importantes conclusões apresentadas, vejo que, depois de quase 20 anos, muitas delas continuam sendo atuais devido ao precário avanço que se conseguiu no México e na região em seu conjunto. Mas muitas outras recomendações já se materializaram em programas e ações concretas que falam da existência de mais de 1.179 programas acadêmicos em 177 instituições vinculados ao tema ambiental, segundo o informe correspondente publicado pelo Centro de Educação e Capacitação para o Desenvolvimento Sustentável (Cecadesu) (Semarnap-ANUIES, 1997). Além dos novos programas institucionais de caráter mais global, como a Agenda Ambiental na Universidade Autônoma de San Luis Potosí (UASLP), o Acordo Universitário para o Desenvolvimento Sustentável (Acude), na Universidade de Guadalajara, e o próprio Consórcio Mexicano de Programas Ambientais Universitários para o Desenvolvimento Sustentável (Complexus), para mencionar apenas alguns, apesar de ainda não serem muitos.

AS TENDÊNCIAS

Embora a dimensão ambiental e sua pretensão interdisciplinar, apesar dos problemas referidos, tenham encontrado uma boa realização na proposta dos eixos transversais na educação fundamental, na educação superior só os sistemas modulares aproximaram-se de expressões que buscam romper a organização curricular centrada nas disciplinas convencionais. Esta situação não se modificará nem a curto nem a médio prazo. Pelo menos não se vislumbram tendências em tal sentido. De igual modo, nem o interdisciplinar nem o ambiental, traduzido agora para sustentável, serão prioridades de primeira ordem no espaço institucional da educação superior e tecnológica.

Na Conferência Mundial sobre a Educação Superior, realizada na sede da UNESCO em Paris, França, de 4 a 9 de outubro de 1998, foram traçadas algumas das linhas pelas quais se impulsionará este nível educativo, em um futuro próximo. Da conferência Declaração Mundial sobre a Educação Superior no Século XXI: Visão e Ação, detectam-se duas preocupações nodais: a que concerne aos problemas da qualidade da educação em suas diferentes expressões e aos desafios e oportunidades que as tecnologias da informação e da comunicação abrem. Também são feitas observações certeiras sobre os problemas de financiamento, oportunidades de acesso aos estudos e a resposta que se espera das instituições educativas para atender às ingentes e cada vez mais polarizadas necessidades sociais.

As referências ao ambiental, ao sustentável e ao interdisciplinar são muito lacônicas. Diz-se, por exemplo, no artigo 5, relativo à promoção do saber efetuada pela pesquisa nos âmbitos da ciência, da arte e das humanidades, assim como à difusão de seus resultados, que:

a) O progresso do conhecimento por meio da pesquisa é uma função essencial de todos os sistemas de educação superior que têm o dever de promover estudos de pós-graduação. Dever-se-iam se reforçar a inovação, *a interdisciplinaridade e a transdisciplinaridade* nos programas, baseando as orientações a longo prazo nos objetivos e nas necessidades sociais e culturais. Dever-se-ia estabelecer um equilíbrio adequado entre a pesquisa básica e a voltada para objetivos específicos...

Também no artigo 6, relacionado com a orientação a longo prazo baseada na pertinência, diz:

a) A pertinência da educação superior deve ser avaliada em função da adequação entre o que a sociedade espera das instituições e o que estas fazem. Isso requer normas éticas, imparcialidade política, capacidade crítica e, ao mesmo tempo, uma melhor articulação com os problemas da sociedade e do mundo do trabalho, baseando as orientações a longo prazo em objetivos e necessidades societais, compreendidos o *respeito às culturas e a proteção ao meio ambiente*. O objetivo é facilitar o acesso a uma educação geral ampla, e também a uma educação especializada e para determinados cursos, *amiúde interdisciplinar*, centrada em competências e atitudes, pois ambas preparam os indivíduos para viver em situações diversas e poder mudar de atividade.
b) A educação superior deve reforçar suas funções de serviço para a sociedade e, mais especificamente, suas atividades voltadas para a erradicação da pobreza, da intolerância, da violência, do analfabetismo, da fome, *da deterioração do meio ambiente* e das doenças, principalmente mediante *uma proposição interdisciplinar e transdisciplinar* para analisar os problemas e as questões apresentadas...

Por último, no Capítulo II, referente às ações prioritárias e, mais especificamente, no artigo 6, no momento de determinar as prioridades em seus programas e estruturas, os estabelecimentos de educação superior deverão:

a) Levar em conta o respeito pela ética, pelo rigor científico e intelectual e *o enfoque interdisciplinar e transdiciplinar*.
b) (...)
c) Fazer uso de sua autonomia e de sua grande competência para *contribuir para o desenvolvimento sustentável da sociedade* e para resolver os problemas mais importantes que a sociedade do futuro enfrentará. Deverão desenvolver sua capacidade de previsão mediante a análise das tendências sociais, econômicas e políticas que forem surgindo, abordadas com um *enfoque multidisciplinar e transdisciplinar*, prestando particular atenção a:
   • Uma alta qualidade e uma clara consciência da pertinência social dos estudos e de sua função de antecipação, sobre bases científicas.
   • O conhecimento das questões fundamentais, em particular as que guardam relação com a eliminação da pobreza, *o desenvolvimento sustentável*, o diálogo intercultural e a construção de uma cultura de paz (...).

Estas são praticamente todas as alusões a nossos temas. Há mais uma em que se continua apelando para o enfoque inter e transdisciplinar e uma sobre como a UNESCO deve reforçar a cooperação internacional e ressaltar uma série de coisas, entre elas o desenvolvimento sustentável.

Por outro lado, já no que se refere ao Plano de Instrumentação da Agenda 21, aprovado na Cúpula Mundial para o Desenvolvimento Sustentável, realizada em Johannesburgo, África do Sul, em 2002, há dois artigos que tocam na educação superior especificamente, porque há muitas menções a questões relacionadas à pesquisa em ciência e tecnologias apropriadas e ao fortalecimento do desenvolvimento comunitário e da participação social, sendo que nisso tudo as instituições de educação superior desempenham um papel fundamental, embora não se diga:

> 114. Integrar o desenvolvimento sustentável nos sistemas de educação em todos os níveis, a fim de promover a educação como agente-chave para a mudança.
>
> 117. Apoiar o uso da educação para promover o desenvolvimento sustentável, mediante ações urgentes em todos os níveis para:
>
> (a) Integrar as tecnologias de informação e comunicação no desenvolvimento do currículo escolar para assegurar sua disponibilidade tanto para comunidades rurais como urbanas, e prestar assistência particularmente a países em desenvolvimento para, entre outras coisas, criar as condições propícias necessárias para aplicar a dita tecnologia.
>
> (b) Promover, conforme proceda, um maior acesso, em condições exeqüíveis, a programas para estudantes, pesquisadores e engenheiros dos países em desenvolvimento, nas universidades e institutos de pesquisa de países desenvolvidos, a fim de desenvolver o intercâmbio de experiências e a capacidade que beneficie todas as partes.

Como se pode ver, é pouco o que se pode esperar das resoluções destas reuniões de cúpula, se bem que se percebam algumas possíveis linhas de trabalho que são potencialmente muito favoráveis.

Queira-se ou não, o tema da interdisciplinaridade permanecerá articulado ao do meio ambiente e ao da sustentabilidade por um longo tempo, já que continua sendo a melhor estratégia proposta para encontrar respostas mais integradas para estes campos que não se identificam com nenhuma disciplina em particular, mas com suas múltiplas interações.

INTERDISCIPLINARIDADE E COMPLEXIDADE

No momento atual, no entanto, a noção de interdisciplina está começando a ser deslocada para a de complexidade, se bem que esta é ainda mais imprecisa cada vez que é vista a partir de várias escolas de pensamento, e freqüentemente, do senso comum, entende-se como complicação. Agora falamos de pensamento complexo para nos referirmos à outra problematização, construção e delimitação dos objetos de estudo e de enfoques ou a aproximações metodológicas interdisciplinares para sua abordagem. Floriani (2000, p. 33) estabelece:

> O complexo é aquilo que é *tecido* juntamente, elementos heterogêneos inseparavelmente associados, paradoxo do uno e do múltiplo. Tecido de eventos, ações, interações, retroações, determinações e acasos do mundo fenomenal. A desordem faz parte da ordem. A ciência clássica, ao descartar o incerto, o imponderável, o ambíguo, reteve a ordem, simplificando a realidade ao extremo.

O pensamento complexo representa uma das mais recentes contribuições para a reformulação das fronteiras e dos objetos de estudo das disciplinas científicas. Numerosos cientistas e filósofos (Morin, Prigogine, Rorty, Laclau, Derrida, Capra) contribuíram para uma rápida expansão do estudo e da reflexão sobre os sistemas complexos – e estes atravessam, realmente, o espaço epistêmico em seu conjunto. O pensamento complexo destruiu os mitos da acumulação progressiva e depurada do conhecimento científico, da inviolabilidade do sujeito humano, da ordem logocêntrica do mundo e das verdades universais (González-Gaudiano, 2000, p. 23).

Mas se a interdisciplinaridade encontra-se ainda longe de se materializar em extensas propostas curriculares que transformem o positivismo imperante na organização do conhecimento escolar (fora os casos excepcionais que por isso mesmo são excepcionais), a complexidade é vislumbrada apenas como um horizonte de possibilidade para se construir novos territórios do pensamento e da ação crítica, não só do ambiental como de todas as esferas do conhecimento.

CONCLUSÕES

No campo da educação superior, a incorporação da dimensão ambiental implica uma tarefa ainda pendente, apesar de o debate se prolongar há mais de três décadas. As possibilidades de incorporação dependem de um conjunto de fatores próprios da construção do campo do interdisciplinar, dos pontos de vista teórico e metodológico; no entanto, também intervêm diversos elementos de natureza institucional que resistem a assumir uma noção que modifica substancialmente o equilíbrio de forças no interior dos cursos e altera qualitativamente seus objetos de estudo. Quer dizer, ameaça o *status quo*.

Apesar disto tudo, a dimensão ambiental tem avançado. A Declaração de Talloires, França, emanada de uma conferência internacional realizada em

1990, deu oportunidade a numerosas iniciativas posteriores. Esta declaração pioneira, que promove a sustentabilidade ambiental na educação superior, consiste em um plano de ação, com 10 pontos, que incorpora a sustentabilidade e a alfabetização ambiental no ensino, na pesquisa, na operação e nos resultados das universidades. Foi assinada por mais de 275 reitores de universidades de cerca de 40 países.

A partir daqui várias outras reuniões fizeram significativas contribuições. Uma das mais importantes foi a realizada em fevereiro de 1994, quando a Universidade de Yale sediou uma conferência chamada *Campus Earth Summit*, que convocou aproximadamente 400 participantes de 22 países e dos 50 estados da União Americana. O documento resultante foi intitulado *Blueprint for a Green Campus* e consiste em um conjunto de diretrizes para enverdecer os *campi* universitários. Recomenda incorporar a dimensão ambiental em todas as disciplinas relevantes, transformando os *campi* em exemplos de comportamento ambiental quanto à redução de lixo, ao manejo eficiente da energia e ao modelo sustentável, a políticas de compras ambientalmente amigáveis e ao apoio àqueles estudantes que queiram se formar nestas áreas. Estas diretrizes começaram a ter expressão em várias universidades e instituições de educação superior no México e, principalmente, no Plano de Ação para o Desenvolvimento Sustentável na Educação Superior, formulado pela ANUIES e Secretaria do Meio Ambiente, Recursos Naturais e Pesca (Semarnap).

Por último, em fevereiro de 1995, uma oficina sobre os "Princípios da Sustentabilidade na Educação Superior", que ocorreu em Essex, Massachussetts, reuniu 32 educadores e profissionais com experiência ambiental para discutir o papel da educação superior na mudança para uma sociedade sustentável, os problemas atuais da educação e as estratégias de contribuição para alcançar as proposições da Declaração de Talloires. As conclusões da oficina deram origem ao que se chamou o Informe Essex, o qual nos proporciona uma explicação sucinta do que implica para a educação superior pôr em ação o Capítulo 36 da Agenda 21. O informe também enfatiza a importância de novos enfoques pedagógicos, incluindo os sistemas de pensamento; expõe os temas de eqüidade e justiça e melhora as estratégias para a aprendizagem interdisciplinar e para aprender fazendo.

Mesmo que pareça curioso e, até um contra-senso, o "retorno aos básicos" no campo da educação e, poderíamos dizer, no das ciências sociais em seu conjunto, é, às vezes, a maneira mais efetiva de acelerar o passo. Tomara que assim seja!

NOTAS

1. O planejamento curricular sob o sistema modular na educação superior no México representou uma das experiências de inovação mais radicais da década de 1970.

Gravitou em torno de duas propostas fundamentais. Uma radical, promovida pela Universidade Autônoma Metropolitana Unidade Xochimilco, que organizou os módulos (unidades de ensino-aprendizagem) no que se denominou "Objetos de transformação", e outra, mais apegada às diretrizes da Tecnologia Educativa, em voga nesse momento, que construiu os módulos a partir de "Funções Profissionais". Ambas as propostas enfrentaram, durante longo tempo, o problema da falta de formação docente no sistema modular.
2. Para ver uma crítica à postura essencialista na educação ambiental, ver González-Gaudiano (1998).
3. No informe do Seminário de Nice, Pierre Duguet, no tópico "Aproximação aos problemas", nota que dizer que uma universidade é pluridisciplinar é tautológico se nos ativermos ao conceito semântico de universidade.
4. Em uma escola de engenharia, por exemplo, aparecem "a matemática, a física, a engenharia (...); se se trata de medicina, encontra-se outra constelação, mas tão clássica como a anterior" (Berger, p. 28).
5. "O problema é manejado separadamente em cada caso com base na prática empírica e parece se organizar em torno de disciplinas dominantes. Em alguns casos, a disciplina dominante é constituída pelo campo de atividades ou o problema social ou técnico que vai se resolver; em outros, pode se falar de uma disciplina dominante e de ciências ou de conhecimentos auxiliares" (Berger, p. 29).
6. Isto se aplicava às diferentes áreas; assim surgiu, por exemplo, a lingüística estrutural (Lévi-Strauss), o estruturalismo filosófico (Althusser) e o estrutural-funcionalismo (Talcoott Parsons).

REFERÊNCIAS

APOSTEL, L. et al. *Interdisciplinariedad. Problemas de la enseñanza y de la investigación en las universidades*. México: ANUIES, 1975. (Biblioteca de la Educación Superior.)

ARDITI, B. *Conceptos. Ensayos sobre teoría política, democracia y filosofía*. Asunción-Paraguay: Centro de Documentación y Estudios (CDE) y RP Ediciones, 1991. 188p.

BRUNER, J.S. *On Knowing*. Cambridge: Mass., Harvard University Press, 1962.

ELAM, S. (Comp.). *La educación y la estructura del conocimiento. Investigaciones sobre el proceso del aprendizaje y la naturaleza de las disciplinas que integran el currículo*. Buenos Aires : El Ateneo, 1973. (Biblioteca Nuevas Orientaciones de la Educación.)

FLORIANI, D. Diálogos interdisciplinares para uma agenda socioambiental: breve inventário do debate sobre ciência, sociedade e natureza. In: *Desenvolvimiento e meio ambiente: teoria e metodologia em meio ambiente e desenvolvimento*. Curitiba-Paraná, UFPR, 2000. n.1.

FOLLARI, R. *Interdisciplinariedad: los avatares de la ideología*. México: UAM-Azcapotzalco, 1982.

GONZÁLEZ-GAUDIANO, E. *Centro y periferia de la educación ambiental: Un enfoque antiesencialista*. México: Mundi Prensa, 1998. 89p.

_____ . Complejidad en educación ambiental. *Tópicos en Educación Ambiental*, v. 2, n.4, p.21-32, 2000.

KEMMIS, S. *El currículo: más allá de la teoría de la reproducción*. Tr. Pablo Manzano. Madrid: Morata, 1988. 175p.

MAGER, R. F. *Formulación operativa de objetivos didácticos*. Madrid: Marova, 1977.

POPHAM, W. J.; BAKER, E. L. *Systematic instruction*. Englewood Cliffs, N. J.: Prentice Hall, 1970.

SCHAWB, J.J. Problemas, tópicos y puntos de discusión. In: ELAM, S. (Org.) *La educación y la estructura de conocimiento. Investigaciones sobre el proceso del aprendizaje y la naturaleza de las disciplinas que integran el currículum*. Buenos Aires: El Ateneo, 1973. p.1-38, 271p.

SEMARNAP-ANUIES. *Directorio. Programas académicos nacionales de educación superior en medio ambiente, recursos naturales y pesca*. México: Semarnap, 1997. 219p.

UNESCO. *La educación ambiental. Las grandes orientaciones de la Conferencia de Tbilisi*. Paris: UNESCO, 1980.

UNESCO-PNUMA. *Universidad y medio ambiente en América Latina y el Caribe. Seminario de Bogotá*. Bogotá: Instituto Colombiano para el Fomento de la Educación Superior-Red de Formación Ambiental para América Latina y el Caribe, 1985.

8
A pesquisa em história oral e a produção de conhecimento em educação ambiental

Aloísio Ruscheinsky

> Fazer pesquisa é caminhar do conhecido para o desconhecido.
> Fazer pesquisa é revelar uma realidade.
> O desafio maior para o pesquisador não é descrever, mas compreender.
> (Hanna Arendt)

Para tratar do relacionamento entre pesquisa e a construção do conhecimento podemos adotar os parâmetros do texto de Hanna Arendt transcrito acima. Todo pesquisador defronta-se com este triplo desafio: a realidade inexaurível, a limitação do olhar e a descoberta de significados atribuídos ao real. Além do mais, da mesma autora, trazemos uma referência a um texto maravilhoso, no qual ela sintetiza o nexo entre prática social e representação social, ao afirmar que todo ser humano na ação e no discurso mostra-se como é e desvela ativamente sua identidade pessoal e singular. Neste sentido, cabe traçar uma íntima conexão entre história oral, discurso e ação.

O presente capítulo pretende visualizar um caminho que leve pelas sendas da investigação em ciências sociais por meio de uma metodologia peculiar rumo ao conhecimento e que ao mesmo tempo se traduza em benefício da Educação Ambiental. O percurso intelectual do conhecimento tende a ser penoso, especialmente porque a realidade opaca insiste em permanecer complexa, desafiando a vocação obstinada de desvendar o real. Neste sentido, propõe-se a discorrer sobre a contribuição da metodologia de história oral, no âmbito da pesquisa social, para o processo de construção do conhecimento e com o intuito de subsidiar experiências em Educação Ambiental.

Na constituição das ciências sociais, existe uma longa trajetória de aprendizado e de discussões que vieram consolidar os meandros da pesquisa qualitativa: seus aportes teóricos e filosóficos, suas abordagens, seus olhares, suas metodologias, seus instrumentos de pesquisa. Por certo, nos limites do presente texto, não teremos oportunidade para resgatar este percurso em sua riqueza e profundidade, uma vez que este horizonte se apresenta povoado por múltiplas constelações de autores. Cada um deles com suas idéias e arcabouços teóricos surpreendentes sobre o fazer pesquisa e, conseqüentemente, a produção de conhecimento sobre a sociedade e as relações com a natureza.

Com freqüência uma pesquisa responde a uma necessidade institucional e, ao mesmo tempo, atende à perspectiva de um setor social. Este último muitas vezes não possui as ferramentas ou as mediações, nem de pesquisa, nem de produção do conhecimento com visibilidade social ou legitimidade na esfera de decisão política.

Aliado à vontade de pesquisar, como processo para compreender o real, procurei me inteirar dos diversos enfoques. Nesta dedicação à temática da pesquisa iniciou-se uma parte importante da minha vida profissional e a curiosidade em experimentar as dimensões das diversas metodologias de investigação. Uma das veias empreendidas relaciona-se em específico à metodologia de história oral, considerando-se os espaços socioeducativos, os grupos e os núcleos de pesquisa existentes e a vigência de espaços de aprendizagem como suporte de pesquisa.

O desenvolvimento da pesquisa qualitativa pode conjugar duas áreas que confluem, patrimônio cultural e educação ambiental. Nesta conjunção há que se reconhecer os agentes constituintes do espaço social, assim como a ênfase visando construir os alicerces para uma sociedade sustentável. Da mesma forma, entre outros aspectos, a conjunção alicerça uma investigação sobre as oportunidades futuras destes agentes culturais na árdua tarefa da educação ambiental.

A presente reflexão pretende abordar, de um lado, a contribuição oferecida pela metodologia da história oral, aos estudos acadêmicos em curso e vindouros, para produção de novos conhecimentos e, de outro, subsidiar as orientações dos múltiplos setores profissionais que se dedicam à causa ambiental. No âmbito da Educação Ambiental, múltiplos trabalhos acadêmicos têm sido realizados com o intuito de destacar as representações sociais ou as concepções de determinados setores sociais. Entretanto, reduzidas têm sido as publicações relacionando estas pesquisas com o uso da metodologia que permite obter relatos fantásticos a partir da história oral. Em outras áreas do conhecimento há publicações referenciando o uso desta metodologia com muitos resultados positivos em pesquisas de campo.

As atividades de muitos profissionais na área de Educação Ambiental encontram-se alicerçadas na prática pela metodologia da história oral, isto porque o reconhecimento de sujeitos requer que o profissional percorra os principais fatos da vida individual e social, bem como tente compreender o horizonte de vida, o significado atribuído aos fenômenos sociais e ambientais pelos setores populacionais em atendimento.

DESVELAR O REAL A PARTIR DA PESQUISA

Se os educadores ambientais possuem uma prática social que transita entre demandas, carências e aspirações a novos direitos, podem conhecê-las, identificá-las desde que estejam realmente escutando o que o outro tem a dizer.

Fundamentado em tal perspectiva, identifico uma questão que se coloca como sociológica por se tratar de uma investigação que contempla a relação entre duas variáveis, ou seja, a metodologia de história oral e a contribuição dada à produção de conhecimento em Educação Ambiental. Cabe esclarecer que o problema em pesquisa social não significa formular necessariamente um discurso com uma pergunta, mas, antes, formular uma questão que não se encontra suficientemente esclarecida. Uma distinção há que ser feita ao início de toda formulação da questão da investigação: refere-se à distinção entre problema social ou ambiental e problema sociológico.

Em outros termos, cabe salientar que todo problema ambiental é uma questão passível de estudos sociológicos, se adequadamente formulada como tal, mas nem todo problema sociológico é um problema ambiental ou social. Pode-se entender como um problema social algo que incomoda, perturba, aflige a vida de uma sociedade ou de setores dela, de tal forma que se perceba sob um dos olhares, entre os múltiplos, a necessidade de se encontrar uma solução. O problema sociológico, em contraposição, constitui-se por meio de uma pergunta que se propõe ao se iniciar uma pesquisa, pela qual se indaga que relação existe entre duas ou mais variáveis. Melhor ainda, o sociólogo interroga-se sobre os nexos e as redes que conformam a complexidade do social. Assim, pode-se investigar qualquer objeto de estudo para o qual a curiosidade do pesquisador seja despertada. A bem da verdade, um problema social pode-se transformar em problema sociológico, desde que algum pesquisador se disponha a fazer um estudo, que pode ter em vista descobrir as causas e as conseqüências identificando qual, entre diversas alternativas, levaria à sua solução com mais eficácia e menor custo para os interesses em conflito no bojo das relações sociais.

Pesquisar refere-se ao intuito de desenvolver uma atividade – cuja preocupação com o processo é maior do que com o produto –, recebendo a marca dos condicionantes sociais vigentes, com objetivos propostos, com metas a alcançar. Caracteriza-se por uma investigação sobre questões ou focos de interesse relativamente amplos; os seus passos estão manifestos em procedimentos, interações cotidianas.

No decorrer do processo de investigação, à medida que a curiosidade vai trazendo à tona aspectos velados, o olhar se desenvolve e torna-se mais direto e específico, determinado por um problema. Várias são as razões para determinar uma pesquisa, podendo-se dividi-la em dois grandes grupos: os de razões intelectuais e os de ordem das práticas sociais. No universo da pesquisa se destacam o princípio educativo e os procedimentos científicos.

A pesquisa em educação ambiental consiste em um inquérito sobre um fenômeno socioambiental ou exame cuidadoso para descobrir novas informações ou relações, possibilitando ampliar e verificar o conhecimento existente. A investigação é requerida quando não se dispõe de informação suficiente para responder ao problema ou quando a informação disponível está em tal estado de desordem, que não pode ser adequadamente relacionada ao problema. A pesquisa é importante por duas razões principais: pelo fato de proporcionar a ampliação do horizonte da visão de mundo ou propiciar o alargamento do campo de visibilidade das relações entre sociedade e natureza e por oferecer respostas significativas ante a angústia para a solução dos problemas na ordem prática.

É usual falar em pesquisa mencionando-a como simples coleta de dados ou retomar o que outros autores já afirmaram; no entanto, a pesquisa científica pode ser entendida como forma de observar, verificar, explanar, aprofundar o olhar em relação a fatos sobre os quais se necessita ampliar a compreensão existente.

Há controvérsias a respeito das metas a serem cumpridas pela pesquisa. Para Gatti (1998), o grande objetivo da pesquisa tem sido responder aos problemas emergentes no conhecimento humano, compreendendo-os e situando-os no contexto histórico. Para outros, preferencialmente deve identificar e formular possíveis soluções aos problemas atuais e os que ainda estão por vir, antecipando desta forma respostas para solucioná-los ou minimizá-los. Para ambas, pressupõe-se uma política de fomento dos órgãos que estimulam e apóiam pesquisas, constância e continuidade no trabalho e pesquisadores dedicados a temas preferenciais, caracterizando uma certa especificidade em sua contribuição ao conhecimento científico.

A pesquisa requer efetivamente um procedimento formal, um rigor metodológico com pensamento reflexivo, que exige um tratamento cuidadoso de informações e se constitui no caminho para se conhecer a realidade ou para se desvelarem aspectos parciais.

Como procedimento exploratório/investigativo, o estudo de caso propõe uma busca dos significados atribuídos e não apenas uma verificação de informações, permitindo apreender as dimensões do problema sob mais de um olhar. Todavia, novas pesquisas se fazem necessárias para demonstrar a contribuição oferecida pela metodologia da história oral aos estudos para a produção de conhecimento do meio ambiente, em específico a serviço das orientações à categoria dos educadores ambientais. Os diferentes traços da prática social dos educadores vinculam o caráter técnico que investiga a realidade, o aspecto político de projetar o sonho de uma outra sociedade e o caráter lógico apoiado em referenciais teóricos.

Tendo em vista que o estudo de caso se inicia como um plano muito incipiente e que à medida que avança se delineia mais claramente, é importante que algumas questões ou pontos críticos sejam explicitados, reformulados ou abandonados, ao se mostrarem mais ou menos relevantes na situação estudada. No percurso investigativo é fundamental situar de forma adequada os procedimentos para o estudo em questão, considerando a relação entre a coleta de dados e a análise dos mesmos, entre a compreensão e a explicação dos fatos investigados.

Alguns passos fazem-se necessários no procedimento da investigação. A fase exploratória (primeiro momento) é fundamental para uma definição precisa do objeto de estudo. É o momento de especificar as questões fundamentais como guia, de estabelecer os contatos iniciais para entrada em campo, de localizar os informantes, criando um clima de empatia ou proximidade. É tempo de verificar as fontes de dados necessários para o estudo ou pontos críticos que desafiam a atividade de pesquisa. Na seqüência, a delimitação refere-se à identificação de elementos-chave e aos contornos aproximados do problema, selecionando os aspectos mais relevantes e a determinação do recorte que mostrará o perfil da situação em estudo.

Ainda na fase exploratória surge a necessidade de juntar as informações, é essencial que as informações orais, escritas, filmadas ou gravadas, sejam documentadas por meio de um trabalho rigoroso. Na seqüência caberá analisá-las de maneira consistente, segundo critérios predefinidos, a fim de se constituírem em dados comprovativos, conformando-se uma análise teórico/reflexiva do caso. "Evidentemente, essas fases não se completam em uma seqüência linear, mas se interpolam em vários momentos, sugerindo apenas um movimento constante no confronto teoria-empirismo" (Lüdke e André, 1986, p. 22).

A construção do relatório final da pesquisa qualitativa será, provavelmente, um retrato descritivo do fenômeno observado, possivelmente ainda suscetível a numerosos diálogos. Assim, a aglomeração de dados, a análise sistemática, a interpretação e a redação deverão apresentar os múltiplos aspectos envolvendo o problema e suas relevâncias, situando-o no contexto em que ocorre.

UMA PRIMEIRA APROXIMAÇÃO: COMPASSOS

A pesquisa como procedimento de análise científica e processo de conhecimento no campo da Educação Ambiental subsidia os profissionais para uma ação mais qualificada junto à realidade humana, ambiental e social. Veja o leitor que aqui evito propositalmente o termo *intervenção* ao tratar das experiências de Educação Ambiental, muito menos será apropriado ao desenvolvimento de atividades de pesquisa.

A investigação como instrumento possibilita conhecer um dado problema socioambiental construindo e desconstruindo a questão proposta à pesquisa, cujos resultados ao mesmo tempo se apresentam como instrumento para propor alternativas de ações sociopolíticas, por vezes com diferentes finalidades. De um ponto de vista ético, a metodologia da pesquisa deve considerar a singularidade dos sujeitos envolvidos, reconhecendo-os como peculiares, permitindo que revelem sua experiência social e seu nexo com o meio ambiente.

Se consideramos sujeitos os entrevistados, então haveremos de compreendê-los como construtores de seu modo de vida. Conhecer o assunto sobre o qual versa a entrevista com o interlocutor é uma condição basilar para o sucesso da coleta de informações, inclusive para formular novas e pertinentes questões no percurso. A isto Thompson acrescenta algumas qualidades: "interesse e respeito pelos outros e flexibilidade nas reações em relação a eles; capacidade de demonstrar compreensão e simpatia pela opinião deles; e, acima de tudo, disposição para ficar calado e escutar" (Thompson, 1992, p.254).

O contato direto com a população-alvo envolve conhecer seus sentimentos, seus valores, seus olhares e suas práticas sociais, e também a forma como rebatem os acontecimentos ou são absorvidos por eles. O uso da história oral possibilita conhecer fatos corriqueiros do cotidiano, leituras precárias ou peculiares, além de sua origem e desenvolvimento. Todavia, seria um equívoco se não os relacionássemos a contextos maiores. Neste sentido, a pesquisa com a metodologia de história oral atribui importância ao sujeito da pesquisa, sujeito da história, que, entre possibilidades e limites, se apresenta construtor de seu destino.

Ao que tudo indica entre os intentos fundamentais da história oral encontramos a possibilidade de detectar o significado vital atribuído pelo narrador aos fenômenos abordados. Neste sentido, a metodologia da história oral dá conta de um dos postulados de promoção da cidadania, a partir da própria metodologia do trabalho profissional do educador ambiental.

A procura dos significados relativos ao objeto de estudo através da história de vida, de relatos ou de depoimentos, possibilita o encontro entre seres humanos, reconstruindo histórias, situações, acontecimentos, subsidiados pela voz do outro, possibilitando a recuperação e a apresentação da condição humana dos envolvidos neste fazer. Trata-se de apreender as relações sociais por fontes orais, não apenas atendo-se aos conhecimentos dos fatos, mas olhando em derredor e vinculando o fato narrado ao contexto social. O ato investigativo é construtor de sua própria viagem, ou seja, um percurso a partir do conhecimento da microrrealidade à totalidade social, da conjuntura à estrutura. Neste sentido, concordamos com a exposição de Gatti (1998).

> A metodologia é uma orientação, um guia à medida que nós vamos levantando e investigando os dados e vai se olhando para aquilo que vai acontecendo, muitas vezes se torna necessário mudar de rumo no meio do caminho ou introduzir uma nova variável na investigação ou introduzir um novo tipo de pergunta, ou até redirigir todo o processo de investigação. Nesse sentido, é importante a flexibilidade, a capacidade de combinar formas metodológicas, como o uso da metodologia quantitativa aliada à qualitativa.

A pesquisa qualitativa frente a um problema pode requerer que se formule uma seqüência de passos que representem uma aproximação progressiva: percepção preliminar de um fenômeno social; isolamento de casos ou observação de seqüências, testemunhos, contextos; seleção de casos especiais para observar, entrevistar, registrar para determinar padrões, selecionar, classificar; triangular, validar, interpretar; se preciso for, efetuar novas incursões com outros relatórios; apresentação do produto com as qualidades de compreensão com ênfase em particularidades, um conhecimento experimental em cujo bojo se permitam as devidas ou respectivas generalizações.

Existem diversas formas de denominação para as fontes orais que podem se apresentar como histórias de vida, relatos de vida e depoimentos. As duas primeiras formas referem-se a situações em que o próprio narrador referencia sua vida e experiência. O relato oral de vida é uma forma menos ampla e livre, apesar da liberdade dada ao narrador para expor determinados aspectos, solicita-se, porém, que o mesmo dirija seu relato aos interesses do pesquisador.

Desta forma, o processo seletivo é maior, envolvendo narrador e pesquisador, atuando ambos na própria condução da entrevista. O depoimento oral é uma forma mais diversa das outras apresentadas, pois o narrador informa fatos presenciados por ele ou informações que detém sobre situações. Busca-se obter dados informativos e factuais, por meio de referências mais diretas ao objeto estudado. No depoimento, o narrador presta testemunho de sua vivência em determinadas situações ou de sua participação em determinadas instituições que o pesquisador queira estudar.

Os pesquisadores trabalham com a técnica da triangulação quando combinam técnicas diferenciadas, de acordo com as circunstâncias, valendo-se da observação participante, da visita, da entrevista, do recurso da imagem, de fontes impressas, entre outros, que revelem aspectos fundamentais para o sujeito e para a pesquisa.

Ao utilizar os instrumentos de pesquisa nos moldes sociológicos, Thompson compreendeu a relevância da memória dos sujeitos, muitas vezes anônimos, e também como a narrativa peculiar pode ser uma alternativa para a história social. Os subterrâneos a que foram submetidas e relegadas as questões ambientais podem ser desmanchados pela metodologia em destaque.

Os compassos de investigação do educador ambiental, ao gerar uma mudança de enfoque e tentar empreender estudos convincentes, devem ultrapassar os limites confinados às categorias sociais que mereceram publicidade, como ONGs e outros ambientalistas. Há que se aperfeiçoar áreas secretas, que efetivamente são obscurecidas pela mercantilização e pela dependência emocional da sociedade de consumo. O processo de escrever a história de uma forma diferente muda juntamente com o conteúdo (Thompson, 1992). A partir daí há que se questionar também a ótica intervencionista ou iluminista de muitas ações voltadas à educação ambiental.

ASPECTOS DA METODOLOGIA DE HISTÓRIA ORAL

> As opiniões colhidas pelos sociólogos são opiniões de sujeitos (atores), mas estes sujeitos são tratados como objetos. (Agnes Heller)

O uso da metodologia da história oral tem como base um projeto de pesquisa com objetivos de trabalho que orientem este fazer: a escolha do roteiro, a seleção dos sujeitos, a eleição dos procedimentos das entrevistas, as formas de apresentá-las e a edição do texto visando ou não à publicação.

Se partirmos do pressuposto de que a história oral funda uma metodologia de pesquisa, faz-se necessário haver questões, perguntas, que justifiquem o desenvolvimento de uma investigação. A história oral só começa a participar dessa formulação no momento em que se determina a abordagem do objeto em questão: como serão trabalhadas as interrogações feitas à realidade velada.

A utilização da história oral como metodologia de investigação possibilita gerar uma ciência em cuja articulação dos argumentos se põe o indivíduo no meio da roda, ou no centro do processo. O procedimento diz respeito a padrões culturais, estruturas sociais, nexos políticos, relações sociais e processos históricos, visando aprofundar o conhecimento sobre essas esferas por meio de conversas com pessoas sobre a sua experiência e ainda o impacto que estas tiveram na vida de cada uma, a partir da memória individual. Portanto, apesar de o trabalho de campo ser importante para o desenrolar de todas as ciências sociais, a história oral é, por definição, impossível sem um minucioso trabalho de campo. Assim como as outras metodologias qualitativas de pesquisa, detém inúmeras potencialidades, que revelam seu caráter heterogêneo e essencialmente dinâmico de captação de informações.

A memória individual com nexo intrínseco ao contexto social e cultural e com uma potencialidade ímpar expressa-se uma fonte inesgotável de informações. Isto significa que possui uma dinâmica de alongamentos, esquecimentos, incorporação e reinvenção. Evocando-a, pode-se captar o que se passou, a partir da visão de diferentes depoentes, gerando uma produção rica e complexa de documentos. A busca dos arquivos da memória é uma iniciativa para traduzir o olhar e a visão sobre acontecimentos: os fatos sempre retêm um *o que*, um *como* e um *porque*. Inclusive revela o que deixou de ser e as respectivas razões do que potencialmente pode vir a ser. Sempre está incluso tanto o ponto de vista individual quanto uma perspectiva social, ambiental e política.

Do ponto de vista da EA, parece fundamental que se possibilite a indivíduos pertencentes a segmentos sociais, geralmente excluídos da história oficial, voz e escuta, deixando registrada para análise futura sua própria visão de mundo e aquela do grupo social a que pertencem. Oportuniza um movimento para que estes segmentos sociais falem por si mesmos, expressando a originalidade de sua visão de mundo. O depoimento oral assume e confere ao sujeito o seu direito à livre expressão e seu papel de centralidade no ato de narrar uma história.

O uso da linguagem oral é o meio de comunicação mais usual e no procedimento de pesquisa serve como forma de resgatar e preservar memórias. Considera-se ainda que a classe hegemônica tem na escrita o seu marco gramatical essencial, o seu suporte para contar a sua versão da história, enquanto não proporciona a outros segmentos sociais subalternos as mesmas condições para desenvolver o dom da escrita e do discurso, os meios de comunicação para contar a história sob seu ponto de vista.

A realização da tarefa de pesquisa com esta perspectiva significa um compromisso de conivência ou de cumplicidade, uma vez que rompe a esfera do privado e mergulha no espaço particular e, por que não dizer, no íntimo. Simultaneamente desvela-se a subjetividade, partilham-se intersubjetividades e se constroem evidências da história. Este processo de desvelamento contribui para que as similitudes e as diferenças de um dado grupo social sejam afirmadas, portanto consolidando-se em um esteio seguro para a afirmação da identidade sócio-histórica; da identidade afirmada pode-se depreender os vestígios de um patrimônio cultural não-material, bem como a perspectiva do nexo entre sociedade e bens naturais.

A peculiaridade da fonte oral reside na riqueza oferecida pela rede de signos, sentimentos, significados e emoções, expressa pelo narrador ao pesquisador, espelhando tanto abundância ou quantidade quanto qualidade que o material dos depoimentos diretos potencializa.

O discurso enuncia – daí que a oralidade sustenta-se como reveladora – significados originais, para cuja leitura o pesquisador precisa desenvolver a devida perspicácia. Assim sendo, permite-se apreender significados e conotações, silêncios e percepções, seja pelo tom e ritmo, pelo volume e certeza utilizados pelo narrador, os quais ultrapassam muitas vezes a forma escrita.

A narrativa sobre conflitos ambientais e a participação explícita nos mesmos, com freqüência, mostram-se contraditórias. A apreensão pelo pesquisador e a transcrição da fala também implicam em desvencilhar-se de uma possível contradição ou falta de sensibilidade. Os conteúdos das narrativas apresentam oscilações que se desvelam no ato de ouvir com sensibilidade.

A história oral tem nas fontes orais o seu principal instrumento para aquisição das informações, ou seja, a narrativa constitui sua matéria-prima. O que pressupõe que o movimento inerente às fontes orais permite contar mais sobre os significados atribuídos aos eventos, expressando grande diferença em relação à escrita-padrão ou aos textos documentais estáticos.

A perspectiva de interpretação de alguns fenômenos socioambientais pode ser alterada a partir de um novo olhar traduzido de um outro ponto de vista armazenado pela memória. O narrador que fornece o seu relato de vida, ele próprio não se constitui no objeto de estudo, mas sim seus relatos de vida, a realidade vivida e interpretada, apresentando subjetivamente os eventos vistos sob seu prisma.

O crivo perceptivo possibilita que, a partir de uma narrativa, se conheçam meandros das relações sociais e das dinâmicas, conforme o campo de sua visibilidade. Por certo existem inúmeros ângulos ou versões para os fatos, uma vez que o real interage com os interesses com que um personagem faz um relato. Neste sentido, aceitando a subjetividade implícita no relato, sempre há como imaginar ou supor a existência de lacunas espaciais e temporais na reconstrução dos fenômenos sociais e ambientais, na interpretação das relações sociais. No decorrer do processo investigativo costura-se estreita relação entre as fontes de pesquisa, visando a um ordenamento na documentação existente. Apesar de a história oral dar atenção às versões dos entrevistados, isso não significa poder prescindir de consultas a outras fontes existentes sobre o tema.

Algumas são as especifícidades decorrentes do emprego da metodologia de história oral, qualificando-a como fonte de consulta e como agente de ampliação do conhecimento (Alberti, 1994). A primeira delas consiste no fato de a historia oral ser utilizada em pesquisas de temas contemporâneos, ocorrências recentes de um tempo que a memória dos seres humanos alcance.

O espaço de tempo em consideração deve ser tal que se possam entrevistar pessoas que dele participaram como atores ou como testemunhas. Se bem guardados, os testemunhos poderão servir no futuro como fontes de consultas para pesquisas sobre temas que em sua época não se qualificam mais como contemporâneos. A segunda especificidade decorre da intencionalidade de produzir nas etapas do processo de pesquisa os documentos que se tornarão fontes do conhecimento da história.

A reflexão e a análise se fazem presentes de forma concomitante durante todo o processo de investigação, propiciando singularidade e possibilidade de alterações do processo de captação dos dados no decorrer de cada entrevista. Assim, se esclarecem as lacunas que surgem no decorrer do caminho, afirmam-se certezas, colocam-se dúvidas sobre certezas e como em um movimento dialético suscitam-se novas interrogações. A metodologia da história oral possibilita ao pesquisador romper a clausura acadêmica que transforma a entrevista em simples suporte documental, em pesquisa social e histórica, propiciando-lhe desvelar uma riqueza inesgotável.

Os relatos densos reconstituem o ambiente dentro do qual se movem os atores e os personagens do drama ininterrupto que é a história; abordam as relações do indivíduo e seu grupo com a sociedade organizada, com as redes de sociabilidade, com o poder; revelam parcela dos processos culturais que definem as mudanças em curso do relacionamento com os recursos naturais. Na entrevista dá-se um grande peso à descrição verbal para a obtenção de informações privilegiadas.

> Com relação às atitudes sociais complexas, muitas pessoas nunca aprenderam a fazer as inferências necessárias para uma adequada descrição verbal e não podem indicar qualquer forma sistemática ou analítica (...). Apesar disso, toda pessoa tem uma oportunida-

de incomparável para observar-se. Na medida em que pode fazê-lo e comunica o conhecimento, dá ao pesquisador uma informação que de outra forma não poderia ser obtida... (Selltiz, 1965, p. 267).

Ao contrário do que supõe Selltiz (1965), a revelação de compreensões particulares ou pessoais podem conter o mesmo grau de objetividade que o discurso do cientista social. Portanto, não se pode supor que a questão da subjetividade esteja mais intensamente presente no discurso dos entrevistados ou que suas informações estejam recheadas de sentimentos, crenças, motivações pessoais, que por sua vez não afetariam o cientista.

ENTRE O PATRIMÔNIO NATURAL E CULTURAL

Se a democracia se define pelo poder coletivamente dividido de instituir na sociedade suas finalidades e regras de funcionamento, a crise ecológica revela que, do ângulo de suas relações com a natureza, todas as sociedades contemporâneas estão reduzidas ao grau zero de democracia (Alain Bihr).

A metodologia em destaque permite o desenvolvimento de projetos que se dirigem à investigação de um segmento da população cujos procedimentos se destacam como patrimônio cultural. Segue daí a denominação desta atividade como resgate da memória e da identidade. Muito se tem visto veiculado nos meios de comunicação e nas injunções políticas a propósito de cidades históricas em relação ao seu patrimônio arquitetônico e artístico e, poucas vezes, ouve-se que uma atividade socialmente significativa ou a biodiversidade são consideradas patrimônio cultural.

A investigação do patrimônio cultural imaterial traz como horizonte a integração entre as esferas da universidade, da administração pública e da comunidade. Na atividade de pesquisa, ao entrar na vida dos sujeitos de um discurso, cria-se a oportunidade de adquirir uma compreensão diferenciada dos valores ou descortinar abordagens que a ideologia dominante tanto luta para apagar. A entrevista serve para apreender um universo, como sentar-se aos pés de outros, inclusive para enfronhar-se nos termos e seus significados utilizados habitualmente pelos informantes.

Um projeto de história oral voltado para o patrimônio cultural certamente terá sua viabilidade, se demonstrar a relevância do estudo para o meio ambiente imediato e se enfocar os sujeitos criadores da paisagem em destaque: "especialmente se enfocar as raízes históricas de alguma preocupação contemporânea" (Thompson, 1992, p 29). Neste sentido, ganham relevância e outro significado as investigações sobre populações tradicionais ou as crenças que se propõem a auscultar as múltiplas vozes dos recursos naturais.

Um projeto guiado pela história oral põe-se como mote ao processo de colaboração. Para combater a ótica de aniquilamento da natureza a qualquer preço, setores sociais freqüentemente ignorados e fragilizados pela fúria capitalista e pela sede de lucros podem adquirir dignidade e significado novo ao rememorarem um relacionamento diferenciado com os bens naturais. O meio ambiente imediato também possui uma dimensão histórica viva na memória dos cidadãos.

Os pesquisadores em educação ambiental podem se colocar como meta oferecer subsídios para alicerçar a defesa de um patrimônio cultural imaterial a partir de um segmento da sociedade ou de uma paisagem. Em termos mais precisos, o horizonte consiste em subsidiar para que efetivamente e de forma fundamentada se declarem atividades tradicionais como constitutivos do patrimônio cultural de uma cidade, de uma região.

O desenvolvimento da pesquisa vai incidir em um paradigma peculiar na área de patrimônio cultural: reconhecimento dos agentes constitutivos e constituintes do espaço social e cultural urbano ou rural. Entre outros aspectos, deverá ser objeto de consideração o passado recente e as oportunidades futuras destes agentes culturais.

O lançamento de políticas, como o Programa Nacional do Patrimônio Imaterial, permite inovações na agenda dos pesquisadores, na medida em que põe outros atores sociais na mediação, que, por sua vez, tomam a sua própria Memória Social como bandeira de luta. A situação de pesquisa se defronta com demandas de investigação e instrumentos de afirmação social e política com o destaque ao inventário do patrimônio cultural imaterial ou intangível. A perspectiva presta-se a novos desafios aos cientistas sociais convidados a atuar de maneira reflexiva em áreas peculiares. O emprego da história oral tem-se apresentado instrumental nas investigações que vêm em auxílio a setores populacionais que por si mesmos não possuem as mediações para reunir as informações para postular certificação a sua atividade como patrimônio cultural imaterial.

Pelo dito até o momento já fica evidenciado que a pesquisa a destacar na perspectiva apontada responde a uma necessidade institucional e, ao mesmo tempo, atende a interesses de um setor social que, por exemplo, pode estar conectado a um ramo de atividades turísticas. No mais das vezes, este último, não possui as ferramentas para a produção do conhecimento aspirando à sua visibilidade social ou legitimidade na sociedade e na esfera governamental.

Os dados qualitativos a serem coletados tenderão a cumprir um papel fundamental na preservação da memória de uma atividade específica ou a vocação peculiar. De forma crescente, em um caso típico sempre se tem utilizado mais fontes variadas e diferenciadas para o planejamento urbano e do turismo.

Quanto aos resultados, o pesquisador em educação ambiental ambiciona que, pelo produto a ser gerado, se beneficiem em primeiro lugar os próprios sujeitos da investigação, bem como outros atores sociais obtenham subsídios para concluir que uma paisagem (antrópica, biótica ou abiótica) se traduz como patrimônio cultural a ser preservado.

CONSIDERAÇÕES FINAIS

Ao se apreender o olhar peculiar sobre o ambiente e a sociedade através das fontes orais, o pesquisador não deve se ater apenas à descrição dos fatos por meio de fragmentos, mas dirigir seu olhar às relações sociais e aos processos que as engendram. O trabalho de pesquisador envolve este olhar em derredor e o vínculo do fato narrado a outros contextos sociais, ou seja, partir do conhecimento da microrrealidade à totalidade social, da conjuntura à estrutura. Se na narrativa individual a história oral encontra a sua fonte fundamental de dados, sua referência não se esgota nesta instância, ao apontar para a sociedade.

Sem sombra de dúvida, a Educação Ambiental carece de multiplicar encontros entre tantos desencontros, bem como fazer frutificar comprometimentos. As informações obtidas são resultado de uma situação de encontro entre seres humanos, conscientes ou não da historicidade, da parcialidade do encontro de percepções e também de sua subjetividade. O encontro e a entrevista ganham maior dimensão quando há efetiva parceria entre entrevistador e entrevistado, possibilitando a ambos construírem uma relação de adesão ao processo de questionamentos, compreensão, críticas e, por fim, reconstituição da pesquisa, sendo o resultado fruto desta relação social.

Fica evidenciado o alto grau de envolvimento subjetivo, seja na narrativa do entrevistado, seja pela leitura minuciosa e aguçada a ser realizada no trato das informações colhidas. Um aspecto importante que se coloca neste fazer refere-se à "marca pessoal" consignada pelo pesquisador, em sua relação ou cumplicidade com o narrador, imprimindo singularidade a cada entrevista, resultado dessa interação.

Além desta dimensão, a conjugação entre esta metodologia e Educação Ambiental permite incorporar um horizonte hermenêutico cuja voz não quer se calar: a incerteza. Apesar das grandiosas conquistas da ciência e da tecnologia, o ser humano só tem renovado o horizonte das incertezas para onde caminha a humanidade. Na mais pura incerteza na certeza, aderir e aliar-se às veredas alheias abre horizontes para o diálogo contra a insensatez.

Quanto à apresentação do resultado do trabalho, existem duas concepções muito distintas. Uma vê o documento como todo indivisível, já a outra propõe recortes e comparações entre documentos vários, produtos dos vários momentos de entrevista, para chegar a uma nova síntese. Nesse sentido, é fundamental que o pesquisador realize, desde a elaboração dos primeiros manuscritos, uma crítica interna e externa, concomitante à realização das entrevistas, avaliando constantemente o documento durante sua construção, impedindo, dessa forma, a existência de falhas, excessos e incorreções.

Particularmente, a proposta do recorte parece-me mais criativa, pois permite, em cada momento da conjugação dos dados, efetuar e desvendar inúmeros aspectos diversificados. Permite-se obter vários pareceres, como olhares peculiares sobre o mesmo assunto, enriquecendo assim com originalidade e maiores detalhes seu estudo.

A Educação Ambiental ainda está em busca de afirmar referenciais, bem como de testar metodologias que possam conectar de forma dinâmica a pesquisa e a ação coerente. Entre estes referenciais encontra-se a história oral, ao menos foi este esforço que realizei neste texto.

REFERÊNCIAS

ALBERTI, V. *História oral. A experiência do CPDOC*. Rio de Janeiro: FGV, 1990

ARENDT, H. *A condição humana*. Rio de janeiro: Forense, 1993

CASTORIADIS, C. *A instituição imaginária da sociedade*. Rio de Janeiro: Paz e Terra, 1982.

GATTI, B. O problema da metodologia da pesquisa nas ciências humanas e sociais. In: RODRIGUES, M.L.; NEVES, N.P. *Cultivando a pesquisa – reflexões sobre a investigação em ciências sociais e humanas*. Franca: UNESP, 1998.

HELLER, A. A sociologia como desfetichização da modernidade. *Novos Estudos*, Cebrap, n.30, jul. 1991.

LANG, A.B. da S. G. (org.). *Desafios da pesquisa em ciências sociais*. São Paulo: CERU, 2001.

LÜDKE, M.; ANDRÉ, M. *Pesquisa em educação: abordagens qualitativas*. São Paulo: EPU, 1986.

MEIHY, J.C.S. (Org.). *(Re)introduzindo história oral no Brasil*. São Paulo: EDUSP, 1996.

NEVES, L. de A. Memória, história e sujeito: substratos da identidade. *Revista de História Oral*, São Paulo: Associação Brasileira de História Oral, n. 3, jun. 2000.

SATO, M.; SANTOS, J.E. dos. *A contribuição da educação ambiental à esperança de pandora*. São Carlos, SP: Rima Editora, 2001.

SELLTIZ, C. et al. *Métodos de pesquisa nas relações sociais*. São Paulo: EPU, 1965

THOMPSON, P. *A voz do passado: história oral*. Rio de Janeiro: Paz e Terra, 1992.

VIEIRA, P.F.; MAIMON, D. *As ciências sociais e a questão ambiental: rumo à intercisciplinaridade*. Rio de Janeiro/ Belém: APED/UFPa, 1993.

VOVELLE, M. *Ideologias e mentalidades*. São Paulo: Brasiliense, 1991.

9

A catástrofe do *Prestige*: leituras para a educação ambiental na sociedade global

Pablo Ángel Meira-Cartea

> Um acidente é um milagre, mas ao contrário.
> (Paul Virilio)

INTRODUÇÃO

Em 19 de novembro de 2002, o *Prestige*, um petroleiro carregado com mais de 70.000 toneladas de óleo de combustão, afundou na costa da Galícia, Espanha. Tinham se passado sete dias desde que o navio lançara o primeiro aviso de emergência, uma semana durante a qual, e frente à inépcia e à irresponsabilidade das administrações responsáveis, foi despejando sua carga tóxica por todo o litoral galego. Quando os restos do barco chegaram a mais de 3.000 metros de profundidade, onde agora repousam, a costa galega já havia recebido a primeira onda negra. Um ano depois do naufrágio, o óleo vertido pelo *Prestige* continua chegando à costa atlântica, da Galícia até a Bretanha francesa. Apesar da violência das evidências, o Estado espanhol continua sem reconhecer que estamos diante de uma "maré negra", diante da pior catástrofe ambiental desse tipo ocorrida na Europa e uma das mais graves em nível mundial, tanto pela quantidade de hidrocarboneto vertida (mais de 60.000 toneladas) como por sua toxicidade, pela extensão de costa contaminada, pela população diretamente afetada e pela relevância ecológica e socioeconômica de um dos ecossistemas litorâneos mais complexos e produtivos do mundo. O litoral galego, especialmente as rias – estuários similares aos fiordes nórdicos –, alcança níveis médios de produção primária de mais de 9.000 Kcal/m^2/ano, cifra similar, por exemplo, à que se produz em uma floresta pluvial tropical. Este é o cenário da catástrofe.

Uma catástrofe ambiental como a provocada pelo *Prestige* é uma experiência total e totalizadora para a comunidade que a padece. Altera traumaticamente o decorrer normal da vida cotidiana e introduz no corpo social uma sensação de desproteção, insegurança e vulnerabilidade, cuja natureza é difícil de explicar, mais ainda quando a gente (eu que escrevo estas linhas) faz parte dessa comunidade.

Além do evidente impacto ecológico e econômico, há o impacto social e psicológico que produz; realmente, "não existe" catástrofe se os que a padecem não a percebem como tal. É neste sentido, intersubjetivo e social, que o naufrágio do *Prestige* na costa galega originou uma crise coletiva sem precedentes na história contemporânea do país.

Para explicar e entender esta crise seria preciso analisar e sopesar profundamente múltiplas variáveis, tanto de caráter local, vinculadas à nossa particular história e ao perfil atual da sociedade galega, como de índole global, associadas à produção de riscos derivados do desenvolvimento da industrialização, da desregulamentação imposta pela economia de mercado e do projeto civilizador que a inspira e legitima.

A ciência e a tecnologia, a tecnociência – já é difícil estabelecer uma fronteira precisa entre ambos os campos –, desempenham um papel instrumental e legitimador neste projeto: por um lado, oferecem as ferramentas para transformar e controlar o mundo em função dos interesses e das necessidades humanas; por outro, servem para legitimar um discurso e articular um "aparato tranqüilizador" baseado na confiança e na crença – que é quase uma questão de fé – de que o saber tecnocientífico situa a humanidade em condições de superar qualquer obstáculo com o qual se depare em seu desenvolvimento. A tecnociência está no núcleo dos "sistemas especialistas" que as sociedades avançadas criaram para responder às ameaças, latentes ou manifestas, ao próprio projeto da modernidade. Como veremos, o comportamento e o papel dos "especialistas" e dos "sistemas especialistas" é um elemento importante para entender o terremoto social gerado pelo *Prestige*.

De alguma forma a catástrofe do *Prestige* também é um exemplo prototípico de "globalização": um acontecimento local, com peculiaridades não-transferíveis a outras regiões ou comunidades, mas também um incidente crítico que desvela perceptivelmente para a população, a local e a mundial, os intestinos do mercado global e objetiva os riscos derivados do êxito da civilização industrial em seu estado atual de desenvolvimento. Dito metaforicamente: é uma afiada aresta local que emerge simultaneamente do *iceberg* da globalização e do *iceberg* da crise ambiental. Local e global são dois planos que aqui se fundem e se confundem, adquirindo certo sentido no contexto do que autores como Giddens (1993), Beck (1998a, 1998b, 2002) ou Luhmann (1996) definiram, com diferentes matizes, como "sociedade do risco". Conceito e perspectiva que utilizaremos como um dos principais fios condutores para articular nosso discurso.

"Os mais afetados somos os afetados", ouvi dizer um marinheiro em uma das grandes manifestações organizadas na Galícia em protesto pela catástrofe. Não há dúvida de que é correto, mas aqui os "afetados" somos **todos**, além do fato inquestionável de que a maré negra tenha cuspido sua carga letal mais diretamente na costa galega. Não teria sido necessário que o óleo derramado alcançasse outras regiões do litoral espanhol, da França ou de Portugal para considerá-lo um assunto também global; realmente, já o era muito antes que o *Prestige* zarpasse para sua última viagem e que seu naufrágio abrisse a caixa dos trovões. O *Prestige* é uma metáfora da globalização econômica e de suas perversões econômicas, ecológicas e sociais. Como afirma Beck (2002, p. 97), os riscos ecológicos que a sociedade industrial contemporânea produz diluem a separação entre "nós" e os "outros", todos somos afetados, de modo real ou potencial, pela contaminação química, pela radiação nuclear ou pela alteração biogenética. As novas ameaças são distribuídas "democraticamente", todos as percebemos como tais e podemos ser, ou já estar sendo, suas vítimas, embora os níveis de vulnerabilidade e responsabilidade possam variar em função das desigualdades sociais clássicas – entre ricos e pobres, entre Norte e Sul, entre centro e periferia. E também nos torna todos, sejamos ou não conscientes disso, em maior ou menor grau, "responsáveis" pela criação desses riscos.

Este texto é uma reflexão a partir de dentro e de fora. **De dentro** na medida em que não posso deixar de adotar a perspectiva dos afetados, porque me sinto e me percebo como um deles, e isto implica uma carga emocional difícil de neutralizar. Mais ainda, possivelmente não seja preciso nem oportuno neutralizá-la: razão e emoção são dois pilares básicos do conhecimento, e são dimensões complementares (como bem sabemos nós que nos dedicamos à Educação Ambiental) para a formação da consciência ambiental e, principalmente, para a adoção real de compromissos de mudança. **De fora** porque é preciso estabelecer certa distância para facilitar uma ruptura epistemológica – sempre incompleta pela própria natureza do conhecimento científico-social – que permita encontrar argumentos e respostas que iluminem, além do evidente, uma experiência da qual, pensamos, podem se tirar conclusões importantes para compreender – e portanto para mudar – a forma como as sociedades contemporâneas percebem e enfrentam a crise ambiental. É por isso também que nos parece um trabalho relevante para entender melhor o sentido e a tarefa da Educação Ambiental no presente.

Como é absolutamente impossível abranger todos os flancos da catástrofe, mesmo todos os que possam ter uma significação mais direta para a Educação Ambiental, ou para a compreensão de como se constrói e se apresenta socialmente a crise ambiental, vamos centrar nosso discurso em três aspectos principais:

- a natureza *glocal* do incidente;
- a reação social como um exemplo de politização gerado "involuntariamente" pela sociedade do risco;
- a "irresponsabilidade organizada" associada à gestão institucional da catástrofe e a revelação da falibilidade dos "sistemas especialistas" institucionalizados e de sua suposta legitimidade científica.

LOCAL E GLOBAL

A dimensão local

A Galícia está situada no quadrante noroeste da Península Ibérica. Por contingências históricas que aqui não cabe comentar, faz parte do Estado espanhol, mas foi reino independente e pôde pertencer a Portugal. A Galícia é um dos *finisterres* da Europa, o extremo ocidental do mundo até que a um visionário ocorreu navegar para o poente. A Galícia foi a terra do Velho Continente que primeiro soube da existência da América e também uma das que menos se beneficiou do espólio colonizador. Isto também quer dizer que vivemos na periferia, a periferia do centro, mas periferia no final das contas, que é a geográfica, mas também econômica, social e cultural. Isso ajuda a explicar por que somos uma das regiões economicamente menos desenvolvidas do Estado espanhol e, por inclusão, da União Européia.

A Galícia é um mundo que tem pouco mais de 29.000 km² em que habitamos 2.737.370 pessoas. A Galícia vive olhando o mar. Não é casual que três em cada cinco galegos e galegas residam na faixa costeira; 1.674 km de litoral nos tornaram um país atlântico, e o somos por imperativo geográfico e ecológico e o somos por necessidade. O mar sempre ofereceu mais coisas que o planalto castelhano: ofereceu sustento e, quando este era insuficiente, proporcionou uma via de escape para buscá-lo em outros mares e para canalizar a emigração. Na Galícia o mar não só é explorado, também é cultivado e é um dos pilares da economia da comunidade. Do mar provêm 10% do PIB galego e nele se ocupam 12% da população ativa da comunidade. E isso sem contabilizar os setores que dependem indiretamente da atividade pesqueira, marisqueira ou aqüicultora (serviços náuticos, indústrias transformadoras, transportes e redes de comercialização, etc.) ou da valorização dos atrativos da costa para usos turísticos (hotéis, restaurantes, construção, serviços de lazer, etc.).

Existe um lugar-comum sobre a Galícia, o da "Galícia verde": um território de paisagens virgens e "natureza selvagem". É redondamente falso. O território galego – incluída sua plataforma litoral – está profundamente humanizado. O rico patrimônio ecológico e paisagístico da Galícia atual é fruto da estreita relação entre o espaço e as populações que o habitam, alterando-o e modelando-o por séculos, pelo menos desde o neolítico. Este não é um dado menor para entender o impacto social do *Prestige*: não há catástrofe natural, e não há porque, como é evidente, as causas não foram naturais, e não há também porque o meio afetado está rotundamente humanizado. Esta é uma das chaves que explicam a reação da sociedade galega: não foi a "natureza" que sofreu a avalanche de óleo, foi, em todo caso, a "natureza humanizada". Matiz importante, mas que não diminui uma fração da gravidade do impacto ecológico da maré negra.

Desde o desmoronamento da ditadura franquista e a instauração da monarquia constitucional, a Galícia foi governada pela "direita", transformada agora no Partido Popular. Uma direita herdeira da ditadura que assume formalmente as regras democráticas, embora, pelo menos na "micropolítica" regional, siga utilizando as formas – e os fundos –, não já do franquismo, mas antes do Antigo Regime. O presidente do governo galego, Manuel Fraga, foi, nos últimos governos da ditadura, ministro de Informação e Turismo – responsável, entre outras coisas, pela censura oficial – e do Interior – encarregado do que se encarregam os ministros do Interior em uma ditadura. Esta particularidade política também explica algumas das reações institucionais frente à catástrofe do *Prestige*. Para sintetizar, a Galícia mantém certos traços pré-modernos, próprios de uma sociedade que mal completou, na segunda metade do século XX, a passagem de uma sociedade camponesa tradicional para uma sociedade moderna.

Este cenário explicaria o fatalismo e a docilidade diante do poder instituído que se atribui ao povo galego, mais acostumado à negociação, ou ao pacto com a autoridade para obter determinadas vantagens pessoais ou para o clã familiar, que exerce os direitos – e os deveres – cidadãos em uma sociedade supostamente moderna e democrática. Caciquismo e clientelismo são duas formas de perversão política em que se expressa esta relação.

O *Prestige* percutiu sobre este cenário político, que de alguma forma já estava se debilitando. O Partido Popular tem sua maioria eleitoral no voto rural da Galícia interior, tradicional e conservador, embora não no sentido liberal ou neoliberal do termo; enquanto a esquerda "moderna", nacionalista ou estatal, domina nas cidades costeiras e suas áreas metropolitanas, onde a população é mais jovem, assume estilos de vida e pautas culturais até pós-modernas, e é consciente de seus direitos de cidadania e os reivindica de forma mais livre e autônoma. Esta dualidade social explica, por exemplo, que o epicentro da contestação à desastrada gestão da catástrofe tenha-se situado nas Rias Baixas, a área geográfica mais densamente povoada da região e também a mais dinâmica do ponto de vista cultural, econômico e social.

Há também um conflito geracional latente que o *Prestige* implodiu de forma evidente: as gerações mais jovens, urbanas ou rural-urbanas, educadas e socializadas no último período democrático e com um perfil educativo e cultural quantitativa e qualitativamente diferente do de suas predecessoras reclamam sua visão do mundo: a de qualquer cidadão europeu hipersensibilizado diante dos riscos ambientais de novo cunho. Para esse setor da população, o *Prestige* se tornou um sinal e um símbolo dos novos tempos – o do desejo de novos tempos na Galícia.

Esta dualidade tradição-modernidade (avançada) se expressou de muitas formas. Desde as administrações foram feitas freqüentes alusões à fatalidade, à providência ou ao destino para relativizar e minimizar o impacto social e político da catástrofe. Não só aludindo à inevitabilidade do naufrágio, como se fosse um fenômeno quase natural, contingente e imprevisível (apesar dos antecedentes), como também à intervenção e à proteção divina como meio ou recurso para remediar suas conseqüências: "Ofereço a vocês o testemunho de minha lealdade acrisolada, uma gratidão infinita e a esperança de que Santiago, o padroeiro da Espanha, nos ajudará. Ele, que também teve um momento de desalento, recuperou-se aos pés da Virgem do Pilar" (Manuel Fraga, *La Voz de Galicia*, 29-01-2003). Longe de acalmar, estes tipos de afirmações – próprias do Antigo Regime – exasperaram ainda mais a reação social. Como expressa Giddens (1993, p. 107), para qualificar a natureza das ameaças que a modernidade gera, "um mundo estruturado principalmente por riscos de criação humana deixa pouco à influência divina ou à apropriação mágica das forças cósmicas ou espirituais. É essencial para a modernidade que, em princípio, o risco possa ser avaliado em termos de um conhecimento generalizável dos perigos potenciais, uma perspectiva na qual a noção de fado só sobrevive como uma forma marginal de superstição".

A relativamente recente modernização da sociedade galega, incluindo o surgimento da consciência ambiental e dos riscos ambientais, é um dos fatores que explicam por que tiveram que ocorrer em nossas costas cinco marés negras nos últimos 30 anos para que se produzisse uma mobilização coletiva como a atual (as ocasionadas pelo *Polycommander*, 1970, na Ria de Vigo; pelo *Urquiola*, 1976, e pelo *Aegean Sea*, 1992, na Ria de La Coruña; pelo *Andros Patria*, 1978, na Costa da Morte, e agora pelo *Prestige*) e dos naufrágios de navios carregados com mercadorias tóxicas (*Erkowitz*, 1970, com inseticidas na Ria de La Coruña; e *Casón*, 1987, com produtos químicos "sem identificação" no cabo Fisterra). A plataforma-cidadã NUNCA MAIS! sintetiza e simboliza este despertar, reflete as reivindicações principais deste movimento e dá corpo à trama social organizada em torno da catástrofe. Se aceitamos a idéia iluminadora de Beck (1998b, p. 156) de que como "os perigos estão submetidos a percepções e avaliações histórico-culturais que oscilam segundo o país, o grupo ou o momento histórico" e que, portanto, o risco e a percepção do que constitui ou não uma ameaça para a coletividade ou os indivíduos é fruto de processos de construção social, tão importantes como sua factibilidade ou a probabilidade de que afetem diretamente os que os percebem, o *Prestige* chegou no momento e no lugar oportunos.

Esta convergência espacial e histórica é que explica – em grande parte – uma resposta social sem precedentes, tanto na Galícia como no exterior, se se considera a mobilização que levou à costa poluída milhares de voluntários de outras regiões e países. Realmente, os voluntários potencializaram e incrementaram a capacidade reflexiva ou auto-reflexiva da população galega para entender a catástrofe; atuaram, de alguma forma, como "avaliadores externos", como o "olhar dos outros" que acaba sendo também o nosso (ou é o nosso que penetrou o olhar "dos outros"?).

A DIMENSÃO GLOBAL

NUNCA MAIS!, o lema que serviu como sinal de identidade do movimento-cidadão diante da catástrofe, é um grito contra as ameaças e incertezas que produz o desenvolvimento industrial e tecnológico, e também contra a impunidade com que operam as redes do mercado global. De alguma forma, esta expressão capta sinteticamente os sentimentos de desproteção e perplexidade que esta situação gera entre os cidadãos conscientes (galegos ou de qualquer outro lugar). A catástrofe do *Prestige* materializa localmente os riscos ecológicos globais produzidos pela modernidade. Frente à natureza de contrafação daqueles processos de degradação ambiental com um maior potencial de ameaça, mas cujos efeitos mal são notados na vida cotidiana (a mudança climática, a contaminação imperceptível e insidiosa do ar, do solo ou da água, a degradação da biodiversidade, etc.), a maré negra ocasionada pelo *Prestige* é um "fato real", uma evidência que pode ser vista, cheirada e tocada, uma concretização da globalização e de seus efeitos colaterais sobre o ambiente natural e humano: facilita uma experiência "objetiva" da crise ambiental e de sua natureza radicalmente global e globalizadora (Meira, 2001).

Este não é o contexto para entrar na controvérsia sobre o que é ou não a globalização ou, talvez melhor dito, para abordar a discussão sobre aquilo que distingue a fase atual da modernidade – se é que ainda estamos nos tempos modernos – de fases anteriores. Concordamos com Baricco (2002) em que a singularidade que melhor define o mundo contemporâneo como uma entidade globalizada, mais que a generalização das novas tecnologias, a construção de um mercado de consumo global ou a homogeneização da cultura segundo padrões ocidentais, é a supressão das regras para deixar campo livre à circulação e à multiplicação do dinheiro. O capital anda solto por aí afora, sem rédeas ou freio. São os interesses do capital e dos agentes que operam no mercado que fixam as regras do jogo global: quer dizer, na ortodoxia neoliberal, a ausência de regras (fora, talvez, as que protegem os paraísos fiscais e o segredo bancário, as que protegem a propriedade dos recursos e das patentes, as que nos obrigam ao pagamento da dívida externa e poucas mais). Não existem regras, não existem fronteiras, não existem escrúpulos; somente a pulsão do benefício e a lei do mais forte. Neste contexto, os Estados e os organismos internacionais de caráter multilateral – os que dependem, por exemplo, do sistema das Nações Unidas – se vêem continuamente ultrapassados e questionados em sua capacidade para impor sua soberania e exercer sua autoridade para proteger os cidadãos dos excessos de um mercado cada vez mais desregulado.

Como esta situação se expressa na catástrofe do *Prestige*? Além do naufrágio de um petroleiro, o que foi a pique na costa atlântica galega foi uma operação comercial, um negócio, que exemplifica a natureza perversa da globalização tal como é concebida e praticada pela ótica neoliberal.

O *Prestige* foi construído no Japão há 26 anos e já superara, com juros, a vida útil que se recomenda para que esse tipo de navio opere com um mínimo de segurança. Estava em período, para dizer sinteticamente, de superamortização. No entanto, examinando os certificados de navegação (o atual expedido por uma sociedade de classificação norte-americana), as inspeções realizadas em suas últimas visitas a portos europeus e os seguros contratados (a seguradora era inglesa), a embarcação reunia todos os requisitos formais para navegar.

Como proprietária do navio figura a empresa liberiana Mare Shipping Inc., inscrita no Liberian International Ship and Cooperate Registry, cujos escritórios, como é lógico, estão em... Londres. Atrás da fachada proprietária esconde-se uma família de armadores gregos – os Coulouthros. Também estão radicados em Londres os escritórios da Autoridade Marítima do país que dava bandeira ao petroleiro, as Bahamas; bandeira do tipo chamado de conveniência, a que se recorre para reduzir gastos fiscais e para se beneficiar de normas menos exigentes em matéria de segurança e qualificação da tripulação. O capitão era grego e praticamente a totalidade da tripulação, filipina, um recurso utilizado pelos proprietários de barcos para baratear custos salariais (um marinheiro filipino ou de outros países do Terceiro Mundo recebe um terço ou um quarto do que cobram marinheiros sindicalizados em países ocidentais), mesmo ao custo de descuidar da segurança dada à preparação deficiente destas tripulações, principalmente quando se trata de manejar transportes de mercadorias perigosas. O *Prestige*, além disso, tinha sido recentemente reparado em um estaleiro chinês em que foram substituídas algumas pranchas corroídas, precisamente na zona do casco por onde começou a se quebrar no dia 13 de novembro.

As 77.000 toneladas de óleo que transportava tinham sido carregadas em Riga, Letônia. Eram de qualidade ínfima, praticamente um derivado residual do petróleo cujo uso está proibido na União Européia, mas não sua circulação como mercadoria por suas costas até acabar em algum país menos escrupuloso e mais necessitado, pelo visto asiático. A proprietária da carga era a Crown Resources, uma empresa-"fantasma" radicada na Suíça e com escritórios em Londres, que parece vinculada à Alfa Group, um conglomerado empresarial russo presidido por Mikhail Fridman, um neomilionário que cozinhou sua fortuna no calor da decomposição da União Soviética, com a conveniência das novas autoridades russas, primeiro Boris Yeltsin e agora Vladimir Putin. Dedica-se principalmente ao tráfico de petróleo e derivados, e são muitas as sombras que rodeiam suas atividades, atuando quase sempre através de paraísos fiscais (Gibraltar, Ilhas Virgens) e com operações financeiras milagrosas cuja legalidade foi freqüentemente questionada.

Este grupo mantém estreitos contatos e compartilha negócios e interesses com a Halliburton Oil, a companhia de serviços energéticos da qual foi diretor Richard Cheney até sua eleição como vice-presidente dos Estados Unidos, é também uma das principais beneficiadas na divisão da reconstrução e do petróleo do Iraque depois da segunda Guerra do Golfo. A empresa proprietária da carga, Crow Resources, foi dissolvida e liquidada duas semanas depois do início da catástrofe; simplesmente já não existe e dificilmente poderá se exigir algum tipo de indenização. Falta um par de peças neste *puzzle* global: a empresa que contratou o salvamento do barco acidentado é holandesa e seu projeto era levá-lo até Cabo Verde, de cujo governo teria obtido a permissão necessária para proceder ali a transferência de sua carga tóxica.

Frente a este emaranhado de estados (uns vinte) e interesses econômicos supra-estatais, é palpável a inexistência de normas eficazes que regulem, controlem e anteponham a defesa do bem comum aos interesses privados que movem o mercado. E também fica evidente a dificuldade para reclamar responsabilidades e indenizações aos responsáveis diretos ou indiretos pela catástrofe. Realmente, aqui se visualizam os traços específicos que Beck (1991, 1998a) atribui às situações contemporâneas de risco e catástrofe ambiental:

- São *incomensuráveis*. Os danos sobre o ambiente, as pessoas ou a economia são dificilmente qualificáveis em termos monetários, ou alcançam tal envergadura que os mecanismos de compensação e reparo previstos pelo próprio sistema não são suficientes para cobri-los (seguros, fundos de solidariedade, etc.) e são os Estados, quando há Estado e pode fazê-lo, que assumem os custos de reparação.
- São *incontroláveis*. Os mecanismos de controle estão pervertidos pelo próprio sistema ou não funcionam e é impossível estabelecer medidas preventivas realmente efetivas; as tentativas dos Estados ou das organizações internacionais, como a União Européia ou a Organização Marítima Internacional, para estabelecer algumas normas mais estritas para melhorar a segurança do tráfico marítimo perigoso, chocam-se com a atuação dos próprios Estados – não, não é um erro –, que protegem os interesses particulares daqueles agentes econômicos que operam sob sua suposta soberania. Pierre Bourdieu (2001, p. 11), com a lucidez que o caracteriza, destrincha este paradoxo: "foram precisamente os Estados os primeiros a ditar as medidas econômicas (de desregulamentação) que levaram a seu despojamento econômico, e, contrariando o que dizem tanto os partidários como os críticos da globalização, continuam desempenhando um papel ao dar seu aval à política que os espolia".
- São *indetermináveis*. Tocou a nós, mas podia ter acontecido em qualquer outro lugar e em qualquer outro momento, e de fato acontecerá; desastres como o ocasionado pelo *Prestige* encadeiam-se aqui e ali até o ponto de criar uma espécie de normalidade que chega a parecer

contingente, embora sejam a conseqüência iniludível de um determinado modelo energético e econômico. Como diz Doldán (2002, p. 40), contundentemente: "o capitalismo é cevado a petróleo".
- São *inacusáveis*. A responsabilidade costuma aparecer, quando aparece, diluída em uma intrincada trama empresarial e institucional absolutamente opaca, quando não é atribuída diretamente a uma fatalidade natural ou a um erro humano. Até agora, no caso do *Prestige*, o capitão foi o único a pisar na cadeia, enquanto seguradoras, companhias de certificação, proprietários do barco, proprietários da carga, estaleiros, companhia de resgate, administrações... se acusam mutuamente de não ter atuado corretamente antes, durante ou depois do acidente. E já se sabe: quando a culpa é de todos, não é de ninguém. É preciso levar em conta que o direito penal ocidental baseia-se na existência nítida de uma conexão entre o delito, sua causa e seus causadores; se este vínculo não pode ser estabelecido e provado claramente, pouco se pode fazer.

Estamos, pois, diante de uma das grandes fraturas provocadas pelo desenvolvimento do mercado global: a fratura ambiental. A catástrofe do *Prestige* é apenas uma manifestação local desta fratura em que se tornam evidentes as contramedidas que, em teoria, deveriam evitar os efeitos colaterais do neoliberalismo sobre o ambiente: falham os sistemas tecnocientíficos de controle de risco, fracassa o aparato normativo e legal (estatal e internacional), fracassam os mecanismos de compensação econômica (é evidente que quem contamina não paga) e de reenvestimento da riqueza gerada em medidas paliativas ou preventivas, e fracassa o Estado como entidade que pode proteger os interesses da cidadania. É aqui que é preciso buscar as causas profundas da catástrofe.

Esta leitura radical – no sentido etimológico da palavra – situa-nos diante de um dos desafios mais importantes para a Educação Ambiental: como tornar inteligível para os diferentes setores da cidadania esta realidade hipercomplexa? É evidente que a grande maioria dos galegos e galegas mobilizada pela maré negra reagiu mais às conseqüências ambientais, sociais e econômicas que a catástrofe ocasionou do que frente às causas profundas que a provocaram; embora aqui a reiteração de catástrofes similares contribua com uma experiência prévia muito negativa sobre o comportamento do sistema. Por exemplo, apenas agora marinheiros, marisqueiras e aqüicultores estavam começando a receber uma parte minúscula das indenizações reclamadas pelo acidente do *Aegean Sea* ocorrido na Ria de La Coruña, 11 anos atrás.

A inteligibilidade da crise ambiental global e de suas manifestações locais, estabelecendo vínculos significativos entre o local e o global, entre o ecológico e o socioeconômico, é um dos grandes desafios da Educação Ambiental contemporânea. Mais ainda, nos atreveríamos a dizer que é seu desafio mais importante e prioritário. Frente ao "dever ser" que rodeia a polêmica, até certo ponto artificial – e da qual nós mesmos participamos –, sobre a Educação Ambiental para a sustentabilidade ou para o desenvolvimento sustentável, impõe-se uma educação sobre o "ser": sobre o que somos e como somos, aqui e agora, as sociedades contemporâneas imersas em um processo acelerado de globalização econômica. Concordamos aqui, de novo, com Bourdieu (2001, p. 76), quando afirma que os imperativos científicos e, nos atrevemos a acrescentar, também os educativos e os políticos contemporâneos estabelecem a necessidade de se remontar "na cadeia das causas até a causa mais geral, e dizer até o lugar, hoje quase sempre mundial, onde se encontram os fatores fundamentais do fenômeno em questão, portanto, o verdadeiro ponto da ação destinado a modificá-lo realmente". Não é casual, neste sentido, que o manifesto lido na manifestação organizada em Santiago de Compostela em primeiro de dezembro de 2002 terminasse com a frase: "A Galícia é hoje a humanidade que grita NUNCA MAIS!".

A REAÇÃO-CIDADÃ: A VIRTUDE POLITIZADORA DA CATÁSTROFE

Um dos efeitos mais surpreendentes e positivos para nós que levamos muitos anos envolvidos no movimento ambientalista galego foi a resposta social diante da catástrofe. Já argumentamos que esta maré negra, a quinta em 30 anos, tinha chegado no momento e lugar oportunos, dada a evolução "modernizadora" da sociedade galega, acelerada no último terço do século XX e potencializada pelo obscurantismo – parcial – da ditadura franquista e a instauração da democracia na Espanha. Mas é preciso apontar outras chaves que explicam a eclosão de um movimento-cidadão ativo, articulado em redes horizontais e com uma grande capacidade de presença e mobilização social.

Em dezembro de 1992, pouco depois do encalhe do petroleiro *Aegean Sea* na Ria de La Coruña e da conseqüente maré negra, com um grande impacto ambiental e econômico, mas mais limitado geograficamente que a atual, um conjunto de grupos ecologistas e outras associações de índole cultural, local, sindical, etc. formaram uma plataforma-cidadã com o nome de "Mar Limpo". Em 10 de janeiro de 1993, esta plataforma convocou uma manifestação de protesto na cidade de La Coruña, a qual compareceram apenas 3.000 pessoas: seu lema premonitório era "Nunca Mais!". Agora este foi o nome escolhido pela plataforma-cidadã formada para aglutinar e articular o movimento-cidadão surgido frente ao desastre ocasionado pelo *Prestige*. Criada ainda antes de que o governo espanhol decidisse formar especificamente uma Comissão de Coordenação da Crise, esta plataforma se tornou uma referência política e social na Galícia e, inclusive, no exterior. Realmente, como dado anedótico, mas significativo, já figura na web da CIA como um dos "grupos de influência" a se levar em conta na Espanha.

NUNCA MAIS! é uma entidade-cidadã que agrupa mais de 400 associações, grupos e instituições de todo tipo da Galícia, e com ramificações no exterior, bem providos por grupos de galegos emigrantes em outros lugares da Espanha, América Latina ou Europa, ou por associações ambientalistas e ecologistas que se somaram solidariamente à causa. Ainda que à plataforma pertençam ou tenham aderido sindicatos de classe, partidos políticos "tradicionais" e instituições como colégios profissionalizantes, universidades ou municípios, estamos diante de um ente que se encaixa melhor no perfil dos movimentos sociais de novo cunho. Em nível organizativo funciona tal qual uma rede descentralizada em que se conectam comissões estaduais e locais com outras de tipo mais temático. Para cada ação criam-se comissões específicas e "especializadas" que se dissolvem uma vez realizada.

O ecologismo galego tem uma presença importante na plataforma, mas seria um erro considerá-la como um prolongamento ou uma ampliação deste movimento. Mas se pode destacar, no entanto, seu papel do ponto de vista das denominadas "minorias ativas" (Moscovici, 1981), com uma capacidade de influência social que transcende seu peso minoritário na sociedade galega e seu acanhado acesso às estruturas institucionalizadas de poder (organismos das administrações, meios de comunicação, partidos políticos, etc.). Isto é, longe de atuar como grupos marginais, transformaram-se em uma referência discursiva e social para fomentar a mobilização cidadã e para questionar as tentativas das administrações municipal e estadual de legitimar, frente à opinião pública, sua atuação inoperante e incompetente. É preciso destacar que o movimento ecologista galego articula-se em uma vintena de pequenos grupos que não somam mais que 2.250 membros, com um núcleo realmente ativo que está em torno de 100 pessoas. Somente duas associações congregam praticamente a metade destes efetivos, o restante é um mosaico multicolorido de grupos locais ou de grupos com interesses temáticos mais específicos (ornitológicos, educativos, mamíferos marinhos, etc.). A presença das grandes organizações ecologistas "multinacionais" (ADENA-WWF, Greenpeace, etc.) mal é percebida em uma ação contínua sobre o terreno, ainda que provavelmente essas organizações somem mais sócios na Galícia do que os integrados nos grupos locais e seu impacto mediático seja, lamentavelmente, maior.

Além do tópico ambientalista há outros dois eixos, pelo menos, que explicam o surgimento e o poder desse movimento: *o eixo identitário*, na medida em que a canhestra resposta do Estado afiou a consciência nacional do povo galego – uma nação sem Estado e governada "com comando à distância" por uma Administração que há séculos a marginalizou – e a reivindicação da própria singularidade cultural e social, por um lado e, por outro, *o eixo socioeconômico*, dado que um setor importante e dinâmico do tecido econômico da comunidade, o que depende da pesca, do marisqueiro, da aqüicultura ou do turismo, viu-se diretamente afetado e inerme diante da catástrofe.

A grande manifestação organizada por esta plataforma em Santiago de Compostela em 1º de dezembro de 2003, 10 dias depois do afundamento do barco, reunindo mais de 300.000 pessoas – em uma cidade que tem 95.000 habitantes –, revelou o poder de um "novo ator social", que foi decisivo para reconduzir a indignação-cidadã (reativa e traumática) para um movimento reivindicativo e proativo, cuja capacidade de iniciativa e presença pública ultrapassou seus promotores e as próprias administrações. Que traços permitem situar a plataforma-cidadã NUNCA MAIS! entre os movimentos sociais de novo cunho?

- *Em primeiro lugar, seu caráter apartidário.* O partido que governava na Galícia e no Estado espanhol no momento da catástrofe – o Partido Popular – não está integrado na plataforma, apesar de ter tentado aderir exigindo que não se reclamassem responsabilidades políticas nem se denunciasse a incompetência dos que administraram o naufrágio, demanda que foi, evidentemente, rejeitada. Mas a integram os demais partidos do espectro parlamentar e não-parlamentar. Também estão as principais organizações sindicais, que desempenham um papel importante na consolidação do movimento. Mas o grosso da plataforma está formado por grupos de finalidade e perfil ideológicos heterogêneos: associações culturais, locais, feministas, confrarias, sociedades esportivas, movimentos de renovação pedagógica, ecologistas, pacifistas, etc. E também por grupos criados *ex* processo como resposta à catástrofe: Área Negra, formado por docentes de diferentes níveis no ensino público; Burla Negra, que aglutina o mundo musical e teatral; Grupo Asfalto (Colectivo Chapapote), que reúne artistas e *designers* gráficos, etc.
- *Em segundo lugar, seu caráter interclassista e plural.* Um dos traços que Ulrich Beck atribui às sociedades do risco é, justamente, o efeito de igualação social que provocam na cidadania as novas ameaças globais; efeito que se superpõe e até certo ponto "anula" as desigualdades sociais, econômicas e culturais, próprias da modernidade tradicional: todos e todas, seja qual for sua posição social, sentem-se ameaçados ou, como neste caso, como vítimas (ou afetados) da degradação ambiental. As manifestações-cidadãs massivas, sem precedentes na Galícia, podem ser explicadas em grande medida por este efeito. Pela mesma razão, não é fácil identificar uma linha ideológica hegemônica, mesmo que tenha sido evidente o peso específico da esquerda tradicional, da esquerda nacionalista e da "nova esquerda" (reunimos sob esta denominação os grupos ligados aos movimentos sociais de novo cunho, que questionam as formas de militância política tradicionais e o formalismo para o qual estão derivando as democracias representativas, e que lutam por uma maior coerência ética e política entre a esfera pessoal e a pública, e por formas de expressão e ação mais comprometidas e participativas, voltadas para a mudança social).
- *Em terceiro lugar, seu caráter cívico e moral.* Como afirma um dos porta-vozes do movimento, o escritor Suso de Toro (2002), o que come-

çou sendo uma catástrofe ecológica transformou-se em uma convulsão da democracia representativa e da legitimidade das instituições, postas em evidência pela metáfora do "Estado ausente" ou do "Estado desnudo": um tratamento burocrático que é ineficaz na proteção dos cidadãos aos quais tem de servir e que, além disso, se revolve contra eles tratando de ocultar a verdade e desqualificando a própria mobilização social de indignação e autodefesa, chegando ao extremo absurdo de qualificar este movimento-cidadão de "terrorista" (na mesma esteira da legitimação ideológica semeada pelo discurso neoliberal depois do atentado às Torres Gêmeas em 11 de setembro de 2001). Realmente, partindo de reivindicações de conteúdo essencialmente ecológico e econômico, passou-se a reclamar também direitos democráticos tão básicos como a liberdade de expressão, a transparência e o acesso a uma informação completa e veraz, a participação ativa nos assuntos públicos, a interpelação e a censura ao trabalho das administrações públicas, a reclamação de responsabilidades aos representantes políticos por suas ações ou omissões, etc. De apresentar inicialmente exigências centradas na reparação dos efeitos da catástrofe (indenizações, melhora da segurança marítima, limpeza e recuperação ecológica do litoral, etc.) passou-se a assumir outras ligadas à regeneração democrática da sociedade. Isto é, de um movimento essencialmente reativo na origem passou a ser um movimento proativo.

– *Em quarto lugar, seu caráter expressivo e criativo*. O uso de estratégias de mobilização originais e de forte conteúdo simbólico rompeu com as formas de ação política convencionais. As pessoas que atuaram como porta-vozes públicos da plataforma NUNCA MAIS! não tinham participação significativa anteriormente no campo da ação política, nem na Galícia nem fora dela: escritores como Manuel Rivas ou Suso de Toro, atores como Luis Tosar, cantores como Uxía Senlle, etc. Que sua legitimidade moral e credibilidade pública viessem dadas por sua faceta artística e por seu compromisso cultural com a Galícia, e não por outros atributos ligados ao ofício político ou à esfera econômica, é um indicador da natureza atípica do movimento. Este componente expressivo transparece na criatividade vertida em todas as ações de informação, reivindicação, comunicação e mobilização realizadas e é um dos traços definitórios da plataforma NUNCA MAIS!. Além das atuações mais convencionais, e inclusive como parte delas, multiplicaram-se exposições, concertos, recitais, edição de cartazes e publicações, *performances*, ações teatrais, elaboração de manifestos, etc., que potencializaram a capacidade de penetração social e midiática do movimento; inclusive sobrepondo-se ao fato de que praticamente a quase totalidade dos meios de comunicação públicos e privados posicionou-se beligerantemente contra qualquer questionamento do comportamento governamental.

A plataforma NUNCA MAIS! não foi o único exemplo de ativação social atiçado pelo *Prestige*. A resposta à maré negra dada pelas pessoas do mar (marinheiros, marisqueiras, perceveiros*, aqüicultores, etc.), auto-organizados em confrarias ou em grupos espontâneos quando se comprovou o vazio e a ausência do Estado, foi uma expressão radical e heróica de dignidade-cidadã. Quando as administrações, ensimesmadas em sua incompetência, só se preocupavam em minimizar o impacto midiático da catástrofe, foram os marinheiros que tomaram a iniciativa: inventaram instrumentos artesanais e adaptaram os apetrechos de pesca para recolher o óleo, criaram sistemas de acompanhamento das manchas para informar sobre sua localização e deriva, organizaram uma logística de apoio – que serviu também para canalizar grande parte do voluntariado –, e se chegou a recolher, literalmente, o óleo com as mãos. Esta rede social chegou a "parar", efetivamente, a entrada da maré negra nas Rias Baixas (Vigo, Arousa, Pontevedra), a área mais valiosa dos pontos de vista ambiental e socioeconômico, e a minimizar seus efeitos em outras zonas do litoral. Neste caso, a motivação social tinha como finalidade prioritária a proteção de um meio de vida, mas também desembocou em reclamações mais audazes e profundas: a democratização e a modernização das confrarias – estruturas de caráter gremial que sobreviveram ao medievo –, a liberdade de expressão, o questionamento da utilização das confrarias como instrumentos de controle político e social por parte do poder constituído, etc.

O terceiro grande vetor de politização associado à catástrofe foram os voluntários, pessoas que vieram da Galícia, ou de outros lugares, para oferecer seu trabalho e sua solidariedade na luta contra a maré negra. Antes que o Estado e o Governo regional decidissem mobilizar seus recursos civis e militares, praias, coídos,[1] penhascos e marismas encheram-se de voluntários e voluntárias ajudando a retirar as ondas de óleo que iam se chocando com a costa.

Esta maré solidária foi canalizada de início – praticamente durante os dois primeiros meses – por intermédio das confrarias, de alguns municípios (o único nível da Administração que esteve, mas não em todos os casos, à altura das circunstâncias) e os dispositivos organizados por grupos ecologistas e universidades. Os protocolos de trabalho, importantes para evitar que as tarefas de limpeza ocasionassem mais danos colaterais de quebra nos ecossistemas litorâneos e para proteger os voluntários da toxicidade do óleo e dos riscos inerentes ao trabalho a realizar, foram elaborados nos primeiros dias a partir da acumulação apressada de experiência e da difusão de informação de outras catástrofes similares. Como dado significativo, o protocolo elaborado pela ADEGA, o grupo ecologista galego mais numeroso e influente, foi finalmente o adotado – quase ao pé da letra – pela própria Administração. Sem medo de exagerar, a Galícia tem atualmente os "especialistas" mais bem-formados e,

---

*N. de T. Catadores de perceve, ou percebe, craca do tipo lepas, comestível.

principalmente, com mais experiência nas tarefas de limpeza de uma maré negra, tanto entre os voluntários como na comunidade científica da região.

O trabalho dos voluntários desempenhou um papel objetivamente muito importante na retirada do óleo. A maior parte das tarefas de limpeza, dada a vulnerabilidade dos areais e do sistema de dunas das praias galegas, ou das dificuldades orográficas de outras formações costeiras (*coídos* e penhascos), é dificilmente realizável com meios mecânicos. Apenas as pessoas e suas mãos, outra vez as mãos, podem levar a cabo este trabalho sem provocar danos irreparáveis. Mas os voluntários exerceram outro papel significativo e tão importante como o anterior: ajudaram a moldar a representação social da catástrofe. De nosso ponto de vista, esta foi sua contribuição mais transcendente e deve merecer no futuro uma análise mais detida e profunda.

Em primeiro lugar, os voluntários atuaram como testemunhos diretos da maré negra; foram as mãos, os olhos e o nariz do resto dos cidadãos galegos, espanhóis e internacionais, os meios com que se provou que se estava frente a uma catástrofe de proporções descomunais, em contradição evidente com a visão adulterada e amenizada que as fontes oficiais e os meios de comunicação a seu serviço transmitiam. E também foram um fator essencial para revelar a deserção, sobretudo nas primeiras semanas, e a incapacidade da Administração para dar uma resposta ajustada à magnitude do problema. Neste sentido, os voluntários foram uma variável fundamental para a "objetivação", a "publicidade" e a divulgação midiática da catástrofe. A imagem do voluntário ou da voluntária nos meios de comunicação, com o macacão branco sujo de óleo, os óculos de segurança, as luvas e as botas isolantes se transformaram em um ícone, um signo e um símbolo da vertente mais positiva da catástrofe.

Em segundo lugar, os voluntários também contribuíram para ativar a resposta social endógena, principalmente naquelas zonas, como a Costa da Morte, em que, por seu baixo desenvolvimento socioeconômico, a existência de uma organização social pouco articulada e controlada pelo poder, o açoite da regressão demográfica (emigração e envelhecimento), etc., a resposta foi no começo mais fatalista, resignada e passiva.

Conforme a teoria da sociedade do risco, aceitando que os riscos são construídos socialmente, não há dúvida de que a mobilização-cidadã contribuiu para "construir a catástrofe" e, principalmente, atuou como um contrapeso dialético da "construção da não-catástrofe" empreendida pelos que ocupam as responsabilidades de governo com o fim de preservar sua hegemonia no poder. A alta participação-cidadã figura como fator positivo em todos os manuais sobre prevenção e abrandamento de catástrofes, mas aqui as administrações interpretaram como ameaça, e realmente o foi: denunciou a virtualidade do Estado, sua incompetência e incapacidade para proteger os cidadãos; reforçou a percepção coletiva, não já do risco, mas do perigo, e mostrou até que ponto a ameaça pode provir das próprias entranhas do sistema. Resta ver a evolução a médio e a longo prazos deste movimento e as repercussões que possa ter a médio e a longo prazos sobre outros aspectos da realidade social e política, sobretudo na Galícia, mas, em todo caso, é evidente que "os perigos corroem a racionalidade burocrática de um modo dramático e abrem abismos entre a autoridade estatal e a autoconsciência democrática do cidadão" (Beck, 1998b, p. 177). Mais ainda, é possível que muitos galegos e galegas tenham-se descoberto como cidadãos a partir desta catástrofe.

A IRRESPONSABILIDADE ORGANIZADA E O FRACASSO DOS SISTEMAS ESPECIALISTAS

A catástrofe do *Prestige* também pôs em evidência como as instituições e os sistemas de prevenção e proteção civil presentes nas sociedades avançadas, quando se deparam com incidentes críticos, mal podem proteger a saúde, o meio e os interesses dos cidadãos que depositam nelas tal responsabilidade; nem com a aplicação de estratégias preventivas, nem com a intervenção paliativa e reparadora, uma vez que a ameaça se desata de forma catastrófica. À luz do *Prestige*, as políticas ambientais – locais, regionais e internacionais – aparecem como meras representações carregadas de uma peculiar retórica e dirigidas mais a "transmitir à população uma sensação de segurança" do que a proporcionar ou garanti-la realmente. Enquanto normas, regulamentos e outros instrumentos de gestão tipo ISO-14000, bandeiras azuis e similares multiplicam-se na União Européia e no âmbito dos Estados que a integram, a fim de controlar em detalhes temas relativamente insignificantes, atividades com um potencial de risco catastrófico mal são controladas e reguladas.

Poder-se-ia afirmar que, "sob a pressão da necessidade" – escreve Beck, examinando a catástrofe de Chernobil (1998, p. 164) – "as pessoas superaram um curso acelerado sobre as contradições da gestão de perigos na sociedade do risco". Talvez Francisco Álvarez Cascos, ministro de Infra-Estrutura espanhol e responsável máximo pela gestão do acidente durante os sete dias em que o *Prestige* permaneceu flutuando, estivesse pensando nisso quando declarou no Parlamento europeu que esta catástrofe é "o Chernobil espanhol" (tratando de convencer os europarlamentares a concederem os fundos especiais para atender catástrofes naturais, que depois lhe foram negados); agora, enquanto isso, na Galícia e na Espanha continuava-se – e continuava ele mesmo – negando e minimizando oficialmente a gravidade da situação.

A situação produzida na Galícia identifica-se perfeitamente com o que Beck descreve como "irresponsabilidade organizada". Como sugeria este autor em fins dos anos de 1980, "a política oficial oscila entre a utilização de seu poder e a impotência", na medida em que "cada catástrofe ocultada (ou que se pretende ocultar) da opinião pública serve para pôr em evidência e em ridículo os próprios políticos" (Beck, 1991, p. 35, parênteses nossos). Mais recentemente escreve: "Os perigos são o instrumento adequado, ainda não descoberto nem usado" – na Galícia não o "usamos" – "para impulsionar os processos de desburocratização e antiburocratização. São os perigos que arrebentam a fachada da incompetência e concorrência, derrubam, em sua totalidade, os castelos de faz-de-conta e os minúsculos estados de prevenção e vigilância" (Beck, 1998b, p. 135). Como transparece, na situação em que vivemos e estamos vivendo na Galícia, este efeito revelador da inépcia das administrações diante da catástrofe?

Existe uma declaração reveladora a respeito, feita por Rodolfo Martín Villa, poucos dias depois de tomar posse em seu cargo como comissionado do Governo Central para assuntos relacionados com o *Prestige*: "Neste momento eu não tenho uma idéia muito clara de como se formaram todas as decisões naqueles dias (os do naufrágio), mas mesmo que a tivesse, e tendo-a, se deduzisse que a responsabilidade está nas mãos de alguma autoridade pública, teria que me calar, porque estaria prejudicando o patrimônio nacional" (*El País*, 4-02-2003). São dois, pelo menos, os aspectos que devem ser destacados nesta citação: em primeiro lugar, a declaração explícita de "ignorância" por parte da Administração sobre como se resolveu a gestão nos momentos cruciais do acidente: durante os seis dias que durou o périplo errático do petroleiro já ferido frente às costas galegas; em segundo lugar, a afirmação pública de estar disposto a cometer um delito – pelo menos de prevaricação –, ocultando informação, que poderia provar a responsabilidade dos administradores públicos durante a formação da catástrofe, com o argumento paradoxal de livrar o Estado dos custos econômicos que disso poderia derivar.

A "ignorância" não é mais do que um recurso semântico que trata de ocultar outras realidades: a imprevidência, a incompetência e a improvisação que a Administração demonstrou antes, durante e depois da catástrofe. A decisão de distanciar o barco aparece como um fator determinante: é o erro que desencadeia a série de desatinos que ocorreram a seguir. Ainda que pareça ter sido López Sors, diretor-geral da Marinha Mercante, que avalizou "tecnicamente" esta decisão – é capitão da Marinha Mercante –, segundo se depreende das primeiras investigações judiciais, em nenhum momento se chegou a ativar o Plano de Contingências por Contaminação Marítima Acidental (aprovado em 21 de janeiro de 2001) que, apesar do dito, existia sim – o que indica um nível ainda maior de incompetência e irresponsabilidade. Realmente, entre 18 e 19 de setembro de 2001, os organismos de salvamento marítimo realizaram uma simulação prática que partia do pressuposto de que dois navios, um cargueiro e um petroleiro, colidiam no corredor de Fisterra, a 60 milhas da costa, praticamente no mesmo lugar em que o *Prestige* tomou seu último rumo. Como resultado da abordagem, o cargueiro se incendiava e o petroleiro ficava à deriva com uma brecha pela qual vertia sua carga. A decisão adotada nesta simulação foi levar o petroleiro para o porto, rodeá-lo de barreiras anticontaminação e transferir a carga para outro barco. Exatamente o contrário do que se fez quando a simulação se transformou em realidade. Quando um jornalista interrogou Mariano Rojoy, vice-presidente do Governo espanhol e encarregado de modelar midiaticamente a visão oficial do desastre, sobre as razões que levaram a ignorar este ensaio, sua resposta não pôde ser mais ilustrativa: "Na simulação feita há 14 meses, *não se tomou a decisão de levá-lo ao porto*, tomou-se sim a decisão de fazer uma simulação que consistia em que dois barcos petroleiros se chocavam, havia uma série de feridos e *se levava ao porto* (sic)" (*El Mundo*, 10 dez. 2002).

Que tipo de racionalidade se aplicou para se adotar a nefasta decisão de distanciar o barco? É evidente que não se agiu conforme os critérios e procedimentos de racionalidade alguma, nem técnico-científica nem de outro tipo. Na Administração se insistiu, no entanto, na existência de informes elaborados por especialistas para justificar com argumentos científicos o afastamento do barco, mas tais informes não foram feitos ou foram desmentidos pelos próprios especialistas, a quem tinham invocado buscando a sombra de sua autoridade e prestígio. Realmente, a tentativa de legitimar por esta via a decisão adotada se chocou com uma resposta praticamente unânime da comunidade científica galega, espanhola e internacional: a única possibilidade de evitar a catástrofe na escala em que ocorreu teria sido levar o navio, uma vez acidentado, a um porto – cita-se o de La Coruña como o mais adequado – ou a uma zona de abrigo, para, uma vez ali, controlar o derrame inicial – que limitaria seu impacto a um trecho mais reduzido da costa – e proceder à transferência da carga para outro navio. Alguns conhecimentos mínimos sobre o comportamento do mar e do clima invernal nas costas galegas que, além de poderem ser dados pela comunidade científica, se integram nos saberes tradicionais das pessoas do mar, teriam permitido descartar a decisão finalmente adotada.

Além de apelar à autoridade de especialistas, outro argumento utilizado para legitimar *a posteriori* a decisão de afastar o barco é a suposta rejeição das autoridades e dos habitantes das localidades costeiras a que poderia ter sido dirigido, com o conseqüente custo político que tal opção poderia ocasionar. Um argumento que desenha outro dos paradoxos desta catástrofe: uma situação de NIMBY (acrônimo inglês de "Não no meu pátio de trás"), em que a Administração antecipa e evita o impacto ambiental sobre uma comunidade devido a uma decisão potencialmente perigosa, embora o resultado tenha sido que a contaminação fosse distribuída "democraticamente" por uma extensa faixa costeira, incluídas as comunidades que residem na zona *a priori* propícia para aproximar o barco. Até onde se sabe, nenhuma consulta concreta foi feita às autoridades locais daqueles lugares que poderiam servir de destino para o barco.

Outro argumento apresentado pela Administração foi o imperativo de tomar uma decisão urgente e sem tempo para "pensar". Este argumento é pouco consistente, principalmente se se leva em conta que o barco permaneceu flutuando durante praticamente uma semana, a maior parte do tempo em condições marítimas extremamente duras, mas também com intervalos de calma que teriam favorecido outras opções. Tampouco se sustenta a suposta falta de colaboração do capitão do *Prestige*, dado que o comando do barco poderia ter sido tomado em qualquer momento pela Administração diante do risco evidente de catástrofe ecológica, o que, de fato, foi feito no segundo dia após o acidente inicial. É preciso levar em conta, quanto a isso, que os protocolos internacionais em casos de emergência náutica, avalizados pela Organização Marítima Internacional e pelas leis do mar, recomendam (como parece que o capitão tentou fazer) a aproximação do barco à costa para facilitar o trabalho de resgate e minimizar o impacto ambiental do possível naufrágio.

As chaves "ocultas" que explicam este exemplo evidente de irracionalidade e irresponsabilidade burocrática apontam para outras razões. A primeira é a carência de recursos técnicos e de salvamento para rebocar o petroleiro com garantias, controlar o derrame na costa e transvasar o óleo. Destacou-se, nesse sentido, a insuficiência e a inadequação das barreiras anticontaminação disponíveis neste momento, a carência de barcos anticontaminação – apesar dos antecedentes – e que os rebocadores integrados no dispositivo de resgate marítimo vigente carecem da potência necessária para arrastar barcos da tonelagem do *Prestige*. Realmente, foi apenas no quinto dia depois do início do acidente que um rebocador chinês, contratado pela empresa privada que ganhou o contrato de resgate – a holandesa Smit –, chegou com potência suficiente para arrastar o navio avariado. Por trás da precariedade de meios nos deparamos outra vez com o neoliberalismo aplicado ao desmantelamento do Estado: sob o objetivo do "déficit zero", o governo do Partido Popular seguiu uma política de redução e privatização sistemática dos serviços públicos em todos os âmbitos. As estruturas de salvamento marítimo não escaparam deste furor: em 1997, o Plano de Salvamento Marítimo viu sua verba cortada em 50%, passando de 10 para 5 os rebocadores destinados a toda a costa atlântica. Outra conexão, lamentável, entre o local e o global. É, como se mencionou, o "Estado desnudo" ou, de forma mais sutil, "o governo contra o Estado" (López e Sartorius, 2002).

O comportamento posterior das administrações municipal e estadual oscila sobre esta precariedade: as tentativas de *negar* a catástrofe ("O petroleiro já não derrama mais óleo", Ministério de Fomento, 15-11-2002 – "Depois de 60 milhas o risco não é alto", Enrique López Veiga, conselheiro de pesca, 16-11-2002 – "A coisa saiu razoavelmente bem", Mariano Rajoy, vice-presidente do Governo, 20-11-2002); de *minimizar* ("Não se pode falar de uma maré negra, já que são manchas negras e dispersas", López Sors, diretor-geral da Marinha Mercante, 17-11-2002 – "Não é de modo algum uma maré negra. Trata-se apenas de manchas muito localizadas", Mariano Rajoy, vice-presidente do Governo, 23-11-2002); de *distorcer a realidade* (mentir) para justificar a falta de meios e a incompetência ("O destino do óleo no fundo do mar é se transformar em pedra", Arsenio Fernández de Mesa, delegado do Governo na Galícia, 19-11-2002 – "Tudo corre bem", Manuel Fraga, presidente do Governo galego, 26-11-2002 – "Não houve nem um minuto de descontrole ou descoordenação", Álvarez Cascos, ministro de Fomento, 27-11-2002); de *escapar de responsabilidades* ("Pode ter havido algum erro, mas só se engana quem trabalha. Os outros só chegam para as fotos", "Ainda não há um governo capaz de mudar o sentido do vento", Manuel Fraga, presidente do Governo galego, 1 e 2-12-2002); ou de *acusar os afetados* e *os movimentos de protesto* de politizar a situação (*sic*), etc.

O que os setores mais conscientes da cidadania constataram no caso do *Prestige* foi a falibilidade e a vulnerabilidade dos sistemas especialistas. Tomamos este conceito de Giddens (1993). Os sistemas especialistas podem ser definidos como estruturas "de realizações técnicas ou de experiência profissional que organizam grandes áreas do meio material e social em que vivemos" (Giddens, 1993, p. 37). Sua missão é identificar que perigos são mais ameaçadores, oferecer garantias confiáveis de proteção e gerar segurança nos indivíduos e na sociedade em que ditas ameaças, mais ou menos prováveis, podem alterar o estado de bem-estar. Os dispositivos técnicos proporcionariam os instrumentos para consegui-lo. Os cientistas e os técnicos fazem parte dos sistemas especialistas, mas estes abarcam também outro tipo de componentes: estruturas burocrático-administrativas, leis e normas, sistemas de vigilância e controle, etc.

O sistema sanitário ou os organismos de proteção civil podem ser considerados como exemplos de sistemas especialistas. Independentemente de sua operacionalidade e eficácia em situações de calamidade pessoal ou coletiva, os sistemas especialistas desempenham um papel primordial na redução da percepção de risco nas sociedades e no fomento da sensação de segurança na população. A confiança que geram assenta-se, em grande medida, na crença coletiva de que ditos sistemas operam conforme uma racionalidade objetiva, cuja base é técnico-científica e incorporada pelos profissionais que intervêm (Theys e Kalaora, 1996); realmente este é seu grande fundamento legitimador. Pois bem, como comprovamos na catástrofe do *Prestige*, nem sempre é assim: a confiabilidade e a operacionalidade dos sistemas especialistas podem estar mediados, e na prática sempre o estão em maior ou menor medida, por interesses econômicos e políticos que distorcem sua operacionalidade e provocam situações de desproteção dos cidadãos, embora eles não sejam conscientes dessa situação até que o risco se concretize em uma catástrofe. Como aconteceu na Galícia, o surgimento de episódios catastróficos revela esta falibilidade e provoca uma oscilação da percepção pública da segurança para uma percepção do desamparo e da vulnerabilidade. A mesma impressão subjetiva que legitima a existência dos sistemas especialistas e justifica a crença em sua efetividade, os deslegitima em caso de catástrofe. A perda de confiança é, nestes casos, inevitável e demolidora para a autoridade da Administração e questiona o poder de quem a governa, inclusive para além da legitimação eleitoral e constitucional da qual possa estar investida em uma democracia representativa.

Paradoxalmente, o sistema técnico-científico galego ou espanhol desempenhou um papel marginal na gestão da catástrofe, pelo menos na gestão institucional por meio dos sistemas especialistas postos em ação (salvamento marítimo, proteção ambiental, etc.). Não houve um confronto entre o binômio Ciência-Estado (uma das alianças históricas que estão na origem da modernidade) e a racionalidade social ou a percepção política da catástrofe. Ao contrário, a reação da comunidade científica neste caso, visto o papel subalterno ao qual foi relegada pelas instâncias oficiais, foi extremamente crítica, denunciando, precisamente, o caráter acientífico das decisões adotadas, desde o absurdo afastamento do barco até a desorganização e a desorientação inicial nas tarefas de proteção e limpeza da costa. Em contradição com o que alguns autores descrevem como uma pauta típica nas sociedades modernas para casos similares (Perry e Montiel, 1996; Gutiérrez, s.f.), a percepção do problema pela comunidade científica foi neste caso convergente com a percepção social e divergente em relação à visão oficial.

O desencontro entre a comunidade científica e os "sistemas especialistas" institucionais viu-se neste caso alimentado por outro fator local. Dada a importância do mar para a economia e para a sociedade galegas, as três universidades galegas e outros centros de pesquisa superior contam com equipes científicas altamente qualificadas e especializadas em disciplinas diretamente envolvidas na catástrofe (oceanografia, biologia e ecologia marinha, química e engenharia química, engenharia naval, etc.), com grande experiência e conhecimentos acumulados "graças" às sucessivas marés ocorridas nas costas galegas, que somam mais de 300.000 toneladas de hidrocarbonetos derramadas nos últimos 30 anos. Poucos lugares do mundo contam com um *background* científico maior sobre a dinâmica, o impacto e o processo de recuperação de litorais atingidos pela contaminação de derivados do petróleo.

A comunidade científica alinhou-se, com um compromisso ativo e participativo, com os grupos sociais levantados contra a catástrofe e sua incompetente gestão. Os órgãos máximos de direção das três universidades galegas (Vigo, La Coruña e Santiago de Compostela) assumiram e aprovaram com declarações públicas as reivindicações da plataforma NUNCA MAIS!; e foram muitos os grupos científicos galegos e espanhóis que expressaram, nos meios de comunicação e nos foros científicos nacionais e internacionais, seu desacordo com a gestão irracional e acientífica da catástrofe. Deste ponto de vista, assistimos ao que Beck já identificou como dinâmica própria das sociedades do risco: "Quanto maior é a diferença entre as habituais afirmações de segurança baseadas na técnica e as vivências de insegurança comprimidas em acidentes e catástrofes, tanto maior é a contradição vivida no plano coletivo entre o cálculo do risco e a realidade do perigo; e as paredes, com o brilho metálico da competência, levantadas para limitar os perigos pelas instituições que as administram a partir de pressupostos centrados na técnica, desmoronam e *deixam a vista livre sobre uma burocracia maleável conforme critérios políticos*" (Beck, 1998b, p. 162).

O papel dos especialistas foi, pois, fundamental. Mas não desempenharam o papel legitimador ou afirmativo da posição oficial. Pelo contrário, deixaram-na a descoberto ao questionarem os fundamentos supostamente científicos e cientificamente avalizados das decisões adotadas. A marginalização da comunidade científica local, o silêncio imposto às fontes científicas oficiais encarregadas do acompanhamento e a escassa credibilidade dos dados fornecidos pela própria Administração sobre a maré negra obrigaram a se buscar informação confiável em organismos científicos estrangeiros (principalmente no Instituto Hidrográfico Português e no CEDRE, organismo francês criado para estudar este tipo de sinistros marítimos).

Até certo ponto, também ocorreu uma aliança entre a sociedade mobilizada e a comunidade científica. Muitos especialistas, tanto do âmbito das Ciências Naturais como das Ciências Sociais, puseram a racionalidade científica a serviço da racionalidade social. Neste sentido, podem ser definidos como "intelectuais críticos", na medida em que comprometeram no conflito "sua competência e sua autoridade específicas, e os valores associados ao exercício de sua profissão, como valores de verdade ou de desinteresse, ou, dito de outra forma, alguém que pisa o terreno da política, mas sem abandonar suas exigências e suas competências de pesquisador" (Bourdieu, 2001, p. 38). Este comportamento explica, por exemplo, que a exaustiva busca empreendida pelas administrações de especialistas "de reconhecido prestígio" para avaliar e justificar, a *posteriori*, as decisões adotadas se visse condenada reiteradamente ao fracasso. Somente um exemplo: em 6 de janeiro de 2002, Kathy Skanzel, bióloga do ITOF (organismo nada neutro criado pelas multinacionais do petróleo para a "luta" contra a contaminação marítima por hidrocarboneto) declarou em uma entrevista coletiva oficial que "A metade do óleo que sai do *Prestige* (afundado) se evapora" (*La Voz de Galicia*, 7 jan. 2003); no dia seguinte, Guy Herrouin, do IFRAMER, Instituto Francês do Mar, afirmou frente a essa possibilidade: "O óleo que escorre dos tanques do petroleiro não se evapora nem se volatiliza".

EDUCAÇÃO AMBIENTAL INTERPELADA PELA CATÁSTROFE

A Educação Ambiental, em sua concepção mais contemporânea, como resposta educativa à crise ambiental, tem pouco mais de três décadas de existência. Seu início pode ser datado na passagem da década de 1960 para a de 1970. Neste período, o *Polycomander* na Ria de Vigo (1970) e o *Urquiola* no porto La Coruña (1972) iniciaram o rosário de marés negras na costa galega; 1972 também foi o ano da Conferência de Estocolmo, o primeiro foro oficial de alto nível em que se falou da prevenção como princípio de gestão ambiental e se reconheceu o papel que, em teoria, se devia atribuir à educação como ferramenta para responder aos problemas do ambiente.

Desde que as primeiras políticas ambientais com pretensão de transcender um enfoque meramente protecionista começaram a ser propostas e aplicadas, a educação figurou sempre entre os instrumentos identificados formalmente como fundamentais para configurar uma nova relação entre as sociedades humanas e o ambiente: uma relação respeitosa com os limites ecológicos impostos por um planeta finito e que permitisse a satisfação universal e igualitária das necessidades humanas.

Apesar de as políticas ambientais propostas nos últimos anos, principalmente a partir da Cúpula do Rio de Janeiro (1992), costumarem conceder à Educação Ambiental um lugar central nesta tarefa, um fato fácil de constatar é que são outros os instrumentos ou âmbitos de gestão – enquadrados em sistemas especialistas cada vez mais pesados do ponto de vista administrativo – que recebem maior atenção e recursos: os econômicos, os normativos-legais ou os técnico-científicos. Além disso, a influência social da Educação Ambiental é difusa e difícil de calibrar por sua própria natureza e porque sob este rótulo agrupam-se ações e práticas educativas em distintos âmbitos (o escolar, o "não-formal", em espaços especializados, nos meios de comunicação de massas, etc.), levadas a cabo por um conjunto plural e multiforme de agentes (docentes, grupos ambientalistas e ecologistas, jornalistas, organismos governamentais e não-governamentais, etc.) e considerando concepções e paradigmas ambientais e educativos muitas vezes divergentes. Concordamos com Sauvé (1999, p. 13) quando afirma que "o registro global da Educação Ambiental não impressiona ninguém", mas também é certo que as sociedades ocidentais são cada vez mais sensíveis à problemática ambiental, mesmo quando isso não queira dizer que os estilos de vida ou o modelo de sociedade tenham mudado de forma significativa ou que a dita mudança em nível de consciência coletiva seja devida exclusivamente à Educação Ambiental mais formalizada.

Na Galícia, é possível que o naufrágio do *Prestige* esteja atuando como detonador e revelador de uma nova atitude coletiva frente ao ambiente e sua preservação. A maré negra pôs em evidência a debilidade das políticas e dos instrumentos de administração ambiental disponíveis:

- leis e normas de transporte de materiais perigosos que não são aplicadas ou são descumpridas impunemente;
- mecanismos de controle e inspeção que não garantem a confiança do sistema;
- a existência ou ineficácia dos planos de contingência frente a catástrofes ecológicas;
- a insuficiência dos recursos de luta conta a contaminação;
- a inépcia e a irresponsabilidade dos administradores e dos sistemas especialistas;
- a falta de transparência e o ocultamento da verdade, etc.

No entanto, do caos está emergindo uma sociedade civil ativa e responsável, com um alto grau de sensibilidade ambiental e, principalmente, capaz de identificar a relação entre o estrago ecológico ocasionado pelo *Prestige* e as derivações econômicas e sociais que acarreta.

Seria ingênuo atribuir este terremoto social à Educação Ambiental e, mais ainda, pensar que existe uma percepção nítida e um conhecimento profundo por parte da maioria da população, agora mobilizada, de todas as implicações ecológicas, econômicas, sociais, políticas e até culturais presentes na catástrofe. Existe uma consciência coletiva do dano infligido, agravada pela nefasta gestão das administrações públicas e pela desinformação imposta com o fim de minimizar a percepção social da catástrofe e limitar os custos políticos que possam se derivar. Amplos setores da sociedade galega também descobriram que as políticas ambientais carecem de peso real e que são facilmente arrasadas pelos imperativos do mercado, com a cumplicidade consciente de quem ocupa democraticamente o poder, mas o exerce dirigido por interesses espúrios, sendo o interesse de manter o poder a "qualquer preço" o mais primário e indigno.

A Galícia conta, há três anos, com uma estratégia territorial de Educação Ambiental, promovida pela própria Administração autonômica posta agora em triste evidência. O objetivo era ambicioso: produzir um documento que servisse como revulsivo e como roteiro de referência para ativar um panorama educativo-ambiental, que é qualificado no próprio texto como raquítico e paralisado. No cúmulo da audácia se estabeleceu como finalidade principal extrair, no seio da sociedade galega, uma "cultura da sustentabilidade". Não há nada que objetar às recomendações feitas para os diferentes agentes e âmbitos educativos, tão ambiciosas quanto necessárias. Mas o mesmo vazio que o *Prestige* revelou na política ambiental também acabou por transformar a Estratégia Galega de Educação Ambiental (EGEA) em uma "ação" meramente formal, em um texto destinado a preencher com um conteúdo puramente retórico a vacuidade do Conselho de Meio Ambiente (o "ministério do meio ambiente" do governo regional).

Cabe esperar que exista para a Educação Ambiental na Galícia um *antes* e um *depois* da calamidade ocasionada pelo *Prestige*. Cabe esperar que uma sociedade ambientalmente mais sensibilizada, mais consciente da relação entre as ameaças ecológicas e o modelo socioeconômico dominante, e menos ingênua no momento de julgar o papel das administrações e dos sistemas especialistas, demande e construa também uma Educação Ambiental a serviço da regeneração social, cultural e política da sociedade, tanto ou mais necessária que a regeneração ecológica e econômica das zonas atingidas. Esta é uma projeção local, mas, como destacamos, esta catástrofe mostra-se como uma trama em que é difícil discernir o local do global, nem do ponto de vista da racionalidade social nem do da racionalidade científica.

O lema "Nunca Mais!" implica assumir a construção de uma cidadania com uma cultura democrática mais sólida, consciente e crítica. Como já defendemos em outros escritos (Meira, 2001; Caride e Meira, 2001), a Educação Ambiental é, ou deve ser também, um instrumento de mobilização e mudança social que atua sobre o fator mais importante na busca de uma gestão equilibrada e democrática do ambiente: o fator humano. É, neste sentido, uma pedagogia puramente política e, portanto, os educadores ambientais são também agentes políticos. Tarde ou cedo, os valores e as práticas que se formam a partir de uma Educação Ambiental consciente de seu papel político são contravalores e contrapráticas: quer dizer, valores e práticas que contrastam e entram em conflito com os valores e as práticas sociais dominantes, pelo menos nas sociedades chamadas avançadas. Isto é o que aconteceu na sociedade galega mais uma vez sacudida pela catástrofe.

Dentro do campo especificamente educativo manifestaram-se também conseqüências desta contradição. O *Prestige* tornou-se um centro de interesse e de trabalho pedagógico na imensa maioria das escolas galegas. A criação de um grupo integrado por docentes de todos os níveis educativos, Areia Negra, é uma das derivações deste movimento escolar. Significativamente, no manifesto de fundação deste grupo se afirma a necessidade de formar "cidadadãos para que intervenham nos debates políticos". Em sintonia com o conjunto da sociedade, muitas escolas plasmaram em suas atividades pedagógicas, em materiais escolares elaborados *ex* processo, nas paredes das aulas, e participando das manifestações públicas, a indignação com a catástrofe, com seus efeitos em todos os níveis e com sua gestão incompetente. Esta reação é plenamente coerente com os princípios pedagógicos da transversalidade que, supostamente, regem o tratamento curricular da Educação Ambiental no sistema educativo espanhol, além de outros princípios básicos como o significado das experiências de aprendizagem, a vinculação escola-meio ambiente, a interdisciplinaridade, etc.

A resposta da Administração educativa – a educação formal é competência plena do Governo autonômico – foi uma circular oficial em que se ameaça com sanções disciplinares aqueles professores e equipes de direção das escolas públicas que, segundo o critério da própria Administração, façam uso da escola para "doutrinar" os alunos e dar publicidade a idéias políticas que não respeitem a "pluralidade" democrática. Isto é, em poucas palavras: censura e utilização do aparelho estatal para restringir as liberdades docentes e discentes. Este é também outro exemplo do efeito politizador da catástrofe; realmente, a circular da Administração não fez mais do que estimular o tratamento da catástrofe nas escolas e incrementar a projeção pública destas atividades.

EPÍLOGO

A catástrofe continua. Depois de um ano, o óleo derramado continuou a fluir para a costa. O litoral está contaminado e contaminando-se, embora a versão oficial mostre praias limpas e fale de normalização nos trabalhos de pesca. Os informes científicos mais rigorosos estimam que a regeneração biológica e ecológica da ampla zona afetada levará, pelo menos, uma década;

sempre e quando não ocorram novos derramamentos (González Laxe, 2003). Os governos central e autonômico bloquearam sistematicamente as propostas para se criarem comissões de investigação no Parlamento Galego, no Espanhol e no Europeu que oferecessem transparência e respostas sobre a gestão do acidente, e permitissem apurar as responsabilidades políticas de uma ação, sob todos os ângulos, científicos e leigos, incompetente. Mas o *Prestige* já não é um atrativo de primeira página para os meios nacionais e internacionais de comunicação e, inclusive, desapareceu parcialmente dos meios locais (mais inclinados a apresentarem a propaganda oficial).

Resta, pois, muito que fazer, que pensar e que dizer a partir do campo da Educação Ambiental na Galícia, começando por canalizar e potencializar o novo poder-cidadão para ajudar a sua consolidação a médio e a longo prazos, e para contribuir para que a nova sensibilidade se generalize para outros problemas ambientais locais e globais. Não estamos defendendo, embora possa parecer, uma Educação Ambiental que assuma um discurso catastrofista (Grün, 1997); pelo contrário, queremos aproveitar o potencial social, crítico e ao mesmo tempo construtivo e proativo que a catástrofe – que nos escolheu – pôs em evidência. Consideramos, seguindo Jonas (1995, p. 356), que o "temor faz parte da responsabilidade tanto como da esperança", mas não é o "temor" ou o "medo" que inibe e paralisa a ação – uma das perversidades da sociedade do risco –, mas o que a anima, a promove e a canaliza para buscar alternativas ambiental e socialmente aceitáveis. É o "temor" ao real e não ao imaginário, é o "temor" que dispara os mecanismos individuais e coletivos de sobrevivência e solidariedade.

NOTAS

1. Formações litorâneas similares às praias, mas compostas por grupos de pedra.

REFERÊNCIAS

BARICCO, A. *Next. Sobre la globalización y el mundo que viene*. Barcelona: Anagrama, 2002.

BECK, U. La irresponsabilidad organizada. *Debats*, n.35/36, p.30-37, 1991.

_____. *La sociedad del riesgo. Hacia una nueva modernidad*. Barcelona: Paidós, 1998a.

_____. *Políticas ecológicas en la edad del riesgo*. Barcelona: El Roure, 1998b.

_____. *La sociedad del riesgo global*. Madrid: Siglo Veintiuno Editores, 2002.

BOURDIEU, P. *Contrafuegos 2. Por un movimiento social europeo*. Barcelona: Anagrama, 2001.

CARIDE, J.A.; MEIRA, P.A. *Educación ambiental y desarrollo humano*. Barcelona: Ariel, 2001.

DE TORO, S. *Nunca máis Galiza á intemperie*. Vigo: Edicións Xerais de Galicia, 2002.

DOLDÁN, X.R. O capitalismo cébase con petróleo. *Tempos*, n.67, p.40-44, 2002.

GIDDENS, A. *Consecuencias de la modernidad*. Madrid: Alianza Universidad, 1993.

GONZÁLEZ LAXE, F. *El impacto del Prestige. Análisis y evaluación de los daños causados por el accidente del Prestige y dispositivos para la regeneración medioambiental y recuperación económica de Galicia*. A Coruña: Fundación Pedro Barrié de la Maza. (Dtor. 2003).

GRÜN, M. La producción discursiva sobre educación ambiental. In: VEIGA, A.J. (Comp.). *Crítica pos-estructuralista y educación*. Barcelona: Laertes, 1997. p.175-203.

GUTIÉRREZ, I. (s.f.). América Latina ante la sociedad del riesgo. Organización de Estados Iberoamericanos. Documento distribuido por internet: www.campus-oei.org/salactsi/gutierrez.htm

JONAS, H. *El principio de responsabilidad. Ensayo de una ética para la civilización tecnológica*. Barcelona: Herder, 1995.

LÓPEZ, D.; SARTORIUS, N. *Prestige*: el Gobierno contra el Estado. *El País*, 31 dez. 2002.

LUHMANN, N. El concepto de riesgo. In: BERIAIN, J. (Comp.). *Las consecuencias perversas de la modernidad*. Barcelona: Anthropos, 1996. p.123-153.

MEIRA, P.A. La Educación Ambiental en el escenario de la globalización. In: *Nuevas propuestas para la acción. Actas de la Reunión Internacional de Expertos en Educación Ambiental*. Santiago de Compostela: UNESCO-Xunta de Galicia, 2001. p.99-124.

MOSCOVICI, S. *Psicología de las minorías activas*. Madrid: Morata, 1981.

PERRY, R.W.; MONTIEL, M. Conceptualizando el riesgo para desastres naturales. *Desastres y Sociedad*, n.6, Ene./Jun. 1996 (www.desenredando.org).

SAUVÉ, L. La educación ambiental entre la modernidad y la posmodernidad. *Tópicos en Educación Ambiental*, v.1, n.2, p.7-25, 1999.

THEYS, J.; KALAORA, B. Cuando la ciencia inventa de nuevo el medio ambiente. In: THEYS, J.; KALAORA, B. (Comps.). *La tierra ultrajada: los expertos son formales*. México: Fondo de Cultura Económica, 1996. p.9-35.

10

Por uma formação dos profissionais ambientalistas baseada em competências de ação

José Gutiérrez-Pérez

INTRODUÇÃO

Esta apresentação tem como fio condutor uma argumentação que dá ênfase à necessidade de incorporar aos discursos da educação ambiental e do setor profissional do meio ambiente em geral novas idéias, isentas de inocência, que nos tirem de nossa bolha de pregadores atemporais, das orações inspiradas no humanismo de Rousseau e da cultura acadêmica, e nos levem ao mundo real do século XXI, à lógica dos mercados, das políticas, das empresas, do emprego e do trabalho, do *marketing*, da convergência estratégica, da cibernética, da robótica, da ética e da pragmática do cotidiano, incorporando às nossas façanhas elementos básicos que nos ponham os pés na terra e nos ajudem a redefinir nossas funções como grupo profissional, nossos compromissos sociais, nossas responsabilidades na reorientação do presente e do planejamento do futuro próximo e distante. Com a esperança de que sejamos capazes de coordenar esforços coletivos e otimizar recursos para se alcançarem novas metas com ações operacionais que demonstrem o poder de convicção de nossos discursos, da confiança e credibilidade social que despertamos nos diferentes setores, contextos e instituições, e, por fim, que demonstrem se nosso trabalho serve realmente à sociedade em que vivemos ou à que haverá de chegar.

Talvez eu tenha escolhido o mundo do emprego, da profissionalização e dos valores em alta da globalização da economia e das políticas ambientais e formativas como pretexto para reconsiderar os novos cenários que haverão de atender o meio ambiente com caráter de urgência, e, por conseguinte, que devemos incorporá-los ao discurso da Educação Ambiental e da profissionalização ambiental com maior contundência, profissionalidade e firmeza, mas sem nos descuidar, pois a oportunidade que temos como setor provavelmente não voltará a se repetir. Do contrário, não deixaremos de ser marionetes de porcelana instaladas em uma adolescência pré-gremialista, sem maior fundamento que a simples arrogância de algumas ações cotidianas (entusiastas e sem transcendência) e a vaidade de alguns eloqüentes discursos pré-disciplinares ditados do púlpito da academia e envoltos em um mundo sujeito a leis próprias que nos escapa e nos ultrapassa, impondo-nos o ritmo de uma cegueira persistente diante de uma realidade transbordante que galopa ao ritmo da velocidade da luz.

Começarei minha argumentação descrevendo e dando provas dos traços de autismo, inocência e filantropia que definem o setor ambiental e o diferenciam de outros grupos e associações profissionais com maior tradição social, mais perspicácia, capacidade de pressão, credibilidade e poder de convicção. Continuarei justificando a necessidade de reconversão do setor e a urgência de abordar uma reorientação da qualificação e dos entornos, instituições e estratégias de formação das diferentes famílias e perfis profissionais em um sentido mais crítico e menos academicista. Dedicaremos alguns comentários à oportunidade que acarreta o meio ambiente para o mundo do emprego, e as cautelas e precauções que devemos ter presentes no momento de adotar posições a favor e contra este movimento sob as pressões e condicionantes da globalização. Por último, acabaremos nossa intervenção com uma proposta de qualificação técnico-profissional estruturada a partir da construção empírica e da análise fundamentada das necessidades e competências de ação que a sociedade atual em seus distintos contextos geográficos está demandando.

AUTISMO, INOCÊNCIA E FILANTROPIA NO SETOR AMBIENTAL

Nós, profissionais do ambientalismo, especialmente educadores ambientalistas, levamos mais de três décadas olhando o umbigo, envoltos na redoma de vidro de nossas aulas, de nossas couraças de tartarugas, de nossos circuitos acadêmicos, de nossos programas de intervenção em contextos formais, desenvolvendo campanhas de sensibilização, atividades de vitalidade e construindo maravilhosos discursos e textos politicamente corretos, bem-ajustados a normas e protocolos-padrão de revistas e congressos, mas fazendo ouvidos moucos ao ritmo desenfreado que levam as coisas no mundo real, às necessidades latentes dos contextos, às demandas que nos impõem os interlocutores que nos rodeiam, aos problemas latentes que no dia-a-dia nos apresenta o meio sociocultural e suas encruzilhadas.

Acovardados pela complexidade da realidade, impotentes diante de seu dinamismo ou ausentes a seu funcionamento, criamos cenários artificiais absolutamente idílicos para aplacar nossas consciências profissionais, tratando de economizar energia, nos deslocarmos sem carro e reciclar simuladamente, sem, na maioria das vezes, nos preocuparmos realmente se esses discursos, essas ações, esses programas e realidades são úteis, transcendem realmente nossa microesfera, cumprem bem as funções e os propósitos que lhes encomendamos, atendem com objetividade e diversidade as demandas que os originam, ou dão provas suficientes de êxito, eficácia e bom funcionamento para justificar as energias que investimos neles, e em alguns casos o gasto e o financiamento destinados a eles.

Queiramos ou não, somos herdeiros diretos do utopismo e da fantasia dos velhos ecologistas, e resistimos a pisar a realidade com as doses de materialismo e pragmática que ela nos exige. Se olhamos nosso passado recente é fácil constatar os traços marcantes de autismo com que viemos respondendo em cada momento histórico aos acontecimentos do momento, com orações e cantilenas repletas de entusiasmo, esperança, romantismo, bondade, ingenuidade e, principalmente, inocência profissional. Nós, ambientalistas, somos um grupo muito peculiar, com sinais próprios de identidade que nos diferenciam dos demais grupos profissionais por nossa falta de ambição profissional, excesso de altruísmo, formas de pensar e fazer, de entender e enfrentar as relações com o meio com alguns procedimentos capazes de responder às suas demandas. Mesmo apesar de manter enormes discrepâncias e sustentar uma diversidade de pontos de vista no seio do próprio grupo, são maiores as coincidências que as diferenças, pelo menos no que se refere à nossa pobre capacidade de mudança e mobilização da realidade em que atuamos.

Como setor vivemos enquistados nas promessas do pensamento filantrópico e iluminista com que olhamos as flores do paraíso faz já mais de um século; por isso devemos fazer um esforço contínuo para construir os olhares múltiplos que demanda o campo de ação e profissionalização socioambiental que nos ocupa, incorporando às nossas práticas e aos nossos discursos elementos mais tangíveis e materiais, e um pensamento mais beligerante e operacional que ultrapasse a beleza de nossos poemas e as retóricas de nossos textos: AÇÃO, CAPACITAÇÃO E REFLEXÃO são as chaves históricas sovadas que viemos postulando como princípios fundamentais de nosso *modus operandi*:

AÇÃO, CAPACITAÇÃO E REFLEXÃO
AÇÃO, REFLEXÃO E CAPACITAÇÃO
CAPACITAÇÃO, AÇÃO E REFLEXÃO
CAPACITAÇÃO, REFLEXÃO E AÇÃO
REFLEXÃO, AÇÃO E CAPACITAÇÃO
CAPACITAÇÃO, REFLEXÃO E AÇÃO

Na ordem, sentido e direção que quiserem, como uma roda da fortuna que há de nos redimir de nossos erros históricos (mas isto já o diziam os textos clássicos, não lembro bem se foi no Gênese, em Belgrado ou Tbilisi). Avançamos tão pouco desde então?

Os modelos baseados em uma formação ambiental centrada excessivamente nos meios escolares, que têm como destinatários prioritários os meninos e meninas, contribuíram para que se façam extensivos os procedimentos, as formas de trabalho, as metodologias e os programas para outros contextos bem diferentes, levando a educação ambiental e as preocupações com o meio ambiente a uma espécie de sectarismo profissional e a um reducionismo metodológico, ideológico, epistemológico e disciplinar taxado de filantropia, inocência e falta de transcendência socioambiental, cujos redutos privilegiados foram os cenários acadêmicos, confiando em que a educação, além de encerrar um tesouro, possui a fórmula sagrada da mudança social e a transformação das consciências coletivas. Mas falando em termos práticos, quantos programas de trabalho dirigimos especificamente ao mundo da empresa, da administração, da política, da legislação, do transporte, da energia, da indústria ou da produção? Que espaço dedicamos em nossos eventos a estes outros mundos da realidade que são os que no final têm a chave do progresso e marcam o ritmo da evolução e da mudança em nossas sociedades?

A educação ambiental não é uma tarefa inocente isenta de intencionalidades e propósitos, nem se trata de ensinar às crianças como o mundo anda mal, nem tampouco ocultá-lo. O acúmulo de conflitos, valores, culturas e idiossincrasias que se cruzam nesta parcela de realidade, atribui ao ambiental um valor superestimado de complexidade epistemológica e um *status* disciplinar de singular riqueza, pois nele se encontra uma diversidade de interesses contrapostos, de ideologias contrárias, de pressupostos filosóficos divergentes, de éticas díspares e de práticas cotidianas muito desiguais e variadas. Esta heterogeneidade, evidentemente, não poderia ser entendida a partir da linearidade e da assepsia de um modelo de pensamento simplista estritamente lógico-positivista que ignore subjetividades, significados, intenções e interesses.

A tudo isso ainda se soma o muito baixo consenso que existe quanto às metodologias sobre os referenciais teóricos mais convenientes, as formas de intervenção mais apropriadas e os modelos de trabalho mais recomendáveis para resolver os problemas do meio ambiente, atribuir responsabilidades ou escolher o significado e a orientação para onde devemos dirigir o sentido da mudança ambiental e da transformação social. Enfim, "somos poucos, e muito mal-ajustados". Sem falar sobre o mundo da pesquisa, das práticas avaliativas, dos campos prioritários de intervenção ou os modos de legitimar e construir o conhecimento ou estabelecer padrões ótimos de qualidade em programas, materiais ou produtos derivados da própria pesquisa.

Nosso grau de discrepância, como grupo, e nossa falta de consenso é tal que nem sequer estamos de acordo no mais básico sobre o que devem ser os objetivos prioritários da formação ambiental, apesar de constituir uma das maiores prioridades acadêmicas a que se dedicou mais esforço e sobre a qual mais abundância de literatura disponível há no momento (Sauvé, 1999). Se há quem pensa que o setor ambiental se deve preocupar exclusivamente com a sensibilização e a mera interpretação de realidades, também encontramos defensores intransigentes de uma formação ambiental mais crítica, politicamente comprometida e voltada para a ação, a transformação e a mudança dos conhecimentos, das atitudes, dos procedimentos, dos estilos de vida, das concepções e dos hábitos sobre o uso dos recursos, dos modelos de desenvolvimento que devem prevalecer ou das políticas mundiais que devem marcar as tendências nas relações de eqüidade e cooperação entre países. Tampouco há visões unânimes sobre o lugar que deve ocupar o ser humano em todas estas complexas tramas de interações sistêmicas entre elementos naturais e estruturas construídas, entre problemas globais de caráter intangível e invisível para a imediaticidade do cotidiano e conflitos reais diretamente vivenciados e ligados aos interesses singulares das populações locais, entre cultura e biodiversidade, entre gestão e formação. Também há quem entenda que, em matéria de formação ambiental, onde é preciso carregar mais nas tintas é na dimensão ética, lúdica ou estética, deixando em um segundo plano a dimensão política e o valor educativo intrínseco das práticas ambientais.

No meu modo de ver, é preciso começar chamando as coisas por seu nome e encerrar definitivamente o debate sobre o que é e o que não é o meio ambiente, sobre o que é e o que não é formação ambiental, sobre quais são ou deveriam ser nossos âmbitos de intervenção como setor profissional e onde estão os pontos fracos sobre os quais devemos incidir para abrir os olhos definitivamente e deixar fora deste círculo difuso as múltiplas pseudo-educações e os discursos estéreis, taxados de naturais, quando no fundo encobrem ações fraudulentas ou pseudoprojetos adulterados que fazem uso da vitrine do meio ambiente para conseguir outro tipo de fins lucrativos, financeiros ou mercantilistas que encontraram neste espaço um caldo de cultura ótimo e uma oportunidade feroz de promoção, venda e mercantilização, isenta de escrúpulos, controle, regulamentos e normas. E como se costuma dizer, "em rio cheio, ganho de pescadores", embora aqui os pescadores, mineiros ou agricultores sejam os primeiros que a corrente arrasta.

Os mediadores ecológicos, preocupados com a intervenção profissional em qualquer setor (formação, gestão, política, indústria, lazer, turismo...), deveríamos entender que um debate em profundidade acerca dos modelos de trabalho mais adequados para atuar no campo ambiental não se reduz a uma mera questão de crítica às tradições, metodologias e formas de atuação, diagnóstico, avaliação, análise de necessidades e pesquisas predominantes e de tradição histórica, senão que é mais uma questão de busca de alternativas com poder de convicção e capacidade de resolução operacional dos problemas que demandam este tipo de situações. No coração do debate contemporâneo sobre metodologias, formas de trabalhar, paradigmas e tradições de formação, capacitação para a mudança e pesquisa mais adequados ao âmbito de preocupações e necessidades do meio ambiente, temos de considerar nossa capacidade para explicitar, revisar e analisar o que pensamos sobre quais são os motivos por trás de cada recurso natural, o que escondem os diferentes modos de entender cada política ambiental, como se gera o conhecimento e se estrutura a formação, assim como as explicações que damos sobre os problemas ambientais e os condicionantes históricos, sociais e contextuais que há por trás de cada forma de indagar, analisar e resolver cada questão ambiental. Como mediadores ecológicos temos não só a obrigação de desvendar estes segredos como de torná-los visíveis diante dos interlocutores que nos rodeiam e diante dos destinatários de nossas ações, por isso não podemos ser neutros.

Portanto, os temas a solucionar neste estado de confusão não se referem somente a questões estritamente conceituais ou metodológicas, mas, antes, com nossa capacidade para construir explicações alternativas e críticas, baseadas no entendimento da intencionalidade que orienta nossas atuações humanas. E em tudo isso situamos o setor como um grupo de mediadores ecológicos singulares, nascidos em um determinado momento histórico, educados em certos contextos sociopolíticos e institucionais concretos e submetidos ao sincretismo e à influência de algumas escolas de pensamento e alguns valores culturais e intelectuais determinados, ou contratados por uma determinada empresa para a qual temos de prestar nossos serviços como profissionais livres e eticamente responsáveis.

Nossas formas de atuar como mediadores ecológicos são, com toda certeza, reflexos inconscientes de nossas limitações contemporâneas nas formas de fazer e entender a realidade, as subjetividades e os sistemas sociais, culturais, lingüísticos, econômicos, políticos e ambientais que as sustentam. O certo é que tendemos a estruturar os problemas em relação aos métodos e modelos que conhecemos, aqueles que nos dão segurança, com os quais agimos com um certo desembaraço e em que temos já alguma habilidade, alguma experiência e alguma capacitação de eficácia comprovada; portanto, os métodos conhecidos e nossa formação precedente serão fortes condicionantes na forma de orientar e resolver os problemas ambientais, os problemas de pesquisa ou os enfoques avaliativos a que nos propomos: ser socializado em um determinado método de resolução de problemas ambientais ou de pesquisa significa nos movermos em determinados pressupostos e em uma certa lógica de indagação, usar uma determinada linguagem e orientar nossos propósitos para algumas metas e problemáticas específicas, sob certos pressupostos de intencionalidade mais ou menos conscientes e explícitos. O horizonte da transdisciplinaridade e o trabalho cooperativo entre disciplinas de distinta natureza junto à nossa filiação corporativa a entidades, instituições ou redes plurais, pode ser uma via de trabalho futuro que há de nos tirar da miopia e do localismo em que nos movemos, junto a um desenvolvimento mais pormenorizado dos aspectos ético-deontológicos da profissão, independentemente do setor específico do meio ambiente em que se intervenha, seja a administração, a gestão, a indústria ou a formação.

No mínimo, encontraremos mais dificuldade no momento de decidir para onde reorientar os interesses e esforços da jovem comunidade profissional e quais agentes devem executar tarefas e prestar serviços específicos, assim como legitimar, validar e difundir os resultados de nossos trabalhos, realizações e impactos de nossos programas ou conseqüências de nossas ações pró-ambientais no meio social e natural. A tarefa do mediador ecológico se complica quando se exige que explicitemos previamente qual é nossa visão dos fins e o alcance dos objetivos e modelos de desenvolvimento sustentável que postulamos, pois, caso optemos por uma ou outra visão, o tipo de resultados serão, conseqüentemente, de distinta natureza.

Por todas estas razões, temos de admitir que o setor ambiental não pode ser um campo de problemas linearmente pautado, cartesianamente concebido e circularmente demarcado que possamos enfrentar de uma maneira ortodoxa, a partir de uma proposição teórica exclusiva, a partir de um âmbito disciplinar estanque específico, nem com algumas ferramentas conceituais ou metodológicas reducionistas e estreitas; o ambientalismo é um mar de complexidades, um universo de pluralidades condicionado pelo avanço social permanente, pelo progresso científico-tecnológico, pela mudança da mentalidade dos indivíduos, pela pressão dos mercados e dos valores predominantes de cada cultura, e regulado pelas limitações de comunicação interna e externa entre as diferentes comunidades científicas, grupos de trabalho, tradições disciplinares, enfoques metodológicos sobre o conhecimento científico e lugar da mudança socioambiental. Esta exigência de complexidade intrínseca somada à demanda de comunicação transfronteiriça entre tradições disciplinares e formativas dos mediadores, pesquisadores, agentes e escolas de pensamento, faz do campo que nos ocupa um espaço privilegiado para o caos conceitual e para a incerteza epistemológica e metodológica, dado que até o momento não dispomos de uma plataforma própria de teoria avalizada e documentada por um *corpus* suficiente de pesquisa empírica e de prática fundamentada que legitime, oriente e regule estes espaços de confusão que são próprios, por outro lado, de campos de profissionalização e conhecimento jovens, em estado embrionário, em relação aos tradicionais esquemas de pensamento em que se movem os demais saberes, disciplinas e profissões convencionais.

Há ainda muito pouca tradição de contextualização e fundamentação dos problemas e das formas de intervir no campo social; não há colégios profissionais visíveis ou invisíveis, nem escolas de pensamento afiançadas; não há um corpo de teoria consistente nem um núcleo de achados suficientemente legitimados; só existe um ativismo disperso, heterogêneo, irreflexivo e assistemático de pesquisa e ação. A tradição mais "teórico-reflexiva" e de contribuição de achados é representada por um tipo de pesquisa convencional e academicista, excessivamente preocupada com problemas de pesquisa de caráter eminentemente descritivos e radicalmente distanciada do grosso das práticas fundamentalistas inspiradas no dinamismo diário e na intervenção acelerada pelo imperativo das demandas dos usuários, das pressões dos contextos e da violência dos programas nos trabalhos do dia-a-dia. No máximo encontramos, até o momento, em cada país, algumas singularidades e pequenos círculos de referência, mas estamos muito longe ainda desse ideal de redes de que sempre falamos e que nunca chegamos a tecer por quaisquer razões. Confiemos que este evento seja uma oportunidade para isso.

O setor ambiental não conseguiu alcançar uma formulação disciplinar, nem sequer nos âmbitos acadêmicos. O mediador ecológico, enquanto agente direto que intervém na prática, pode ser caracterizado mais como profissão emergente baseada na vontade de seus práticos e ativistas, que necessita de mais e de melhor comunicação, formação e pesquisa autóctone na prática e sobre a prática, para seu desenvolvimento como campo disciplinar e sua consolidação como parcela profissional com visibilidade e respaldo institucional. Mesmo assim, os práticos costumam estar preocupados em melhorar seu trabalho e manifestam certo interesse pelas questões de pesquisa; mas de um tipo de pesquisa diferente da acadêmica, de *baixa voltagem,*[1] *caseira e artesanal*, voltada para a melhora imediata de suas práticas e para a resolução pontual de seus problemas reais; de uma pesquisa útil, concebida mais como uma ferramenta que permita elaborar e reelaborar o conhecimento e a experiência profissional, à margem de perspectivas teóricas, enfoques metodológicos ou referenciais de fundamentação academicista. Acima de tudo, preocupa mais a melhora da própria ação e o desenvolvimento profissional do que a produção de um conhecimento de base que possa conduzir à construção de teorias. A pesquisa pode servir aqui para qualificar a ação, dar certa racionalidade e coerência às intervenções dos práticos, assim como sistematizar os processos de participação e intervenção educativa e exercer um certo controle sobre eles.

Infelizmente, nossos meios universitários têm uma baixa capacidade para atender e entender este tipo de demandas colaborativas voltadas exclusivamente para a melhora e a mudança de realidades singulares. Nos âmbitos acadêmicos, a intervenção e a pesquisa ambiental adquirem um caráter mais formal e meritocrático, mais teórico e menos prático, também *mais inútil*: pesquisa-se para explicar, para entender, para descobrir e inclusive para prever; intervém-se para formar, instruir ou incrementar o patrimônio conceitual. Mas as oportunidades de conectar o conhecimento à prática são mínimas, porque as exigências que esse outro tipo de pesquisa de *baixa voltagem* impõem são muito mais comprometidas, exigem mais dedicação, requerem mais tempo e maiores compromissos vitais; sobretudo, obrigam o pesquisador, o mediador ecológico ou o profissional dessa parcela a assumir uma opção politicamente responsável com seu objeto de estudo, na qual se reflete com sinceridade e transparência sua posição pessoal frente aos modelos de desenvolvimento sustentável e seus níveis de compromisso ideológico com um tipo de práticas voltadas para a mudança e para a transformação das realidades educativas, sociais e ambientais, e lhe exigem o seu envolvimento em dinâmicas de participação capazes de tornar manifestas as relações táticas entre o meio ambiente e as estruturas sociais, econômicas e políticas. Mas este pesquisador modélico é mais fruto de uma ilusão de *conto de fadas ambiental* do que um reflexo da realidade. A dupla moral com que os mediadores ecológicos sobrevivem freqüentemente e os desajustes entre teoria e prática também atormentam assiduamente estes profissionais, com riscos acumulados de má consciência, má consciência que, às vezes, nos leva a um discurso quase esquizofrênico, que nos obriga a realizar proposições teóricas impecáveis sobre os compromissos, as ações, a participação, a pesquisa e o bom caminho do desenvolvimento sustentável. Mas depois, na intervenção diária e na ação profissional cotidiana, essas proposições são resolvidas sem preocupações com níveis de mudança objetiva conseguida na realidade concreta em que atuamos. No caso da prática, esta dupla moral pode ser apreciada em muitas iniciativas de ecoescolas e ecoaulas que se viram envolvidas, sem se dar conta, em processos de competição sangrenta para conseguir a melhor marca em redução de consumo de energia, água ou controle de lixo, simplesmente pelo fato de que no final conseguiriam`uma mochila, um diploma de bom defensor ambiental, um par de bonés e alguns adesivos. No caso da universidade, também é muito freqüente esta esquizofrenia, pois muitas pesquisas que são postuladas como alternativas e progressistas e que começam com referenciais teóricos eloqüentes e eruditos, inspirados em uma apologia quase-fundamentalista da orientação para a mudança, com o compromisso do pesquisador com a prática e as virtudes da pesquisa-ação, acabam sendo resolvidas com alguns questionários enviados pelo correio que não têm outro objetivo senão de validar um título de doutor ou justificar os fundos de um projeto de pesquisa sem a mínima preocupação com os níveis de mudança conseguidos na realidade concreta de onde se recolhem os dados e para a qual jamais devolvem as conclusões e as descobertas por medo de cair no ridículo.

Nos contextos neoliberais em que nos movemos, talvez os profissionais da ecologia nunca cheguem a se comprometer com um modelo final de mudança global que aposte no máximo. Frente à complexidade do mundo, aplacaremos nossas ânsias de profissionalidade e nos sentiremos satisfeitos com a retórica dos paralelos, o discurso erudito dos planos estratégicos de EA (Educação Ambiental) e o projeto de materiais didáticos tipo Walt Disney, onde se entende o meio ambiente como um *hobby* pequeno-burguês, como uma forma a mais de ocupar o ócio com histórias tipo *Monster* ou *Harry Potter*, de aventuras, intriga e bricolagem no parque do bairro, que aplacam as consciências da população com fórmulas filantrópicas, que empregam as crianças como educadores ilustrados dos maus hábitos ambientais dos adultos e nos exime, na realidade, de qualquer tipo de compromisso real com a injustiça social, a desigualdade e a delinqüência ambiental. A partir desta simulação de vivências virtuais que concebe o ambiental como uma estampa comercial promovido ao estilo Beto Carreiro, com cores de temporada e estruturas de conservação ambiental ortopédicas, em casinhas de madeira envoltas pela natureza tropical e máquinas de Coca-Cola; nunca chegaremos a sentir a necessidade de que nossos modelos de intervenção possam funcionar na contracorrente, questionando a realidade e incomodando as inércias institucionais, pessoais, sociais, políticas ou econômicas com que transitamos em nosso fazer profissional como pesquisadores, ou em nossas vidas cotidianas como cidadãos consumidores.

O discurso ambiental tem uma forte dose de compromisso, iniludível, na minha opinião, no que se refere à reflexão, ação, capacitação e pesquisa. Se os mediadores ecológicos não assumem os pressupostos ideológicos de fundo, implícitos no discurso da conscientização frente ao meio ambiente e à tomada de decisões comprometida com os problemas ambientais e as estruturas que os mantêm, nunca chegaremos a propor mudanças reais, coerentes, duradouras, ambientalmente comprometidas e eticamente sustentáveis. Talvez justifiquemos nossas incoerências apelando para o mito do trabalho nos âmbitos socioeconômicos mais pobres, como uma responsabilidade particular e específica dos países do Terceiro Mundo ou dos povos e municípios rurais, como espaços virgens ideados ao estilo daqueles viajantes românticos do século XIX, tipo Stevenson, ou daqueles colonos insaciáveis que trataram de cristianizar o mundo todo custasse o que custasse. Mediadores ecológicos que, com a ajuda de agências internacionais, hoje poderiam chegar a adquirir maiores cotas de compromisso, além de ações ambientalmente mais perduráveis e coerentes com um modelo de mudança global no pessoal e no institucional. Isto talvez aumente mais ainda a distância entre uma formação ambiental de "Primeiro Mundo" – apresentada como um complemento à cultura geral de qualquer cidadão "moderno", que equivaleria a uma capacidade similar a nossa educação visual para diferenciar um Van Gogh de um Rembrand, ou uma polca de uma rancheira – frente a uma alfabetização ambiental vital baseada no compromisso ativo e socioambiental, na mudança e na transformação das realidades próximas. O perigo destas proposições volta a ser o de sempre: os que mais têm acabarão tendo mais ainda e os que menos contaminam serão os que mais responsabilidades devem assumir em sua vida cotidiana e nas margens de precariedade de recursos com que sobrevivem. Evidentemente, a prometida sociedade do bem-estar também acarretou elevadas doses de mal-estar, injustiça e um bom número de promessas que não foram cumpridas, tanto no chamado Primeiro Mundo como nos que vão atrás.

IMPLICAÇÕES AMBIENTAIS DOS FRACASSOS E AMBIÇÕES DA SOCIEDADE DO BEM-ESTAR

Hoje mais do que nunca, ganha cada vez maior vigência aquela velha frase de Ortega y Gasset que afirma "ser técnico e somente técnico é poder ser tudo, e conseqüentemente não ser nada determinado"; que lugar ocupa, pois, este mediador técnico especializado em tarefas ambientais nos âmbitos da educação, da indústria, da administração ou da política, a partir desta perspectiva de microespecialidade? Abordar o mundo atual e suas questões ambientais a partir dos níveis de superespecialização profissional permite-nos hoje resolver problemas de alto nível de especificidade, mas, ao mesmo tempo, limita-nos a campos de intervenção profissional tão extremamente reduzidos que nos inabilitam e impossibilitam para um exercício integral de funções como seres humanos inúteis fora do microcosmo da especialização em que nos desenvolvemos durante mais de 70% de nosso tempo ativo.

Com a divisão do trabalho certamente ganhamos muitas coisas, mas também diluímos nossas capacidades mais básicas para pensar os problemas imediatos para passarmos a ser auto-escravos de nossos mais sofisticados engenhos. É que na era da superespecialização e da sociedade digital perdemos o fio condutor da origem mais básica das coisas do mundo que nos rodeia. Também é certo que a sociedade tecnificada nos transformou em seres inúteis diante da velha filosofia de auto-suficiência cotidiana para atender às demandas concretas que nos impõe o mundo físico do ciberespaço, dos hipertextos, das dietas microprogramadas ou dos milhares de inventos cotidianos que a robótica acabará transformando em imprescindíveis para nossas vidas, chegando a fazer parte de nosso ente biológico, como apêndices tecnológicos que complementem e ampliem nossas funções vitais no social, intelectual, psicológico ou biológico.

Enquanto o crescimento, em termos de bem-estar, para determinadas culturas foi justamente diminuindo no transcurso do século XX, os avanços científico-tecnológicos e o desenvolvimento experimentado em determinadas partes do planeta, muito especialmente após a Segunda Guerra Mundial, e especificamente na Europa e na América do Norte, com diferentes ritmos, conforme o país e as circunstâncias políticas, sociais e econômicas de cada contexto, abrem as portas progressivamente aos chamados *Estados do Bem-Estar*, cujos traços mais relevantes são, entre outros: o pleno emprego, o aumento do poder aquisitivo da população, a melhora das condições de vida básicas em matéria de moradia, educação, saúde, participação democrática nas políticas públicas, democratização cultural, aumento do nível de formação, satisfação da população no trabalho, aumento de conquistas sociais básicas nas condições de trabalho, horários, tempos de férias, salários, progressiva qualificação profissional... Os ditos *Estados do Bem-Estar* mantêm uma relação inversa de crescimento em relação a outros muitos países em vias de desenvolvimento, mesmo quando estes dispõem de recursos suficientes para manter um certo desenvolvimento autônomo (se não idêntico, pelos menos parecido em uma margem de tempo), e são os primeiros que progridem à custa de parasitar os mais atrasados.

O certo é que esta situação de bonança social, cultural, econômica e vital não foi um fator homogêneo, não só para as diferentes regiões do planeta, tampouco o foi para as populações e habitantes de idênticas regiões onde chegaram a coabitar simultaneamente as maiores cotas de pobreza com as maiores de acumulação de recursos e riquezas. A bonança inicial do prometido progresso mal durou 20 anos, e não de forma homogênea, pois, pela metade dos anos de 1970, já começam as primeiras crises do *Estado do Bem-Estar* como conseqüência do confronto das novas políticas ultraliberais (lideradas principalmente pelos Estados Unidos e Inglaterra) que põem em perigo muitas das conquistas sociais e avanços alcançados, cujas manifestações evidentes residem no aumento da desigualdade social, progressivo incremento do desemprego, problemas de superpopulação e concentração em zonas urbanas, problemas de convivência intercultural, conflitos de desigualdade por razões de gênero... Estas novas políticas vêm pela mão da chamada "nova economia", enquanto instrumento voltado para o aumento da produtividade e para a concentração da riqueza à custa da incorporação acelerada das novas tecnologias e dos avanços e inovações aplicados do campo científico, da exploração desproporcionada e intensiva dos recursos naturais, do uso de mão-de-obra barata e da mercantilização do conhecimento bem como objeto de comercialização. Com esta situação se agravam as distâncias entre países desenvolvidos e não-desenvolvidos ou em vias de desenvolvimento, criando-se obstáculos infranqueáveis para a modernização igualitária dos povos. O caso da dívida externa e dos direitos ancestrais adquiridos durante séculos de colonização predatória centrada na exploração de bens e na extração de recursos naturais por parte dos países menos dotados em diversidade de recursos em seu meio geofísico imediato.

As notáveis mudanças ocorridas na economia mundial a partir da década de 1980 geraram uma série de problemas ambientais em nível planetário e, fundamentalmente, nos países dependentes, cujas dimensões não foram completamente percebidas. A dívida externa, a hiperinflação, as tendências de urbanização, o desemprego, a distorção dos mercados internacionais, a supersaturação de produtos básicos e a conseqüente baixa de preços, entre muitos outros fatores, determinaram uma excessiva pressão sobre o meio (González Gaudiano, 1997, p. 244).

A questão que nos colocamos nesta altura do discurso é se os educadores-agentes-mediadores ecológicos devem se preocupar, além de sua parcelazinha de superespecialização, com estes ingredientes que nada têm, à primeira vista, a ver com a escala local de seu trabalho.

Se, em um determinado momento da história dos povos, os processos de modernização necessitaram da mão-de-obra e do trabalho de todos, a globalização da economia nos levou a prescindir da força física e do trabalho presencial para substituí-lo pelo domínio da robótica, do comércio eletrônico, do teletrabalho ou da afetividade virtual. Paralelamente é tal a magnitude da exclusão social que fomos gerando que os próprios estados já não têm como dimensionar as conseqüências ambientais, sociais, econômicas ou culturais destas mudanças inéditas no devir da história. Estes conteúdos serão elementos necessários para o exercício habitual da profissão ambiental?

O pensamento único há de encontrar respostas diversas e plurais para sua encruzilhada no seio dos contextos locais; o meio ambiente constitui um revulsivo importante nestes processos de transformação e mudança de realidades socioprofissionais, cujos efeitos são, como assinala o Informe para o Desenvolvimento Humano do PNUD (1996, p. 1-10):

a) Um crescimento sem emprego, que repercute de diversos modos, mas que nos países em desenvolvimento se expressa na necessidade de investir mais horas de trabalho, por causa dos baixos rendimentos, e no incremento de uma economia informal.
b) Crescimento sem eqüidade, em que os frutos do trabalho beneficiam principalmente os ricos.
c) Crescimento sem a voz das comunidades, no qual o crescimento não é acompanhado de uma democratização, caracterizado por regimes autoritários que afogam a participação social nas decisões que afetam as vidas da população.
d) Crescimento sem raízes, em que a identidade cultural desaparece ao fomentar uma uniformidade que tende a suprimir as diferenças, mas não a desigualdade.
e) Crescimento sem futuro, como quando se desbaratam os recursos naturais e se degrada o ambiente, na ânsia de um crescimento econômico a curto prazo.

O esforço que nós, mediadores ecológicos, temos de fazer no mundo em que vivemos atualmente é exponencialmente infinito, enquanto técnicos especializados em uma parcela da realidade, conjugado com visões globais de conjunto que não nos impeçam ver a floresta. As empresas não vão mudar de proposições por mais sermões, tratados e cúpulas que realizemos. As leis do mercado são muito transparentes, claras e taxativas neste sentido, e não entendem de teorias nem de milagres e altruísmos; para elas, o branco é simplesmente branco e o negro, negro, haver-dever, custo-benefício, perda-rentabilidade é a argumentação bipolar com que estruturam o mundo. E, como diz Dalton, "enquanto a destruição capitalista continue produzindo ganhos para os donos do mundo e seja mais importante que a conservação ambiental, a única possibilidade que a ecologia tem de ser importante é a de continuar sendo um negócio".

E não podemos deixar de reconhecer que a perspectiva atual que o capitalismo impõe frente à lógica dos mercados mundiais supõe, para os postulados do desenvolvimento sustentável, uma postura no mínimo subversiva ou contraditória para suas aspirações e interesses, ao seguir prescindindo dessas externalidades que nunca custaram dinheiro como a água ou o ar. Com o avanço das sociedades modernas fomos assistindo progressivamente à queda de alguns mitos importantes para as esperanças e ilusões da sociedade do bem-estar:

1. Pensava-se que com maior crescimento haveria menor desemprego. Aconteceu justamente o contrário.
2. Pensava-se que com maior progresso haveria mais igualdade e divisão de bens.
3. Pensava-se que com maior avanço científico haveria mais racionalidade cívica e maior capacidade de convivência pacífica entre os povos.

4. Pensava-se que com mais tecnologia haveria menos contaminação.
5. Pensava-se que com mais bem-estar haveria menos problemas de convivência, exclusão e eqüidade.
6. Pensava-se que a igualdade devia nos levar a superar todos os mitos sobre as razões de gênero, de nível social e cultural, de ordem étnica...

As misérias do historicismo põem em dúvida hoje as muitas travas, precariedades, inconsistências, limitações, debilidades e deficiências do ser humano no panorama da globalização. O meio ambiente amiúde ilustra as histórias mais macabras e sub-realistas que qualquer literato engenhoso de nosso tempo seria capaz de imaginar no plano da ficção; bastam alguns exemplos para mostrar o cúmulo da estupidez em matéria ambiental: "derrame de ácido sulfúrico no sul da França", "o preço do iogurte", "madeira ou corujas", "ecotaxas e privilégios", "pista de bicicleta ou estacionamento", "o preço do ruído", "macela da serra", etc., e um sem-fim de anedotas locais que, em pequena escala, demonstram até onde nós, os humanos, somos capazes de chegar.

E em outra escala mais global, a realidade supera mil vezes os cânones da ficção, dos malefícios daquele imperador que acreditou na palavra de seu próprio alfaiate, que o melhor traje do mundo era aquele que todo o mundo aclamava, sem que ele mesmo desse crédito à sua consciência de que estava nu; tal como o fez Calvino na história do cavaleiro inexistente, ou Cervantes, quando Quixote se atirava contra os moinhos jurando e perjurando aos seus companheiros que eram gigantes que o injuriavam vilmente pondo em dúvida sua honra de cavaleiro da triste figura. Talvez haja chegado o momento de criar aquele dicionário apócrifo do meio ambiente com que tanto sonharam os humoristas, como prova incontestável de que começam a nos considerar um grupo profissional no qual progressivamente vão crescendo os anões e também as piadas mórbidas. O caso da defesa preventiva, que não dá nenhuma prevenção ambiental, talvez seja a gota que transborda o copo, como se fosse uma paranóia, similar ou superior à daquele imperador que passeava nu por seu reino, convencido pela falsa admiração de seus cortesãos frente ao seu deslumbrante traje novo. Esta é a cegueira que Gorz nos pregou no começo dos anos de 1980 – e somente em situações-limite abrimos os olhos durante uns dias para voltar a fechá-los instintivamente, ao ver que não acontece mais do que já está acontecendo ao nosso redor. Tal como pregou Saramago em sua canção de Davos, quando aquele mineiro subiu ao campanário para acalmar seus vizinhos, tocando o dobre de finados na torre da igreja, para lhes informar que não havia nenhum cadáver, mas que a justiça estava morta.

As lições aprendidas, desde a revolução industrial, no imaginário coletivo mundial não foram demasiadas. Embora as realizações singulares mais evidentes e as cotas de bem-estar observável na passagem de uma geração para outra sejam mais que evidentes e apreciáveis, em nossas singulares vidas também aumentaram, infelizmente, nossas frustrações, nossos desencantos e nossas desilusões para com a espécie humana.

E não gostaria de concluir este resumo sem mencionar explicitamente o discurso do desenvolvimento sustentável, um discurso que contribuiu para diluir com bastante sucesso todo o trabalho de sensibilização, conscientização e denúncia que os movimentos sociais pró-ambientais silenciosamente vinham construindo. Certo que nos deu a oportunidade para debater e disputar sobre um espaço comum, mas é menos certo que nos levou a disfarçar com o mesmo traje interesses e visões historicamente confrontadas: "a capacidade de convergência demonstrou ser o ponto forte do desenvolvimento sustentável e a ambigüidade semântica um ponto fraco" (Sachs, 2002, p. 10). A expressão desenvolvimento sustentável se converteu em um tipo de cola multiuso que pôs em contato ambientalistas e imobiliárias, empresários e conservacionistas, políticos e gestores, sem que pelo simples uso comum do termo tenha-se resolvido nada; muito pelo contrário, com a confusão gerada, quem mais saiu ganhando foram os defensores do neoliberalismo, pois o termo desenvolvimento pode significar qualquer coisa, dependendo de como se olhe e com que fins se empregue. Frente a uma dócil aparência de neutralidade semântica, podemos ver como seu uso polissêmico permite acepções diametralmente opostas que vão desde quem o emprega como o crescimento econômico *per capita* em termos de PIB (Produto Interno Bruto), sem se preocupar com que o crescimento econômico exploda o capital social e natural para produzir mais capital monetário, até os que identificam desenvolvimento como sinônimo de mais direitos e recursos para os pobres e recomendam priorizar a busca do bem comum com base no patrimônio social e natural (Sachs, 2002, p. 14).

Ao ligar a idéia de desenvolvimento à de sustentabilidade desenham-se os limites e as restrições da exploração dos recursos e se abrem os mercados ao livre uso em prol do crescimento econômico. Isto foi uma das grandes críticas formuladas aos textos nascidos no Rio, nos quais as pressões dos setores econômicos forçaram que a idéia de crescimento econômico fosse assumida como um imperativo natural, que fosse considerada de saída como uma solução e não como parte do problema, legitimando deste modo que todo esforço ligado ao desenvolvimento necessite dos instrumentos do crescimento.

Até o momento, a maioria dos modelos e das teorias econômicos que foram aparecendo não considerou o meio físico e seus recursos como elementos integrantes da atividade produtiva, salvo para entendê-los como insumos ou variáveis de entrada exógenas para os diferentes modelos propostos denominados na linguagem econômica mais pura sob o eufemismo "externalidades", porquanto na produção não se estima seu custo como bens valiosos. Um primeiro passo consiste em integrar a estimativa de custos muito locais ligados a conseqüências ambientais tangíveis da produção. Embora o problema se apresente quando esses custos não estão ligados a conseqüências ambientais singulares (efeito estufa, perda de biodiversidade...). Se no primeiro caso a pressão que os afetados e as normas locais exercem, com um pouco de sorte, obrigam a que se realizem estimativas que transformam os danos ambientais diretamente em custos para produtores e consumidores, no segundo caso tanto a estimativa de custos quanto a identidade das vítimas escapam à possibilidade da justiça e dão lugar a perguntas como: quando a evolução do efeito estufa houver desencadeado a inundação de Bangladesh, como vamos nos encarregar de milhões de refugiados? Talvez de forma proporcional à contribuição de cada país, no passado, para a poluição atmosférica?

Embora os gregos já tenham nos advertido que a economia e a ecologia deviam ter raízes comuns e que por imperativo etimológico deveriam se ocupar de alguma causa comum, todos sabemos que, na realidade, há mais desencontros e diferenças do que semelhanças entre esses dois mundos tão distanciados entre si. Se a ecologia tem seu próprio mundo, o da economia é outro bem diferente. Para a economia preocupa mais a contabilidade, os balanços das finanças em termos de custos e benefícios, o dinheiro, a acumulação de fortuna, taxas, ações e bônus, assim como as diferentes formas de multiplicar e reproduzir esses capitais, além de ampliá-los no menor prazo de tempo e com o mais baixo custo financeiro possível.

Mas assim como a economia não seria nada sem a ecologia, esta última poderia, sim, prescindir dos favores da primeira, pelo menos ao abordar questões e sistemas em que não intervenha o ser humano, mas realmente são tão escassos os cantos do planeta em que a ação humana não exerça alguma influência direta ou indireta que temos de reconhecer que os dois âmbitos do saber estão condenados a se completarem, a se entenderem e unirem esforços ou pelo menos a conviverem ou coabitarem para explicar as diferentes facetas da realidade natural ou artificial. Esta complementação há de nos custar, ao setor ambiental, um esforço importante de reconversão até chegar a demonstrar que somos úteis na sociedade e que temos algo a oferecer como profissionais.

NECESSIDADE DE UMA PROFUNDA RECONVERSÃO TÉCNICO-PROFISSIONAL DO SETOR

Necessitamos revulsivos que nos mobilizem e nos levem a imaginar e a reconstruir outras fórmulas de profissionalização ambiental mais capazes de transformar e modificar a realidade, de maneira premeditada, nessa dupla perspectiva de técnico especialista e agente de mudança global que intervém com um horizonte crítico em uma parcela de profissionais ligada ao ambiental. Temos que olhar a formação com outros olhos (de empresário e mentalidade mercantilista) para podermos nos distanciar dessa herança de romantismo que envolve nossas preocupações de protecionistas acérrimos e ativistas fundamentalistas.

Alguns dos indicadores que ainda provam a imaturidade do setor (casos que exemplifiquem o setor) são os seguintes:

- Precariedade de emprego.
- Disseminação disciplinar.
- Dispersão formativa.
- Falta de identidade profissional devido à heterogeneidade das formações de origem, da multiplicidade de linguagens e metodologias, da heterogeneidade de conceitos e referenciais teóricos.
- A pena é que os procedimentos de formação para atender a essas respostas vivas costumam estar mais desestruturados em modelos de itinerários aleatórios, não-formais e que cada qual constrói de forma intuitiva como processos de sobrevivência pessoal no meio ambiente.
- Não se acredita suficientemente nos planejamentos do currículo em distintos níveis, ou, se se acredita, nos deixam o "galinheiro, as lacunas finais do currículo" para contemplar como o espetáculo da formação se distancia mais e mais do tempo real a que deve servir.
- Na medida em que as universidades despejam na rua diplomados que deverão tratar da vida e se formar, uma vez acabadas suas cadeiras, isso significa que formação e realidade são dois mundos distantes, que não se entendem nem complementam ou, pelo menos, que brincam de adversários.

O século XXI nos chegou de surpresa, antes do tempo devido, com muitas promessas pendentes no terreno do ambiental. Tudo isso requer uma importante reconversão estratégica de nossos discursos, formas de pensar e atuar, assim como de uma avaliação mais profunda dos modelos formativos e dos procedimentos de formação que empregamos amiúde. A formação ambiental é uma oportunidade que devemos formalizar e institucionalizar com maior contundência e credibilidade. O setor ambiental é, neste momento, um setor profissional em estado embrionário, algo imaturo, submetido a um excesso de incertezas e confusões. Como setor socioeconômico não é precisamente um setor agressivo e beligerante, mas exatamente o contrário, um setor demasiado dócil e submetido às leis e imposições de outros setores do mercado que lhe impõem ritmos, modelos, éticas e metodologias. Adquirir autonomia em todas as faixas – disciplinar, epistemológica, conceitual e ética – é uma aspiração desejável. Mas infelizmente nós, os educadores, sempre chegamos tarde nos cenários.

Uma vez fui passar uma noite de verão no campo com um grupinho de crianças de 4 a 6 anos. E diante de um mar de estrelas, antes de dormirmos, contei aos pequenos uma história sobre os esquilos, prometendo que no dia seguinte iríamos ao mato ver esquilos voadores. No outro dia, no desjejum, um se aproximou inquieto para me perguntar: "Pepe, hoje já é amanhã?".

E não me restou outra saída que lhe responder, perplexo, sim, meu filho, hoje já é amanhã! A velocidade do amanhã ultrapassa sempre nossa capacidade de hoje para dar resposta ao futuro. Nós, formadores, continuamos ancorados em um presente imortalizado que nos afoga e restringe as possibilidades de imaginar outro mundo diferente, mais inovador, assentado em outras coordenadas (Rousevel nunca prognosticou o invento de coisas triviais como o telefone móvel, o cartão eletrônico ou simplesmente a esferográfica). O que nós, formadores ambientais, esperamos para que chegue amanhã? Quanto tempo vamos passar entretendo as novas gerações com a história dos esquilos e com cantilenas do mesmo tipo? Talvez nos consolando com discursos pintados de verde em que nos atrevemos a dizer que já não há lobos nem na floresta, nem na costa, nem no conto da Chapeuzinho Vermelho; tampouco Cinderelas e Brancas-de-Neve, mas ecologistas apaixonados por si mesmos e madrastas resignadas a sofrer os contínuos desgostos de uma Cinderela contestatória e reclamona, chegada ao *jazz* e à maconha para enfrentar a amargura e o malefício da eterna dívida externa herdada de sua madrasta desde a época colonial até a eternidade. Seremos tão cruéis para deixar que estas crianças descubram por si mesmas, em suas próprias carnes, o poder e a ferocidade dos tubarões no mercado da vida?

Se a educação ambiental não é uma tarefa inocente, nós, educadores, temos responsabilidade de CAPACITAR PARA A AÇÃO.

Podem ser muitas as respostas para a reconversão do setor, como estamos vendo nestes dias, na aspiração clássica de capacitar para a ação; entre elas cabe destacar as seguintes:

- Maior politização dos discursos formativos a partir de estruturas de crescimento construtivo baseadas na análise da complexidade que envolve os problemas e acontecimentos ambientais. A resposta é política, antes de mais nada; não se trata simplesmente de reivindicar que se incorporem os custos ambientais que o desenvolvimento acarreta, mas de marcar taxativamente os limites que determinados modelos de desenvolvimento acarretam, e isso necessita importantes mudanças nas mentalidades dos formadores, maior abertura das instituições para os discursos plurais e novos sistemas de valores comprometidos com a mudança em pequena escala e transformação sincronizada em grande escala.
- Garantir a formação ambiental nos níveis anteriores à graduação, consolidando cenários específicos de formação não-universitária com forte ênfase na qualificação técnico-profissional em setores específicos de relevância social e atualidade que necessitem de uma formação intermediária (de jardinagem, zoológicos, reflorestamento, guias intérpretes, educação ambiental...).
- Incluir módulos de boas práticas ambientais nas diferentes especialidades e ofertas formativas de nível não-universitário voltadas para a

qualificação técnico-profissional do setor primário (alvenaria, carpintaria, mineração...).
- Delimitar um tronco de competências ambientais comuns para as diferentes titulações universitárias de grau médio ou superior e articular estruturas formativas de aquisição obrigatória desses âmbitos formativos.
- Ofertar parcelas de especialização para setores e famílias profissionais que permitam ir adquirindo um perfil profissional com itinerários formativos progressivos que completem a formação dos títulos de grau intermediário.
- Definir planos de formação universitária adaptados às necessidades da realidade e às demandas do mercado. Consolidar ofertas de titulações específicas em meio ambiente ou itinerários de especialização nos segundos ciclos das instituições superiores.
- Implantar sistemas de ambientalização curricular global que afetem o total de ofertas formativas atendo-se a modelos de planejamento curricular coordenados entre diferentes titulações, entre diferentes centros universitários e instituições não-universitárias.
- Empreender estudos sistemáticos sobre as exigências dos empregadores, as demandas e necessidades do mercado, assim como sua evolução em um futuro imediato.
- Planejar no setor ambiental ações formativas coordenadas com o mundo da empresa e baseadas em estruturas dinâmicas de diagnóstico e modelização de casos eficazes e em boas práticas.
- Estabelecer canais de formação e coordenação entre gestores, políticos e planejadores do campo ambiental.
- Definir figuras profissionais de mediação ambiental e desenvolvimento local que permitam intervir, por programas específicos de incentivo, em níveis básicos como a atualização em matéria de normatização, legalidade e respeito ambiental, assessoramento e orientação em normativas ISO e implementação, desenvolvimento e acompanhamento de programas e experiências-piloto de inovação ambiental.
- Revitalizar os meios rurais com modelos de residência, convivência e urbanismo baseados na recuperação de seus valores tradicionais, incorporando novas idéias e novos caminhos para a invenção e o equilíbrio entre "tradição e futuro". A formação tem muito que oferecer para estas soluções na conservação de grande parte da biodiversidade cultural de nossas cidadezinhas, na sustentabilidade das raízes da singularidade de nossas tradições e fazer frente ao cultivo *in vitro* da globalização.
- Definir detalhadamente os setores de emprego vinculados ao meio ambiente, delimitando suas exigências profissionais, funções, tarefas e competências segundo contextos definidos de intervenção.
- Implantar sistemas de gestão ambiental global nas instituições formativas, acompanhados de procedimentos de auditoria e qualidade ambiental.

- Estimular a criação de organismos e entidades que favoreçam a profissionalização do setor ambiental e a defesa de seus interesses e que contribuam para uma maior legitimação de sua atividade profissional, para um maior reconhecimento social da necessidade de suas práticas profissionais e um desempenho mais digno e eqüitativo do trabalho, seja mediante o associacionismo, a articulação sindical, os colégios profissionais, as academias ou outras estruturas que promovam uma maior qualificação e legitimação do setor profissional.
- Favorecer a criação de ofertas formativas centradas na pesquisa que permitam um desenvolvimento progressivo do campo da intervenção socioambiental.

Toda esta reconversão do setor ambiental necessitará, como afirma González Gaudiano (1998, p. 44), fortalecer processos pedagógicos polifônicos voltados para propiciar uma maior participação das pessoas nas decisões que afetem suas vidas, tais como:

a) A formulação de políticas públicas que auspiciem um referencial regulador mais apropriado, para enfrentar as pressões externas e internas para o estabelecimento de aberturas e intercâmbios sem restrições.
b) Gerar condições propícias para ocasionar um fortalecimento da sociedade civil, mediante estratégias dirigidas aos que agora tomam as decisões, assim como para que os grupos de decisão se ampliem com uma maior participação social que fomente autênticas lideranças locais e regionais.
c) Desenvolver melhores estratégias de associação e de comunicação, mediante a promoção de redes de organizações de cidadãos que construam e demandem mecanismos alternativos de participação e informação veraz e oportuna.
d) Reforçar processos regionais e locais articulados para interesses próprios e bem-identificados, que permitam contrabalançar o efeito hipnótico de uma ilusória aproximação de mundos cada vez mais distantes para a maioria.
e) Fomentar processos alternativos de manejo de conflitos que evitem desgastar e dividir as comunidades em benefício de interesses alheios e que promovam a análise de suas verdadeiras necessidades e prioridades.
f) Impulsionar processos educativos e de capacitação por meio de metodologias formais e informais, que fortaleçam identidades próprias, proporcionem valor a características distintivas e recursos e auspiciem a construção de horizontes particulares de futuro possível e verdadeiramente sustentável.

A concepção de estratégias e planos globais de intervenção nas diferentes facetas e dimensões do campo ambiental (biodiversidade, sustentabilidade, mudança climática, desertificação, solo, água, educação ambiental) devem contribuir para mudar o setor e aumentar sua profissionalização e protagonismo social. A última criação de planos estratégicos que foram construídos, pelo menos na Espanha, aponta claramente nesta direção e supera com juros muitas das falácias com que a princípio se iniciou o processo.

Também as políticas de convergência e os espaços de coordenação supranacional são a aposta mais modernizadora de diálogo, sincronização e fortalecimento mútuo, e uma alternativa importante para o descrédito e fracasso das altas cúpulas de Estados.

E, sobretudo, os mediadores ambientais aspirarem à mudança de "paradigma mental" e à profunda reconstrução de nossas visões a partir de uma perspectiva profissionalizadora é um imperativo na capacitação para a ação, em competências técnico-profissionais que pelo menos considerem as seguintes perspectivas:

- Capacitar o mediador ambiental para a ação, não só para resolver problemas instrumentais concretos nos programas e atuações que permitam aumentar os níveis de validade e confiabilidade dos instrumentos empregados, mas também para impor uma série de exigências baseadas na mudança profunda da mentalidade com que os pesquisadores enfrentam seus problemas ou contextos de trabalho: escolares ou não-escolares; urbanos ou rurais; em países pobres ou ricos.
- Capacitar o mediador ambiental para a mudança supõe adquirir consciência crítica da tradição predominante em que se formou, de seus níveis de consciência, seu grau de encobrimento ou reducionismo em relação a dimensões táticas que estão condicionando as formas de pensar, as metodologias, os modos de intervir e segmentar a realidade e as decisões finais sobre o uso dos resultados da pesquisa.
- Capacitar o mediador ambiental para a mudança supõe adquirir compromissos de consideração profunda sobre o sentido, a finalidade e o uso dos resultados da pesquisa no setor ambiental. Isso exige o desenvolvimento de competências para a pesquisa sob alguns pressupostos de responsabilidade totalizadora, não reducionista, que devem levar o pesquisador a intervir e atuar além das fronteiras da estrita coleta de dados ou do balanço e cotejo de sujeitos para equilibrar as amostras de seus projetos experimentais.
- Capacitar o mediador ambiental para o exercício da responsabilidade totalizada e integral em todo o processo de intervenção exige dele o comprometimento com âmbitos de estudo nada neutros politicamente e a transgressão permanente dos graus de liberdade impostos por nossas próprias limitações como sujeitos formados em uma determinada tradição de pesquisa, e enquadrados nas coordenadas de certas linguagens, de certas culturas, de certas crenças e idiossincrasias, que inevitavelmente condicionam nossos modos de conceber a pesquisa e nossas metodologias.

- Capacitar o mediador ambiental para assumir a mudança de um modelo mecanicista para uma visão mais compreensiva, crítica e construtiva é uma condição *sine qua non* para desenvolver um modelo autóctone para o setor ambiental em que os mediadores ambientais devem ser a partir de uma perspectiva mais vitalista do que estritamente técnica e instrumental; passar de uma pesquisa domesticada, de gabinete acadêmico e engessada pelos padrões que marcam as diferentes disciplinas e áreas de conhecimento universitário para uma pesquisa mais viva, versátil, compreensiva e integradora é um dos maiores desafios futuros que nós, profissionais da educação ambiental, como pesquisadores, como ativistas ou como pesquisadores ativistas temos de enfrentar.

GLOBALIZAÇÃO, EMPREGO E MEIO AMBIENTE

Um dos objetivos desta intervenção seria, pois, avaliar se o meio ambiente tem efeitos positivos ou negativos sobre o mundo do emprego e, se for o caso, demonstrar que o emprego[2] não só está no ambiente como necessidade latente de nossos contextos, como temos de estruturá-lo a partir dos contextos formativos para atender com urgência as demandas que estão ocorrendo no exterior, como oportunidades de profissionalização que não se devem deixar passar e que cada um de nós temos de cultivar a partir de seus níveis de responsabilidade, do contrário nos acontecerá como com o conto da leiteira que, antes de acabar de ordenhar, sonhava: "com o dinheiro deste cântaro comprarei outra vaca e, com o dos novos, outras duas vacas...", mas, veja só, quando se levantou, o cântaro se derramou.

A pergunta principal que nos fazemos aqui seria algo do tipo: há evidências empíricas e dados suficientemente objetivos para admitir que nos últimos anos o chamado "emprego verde" incrementou suas taxas de mercado significativamente em relação a outros setores mais arraigados e com mais tradição do mundo empresarial?

Pois, se é assim, o que fazemos que não mudamos o rumo de nossos planos de formação para estruturas mais reais, inovadoras e de futuro? Por que esperamos incorporar facetas de relevante atualidade no mundo da formação?

Se o emprego está no meio ambiente, devemos demonstrar à sociedade que nosso trabalho é de primeira, não só uma questão de voluntariado, associado a determinados aspectos da ideologia, do altruísmo e da boa-vontade. Profissionalizar o trabalho e a atividade relacionados ao meio ambiente exige delimitar famílias profissionais, inventar outras novas e reciclar algumas das existentes, de modo que não só tenham um caráter corretivo-paliativo para os momentos de maior urgência, quando nos vemos pressionados pelo imediato e a intervenção é obrigatória, mas sejam modelos de profissionalização mais integrais que aspirem a modelizar nossa intervenção, no entorno, com propostas muito mais ambiciosas e integrais que não sejam somente de "final de esgoto", quer dizer, de avaliação de impacto ambiental e de avaliação de danos no fim da cadeia produtiva, mas de criação e planejamento de processos preventivos, máquinas e tecnologia limpas que não necessitem de filtros finais, porque temos de proporcionar filtros integrais desde antes do processo, desde uma mentalidade verde que se antecipa às causas antes de sofrer os efeitos. Mas também cabem soluções criativas e propostas imaginativas que devemos continuar lembrando com certa freqüência, sem cansaço, a nossos políticos e governantes: o simples investimento de 25% do gasto militar do país (demos a Espanha como exemplo) em proteção ambiental permitiria criar, ao ano, entre 20 mil e 30 mil empregos sem nenhum problema (OCDE, 1997, p. 56).

Nos manuais de administração de empresas e *marketing* mais ultramodernos podemos encontrar afirmações tão contundentes como estas: "O mundo empresarial está fortemente inter-relacionado com o contexto social em que se enquadra. Por isso, as mudanças na sensibilidade e a evolução que a sociedade sofre influem diretamente na atividade empresarial". Não sabemos se com intenção de elogiar aquele pensamento sociológico de Hoefnagels, que afirmava que o social é o conceito mais ambíguo da história das idéias... Há por acaso algo mais antigo do que o comércio com os recursos do meio ambiente? O que isso tem de social? Os bancos podem ser socialmente solidários? O que move as empresas a se atualizarem quanto às normas voluntárias sobre produção ecológica? É possível pensar em verde a partir do mundo da empresa? Sob que interesse? Sobre quais renúncias? A que preço?

Hoje, mais do que nunca, presenciamos o galopante crescimento das obras sociais de bancos e multinacionais, mas para aonde nos leva tanta filantropia? Se o emprego que chega a nós, defensores do verde, é desta natureza, dificilmente vamos conseguir calar fundo nas estruturas das multinacionais e nos alicerces da realidade global e local que nos envolve. Para que não nos chegue qualquer coisa, deveríamos ter algumas condições para o emprego:

- Se emprego verde é aquele gerado por multinacionais oportunistas que descobriram que os produtos ecológicos podem ser vendidos folgadamente a preços proibitivos para as culturas de elite, malvindos e malditas sejam suas fontes de prazer e felicidade.
- Se por emprego verde entendemos todas aquelas ofertas extra-escolares que estão chegando aos centros educativos pagos, sustentados com fundos financeiros privados para que os filhos das classes ricas possam aprender valores ecológicos no campo e ordenhar a vaquinha por uns dias, brincar com as alfaces e acariciar o coelhinho branco, sem entender a miséria em que vive o agricultor a quem pagam 1 real o quilo de cerejas que com tanto esforço, carinho e suor cultivou, enquanto no mercado o vendem a 10, sem nem sequer subir na árvore

nem sujar as mãos, malvindo seja esse emprego e malditos sejam seus empregadores.
- Se por consumo verde entendemos o cremezinho de pepino que se põe nos olhos dos turistas que atravessam vários oceanos para chegar ao lugar idílico para pagar a ecotaxa e dormir na areia com a tranqüilidade de haver contribuído para a preservação dos espaços naturais, sem pensar que a poucos passos dali as condições de vida da maioria de habitantes desse país são subumanas.
- Se por emprego verde entendemos o turismo estimulante do 4 x 4 com lata de sardinha incluída e presunto ecológico de três estrelas, vale mais aliar-se ao diabo, tacar fogo no mato e vender a madeira a qualquer preço antes que estes dromedários pisem as terras que pertenceram aos nossos antepassados.
- Se por emprego verde entende-se o número de postos de trabalho criados nas imediações dos poços petrolíferos do Iraque para extinguir o fogo e evitar que se desperdice o ouro negro que armazenam, malvindo seja esse emprego.
- Se por emprego verde entende-se o selo eleitoreiro que os processos de incorporação do discurso ambiental carregam para o terreno da política moderna, em pacotinhos cheios de agendas 21 enfeitados com *slogans* verdes como guirlandas de chocolate desnatado com zero calorias e isentos de processos de participação construtiva para nos obcecar com a obtenção de um livro de recomendações idílicas onde registrar folgadamente as palavras mais belas e estúpidas do mundo sobre nossos desejos de justiça, felicidade e humanismo, sem que ninguém marque o compasso dos tempos, o controle e a avaliação das decisões e a magnitude dos compromissos, não deixarão de ser promessas estelares como as que nos vem fazendo o prefeito de Nova York ao desembarcar em território mexicano como um messias prometéico que deverá nos levar ao paraíso sonhado por Adão e Eva.
- Por tudo isto deveríamos ser também muito cuidadosos ao fazermos as contas de nossa capacidade para criar e manter o emprego verde com a dignidade e coerência que a situação requer. Nem tão puristas como Santo Agostinho nem tão timoratos como Arthur Andersen Consultin, Ferrovial, MacDonald ou PizzaHut quando pretendem lavar os trapos sujos e limpar sua má consciência consumista, mercantilista ou de infrator investindo em Educação Ambiental e contratando especialistas para implantar sistemas integrais de gestão ambiental no fim do esgoto, para alardear em sua vitrine de reciclagem ou ilustrar seus produtos com ecoetiquetas, enquanto exploram seus empregados com mais de 14 horas diárias de trabalho e salários-lixo que obrigam a mudar de caixas e garçons a cada semestre.

- A venda da solidariedade por parte do mundo empresarial já é um valor em alta amplamente consumado nos mercados, e um dos recursos de publicidade e *marketing* mais empregado por marcas de renome e casas comerciais. Não apenas está na moda o *slogan* verde simplesmente, também o solidário vende e se começa a cotizar nos mercados. Realmente, a nova filosofia que começa a se postular cada vez com mais ênfase nos meios empresariais trata por todas as formas de implementar na mentalidade dos administradores, empresários e empreendedores um conjunto de novos valores baseados na cultura da honestidade, da responsabilidade compartilhada, no trabalho em grupo, na tomada de decisões colegiada, na solidariedade, na cooperação e na gestão horizontal frente ao império da malandragem, da desconfiança e da tomada de decisões piramidal. A incorporação de códigos deontológicos e manuais de boas práticas profissionais levaram os setores do mundo das finanças e dos negócios a incorporarem em seus discursos e planos de formação e reciclagem profissional o discurso da cultura ético-empreendedora, uma cultura que a médio e longo prazos deve suplantar os mitos e desconfianças ancestrais sobre o mundo dos negócios e cuja implementação deve proporcionar mais e melhores benefícios para o desenvolvimento pessoal, profissional e organizativo, assim como um emprego de muito mais qualidade com claras conseqüências para o desenvolvimento socioeconômico local, regional e nacional. Assim vemos como...
- O certo é que nem todas as empresas já incorporaram estes discursos aos seus planos de desenvolvimento e expansão, e seguidamente observamos como determinadas empresas mudam suas instalações para contextos geográficos mais baratos, submetidos a normas menos restritivas, ou ausentes delas.

AVANÇOS DA PESQUISA E DESAFIOS DA PROFISSIONALIZAÇÃO NO SETOR AMBIENTAL

O avanço, o dinamismo e a efervescência que estão ocorrendo nos últimos anos na produção de pesquisas sobre estes temas de profissionalização, emprego e meio ambiente nos levam a considerar o tema como uma das linhas de investigação que se vai sobressaindo progressivamente nas agendas de pesquisa. Uma revisão global, sem ânimo de esgotar os muitos esforços e temáticas de alguns estudos voltados para este sentido, oferece-nos uma panorâmica muito promissora do tema, já que os achados que se derivam destes trabalhos são um indicador indubitável do protagonismo que está tomando o setor ambiental nas sociedades atuais. Uma aproximação às principais temáticas, centros de interesse, metodologias e avanços que está tendo a pesquisa neste âmbito é a seguinte:

a) Estudos estatísticos de caráter geral e padrão internacional que dão ênfase à evolução do emprego ao longo do tempo.
b) Estudos dos níveis de adequação de planos de estudo e potencial de inserção no mundo profissional.
c) Estudos centrados na oferta e na demanda por setores.
d) Estudos de ambientalização curricular e gestão ambiental de contextos educativos.
e) Estudos de definição de perfis e demarcação de novas práticas ambientais.
f) Estudos de profissionalização baseados na ênfase em competências de ação profissional de setores específicos.
g) Estudos sobre os ciclos de desenvolvimento profissional e obstáculos da profissionalização.
h) Estudos ligados ao acompanhamento da implantação de políticas ativas de emprego com relação ao meio ambiente.
i) Estudos avaliativos, derivados da implantação de programas de formação, centrados na integração de boas práticas ambientais e da construção de códigos éticos e deontológicos ligados aos diferentes âmbitos profissionais.
j) Estudos vinculados às implicações econômicas e conseqüências sociais e contextuais do setor ambiental.
k) Estudos derivados das conseqüências econômicas derivadas de processos de reconversão, a partir de catástrofes e acidentes ambientais.
l) Estudos de avaliação de risco ambiental e suas implicações para a saúde no trabalho, a satisfação com o posto de trabalho e as condições ergonômicas e preventivas em que o mesmo se desenvolve.
m) Estudos centrados nas influências de vida significativa que contribuem para favorecer uma avaliação mais positiva do meio, seus recursos e modelos de interação.

Desafios da profissionalização do setor

Gilley e Eggland (1989) entendem por profissão toda aquela atividade humana que cumpre uma série de requisitos ou padrões básicos que permitem estruturar os campos ocupacionais da população de um país ou região em um modelo de organização da divisão do trabalho a partir de um conjunto de setores, famílias e perfis profissionais de distinta natureza, dos quais se exige no mínimo:

- oferecer um serviço especializado para a coletividade;
- dispor de um conjunto de conhecimentos especializados;
- apoiar-se em certos princípios básicos que orientem a profissão;
- dominar um conjunto de técnicas comuns, cientificamente legitimadas e tecnologicamente respaldadas;

- exercer uma série de competências delimitadas e diferenciadas em sua prática diária em relação à atividade de outros profissionais.

A natureza do serviço que se oferece à sociedade constitui a base fundamental para a diferenciação das ocupações profissionais. Existem catálogos de distinta natureza e categoria, entre os quais podemos destacar:

1. com padrão internacional, costuma-se usar a Classificação Internacional Uniforme de Ocupações (CIUO-88);
2. com padrão supranacional, continental e de aplicação na Europa, costuma-se usar a Classificação Internacional Uniforme de Ocupações Comunitária (CIUO-COM-93);
3. com um caráter mais nacional e com aplicações de âmbito regional ou autonômico, costuma-se usar a correspondente aplicação a cada contexto nacional ou local específico, para o caso da Espanha, da Classificação Nacional de Ocupações (CNO-94).

Ditos sistemas de classificação incluem, além de diferentes setores, famílias e perfis profissionais socialmente consolidados e com uma certa tradição no exercício de suas funções, outras ocupações, ofícios e pseudoprofissões menos reconhecidas, mas com uma certa contribuição social que faz com que seu reconhecimento seja avaliado ao menos na categoria de semi ou quase-profissão; esta categoria é especialmente relevante para todas aquelas novas profissões ou campos emergentes que ainda não estão consolidados de uma forma muito clara, mesmo que exerçam uma certa função social e atendam a um determinado tipo de necessidades com a prestação de seu serviço.

Embora as profissões mantenham uma certa tradição e estabilidade ao longo do tempo, não são um ente estanque e imobilista; estão sujeitas às pressões que sobre elas exerce a mudança social, econômica, ambiental, científica e tecnológica.

A contínua transformação dos mercados profissionais obriga que estes catálogos sejam revisados e atualizados com certa periodicidade, incorporando em seu registro os novos setores ocupacionais devidamente diferenciados ou eliminando deles aqueles que já deixaram de ser vigentes, com suas prestações carecendo de valor por desnecessárias e antiquadas.

Talvez estejamos diante de profissões sem nenhuma tradição. No mundo do meio ambiente não dispomos de nenhum Hipócrates com o qual redimir os noviços para seu ritual de iniciação e consagração de corpo e alma à profissão. No máximo, os que forem religiosos poderiam se encomendar a São Francisco de Assis por seu amor incondicional aos animais, mas, nesses mercados do neoliberalismo que nos olham com olhos de tubarão, como pode nos ocorrer mostrar a mínima compaixão ou dar mostras de sensibilidade? Assim não chegaremos a piscar antes que nos devorem como os tubarões devoravam os peixinhos de Bertold Brecht: "os tubarões fossem pessoas, se portariam melhor com os peixinhos, fariam construir no mar umas caixas enormes para os peixinhos, com todo tipo de alimentos em seu interior... Iam se encarregar de que as caixas tivessem sempre água fresca e adotariam todo tipo de medidas sanitárias (...) para que os peixinhos não se entristecessem, dariam grandes festas (...) naturalmente nas caixas haveria também escolas, por elas os peixinhos aprenderiam a nadar até a boca dos tubarões".

Entre os diferentes modelos de profissionalização todos têm em comum sua preocupação e exigência com a consecução de um determinado *status* profissional de maior ou menor nível de qualificação, e a diferença fundamental está no caminho; cabe destacar com Gilley e Galbraith (1987) o seguinte: o modelo vocacional-voluntarista, o modelo prático-corporativista (jardinagem, zoológicos, jardins botânicos, centros de natureza), o modelo tradicional de profissionalização com diplomas em vários níveis de graduação, o modelo de formação baseado nas competências de ação presentes e futuras.

O modelo de formação baseado nas competências de ações presentes e futuras

As grandes transformações econômicas, políticas, culturais, sociais, educativas e tecnológicas e as crises de diferente natureza que trouxeram consigo, nas quais estamos mergulhados atualmente, mudaram o cenário profissional impondo um novo contexto de trabalho fundamentado em outro conceito do mesmo, em outras maneiras de organizá-lo e de entendê-lo que afetam sua hierarquização, as relações profissionais, os setores ocupacionais e as qualificações, exigências e competências dos que devem realizá-lo. Surge assim uma nova idéia de profissionalidade ambiental, modificando-se e construindo-se novos perfis profissionais em sintonia com as mudanças e pressões do momento.

Hoje se fala de jazidas de emprego e novas profissões derivadas do meio ambiente no mesmo nível que os setores de maior atualidade e com perspectivas de futuro no *ranking* que periodicamente os ministérios e organismos de categoria internacional elaboram. Entre todos eles, destacam-se os seguintes, com uma certa regularidade, como setores de ponta do emprego presente e futuro:

- Os serviços a domicílio.
- O cuidado com crianças e anciãos.
- A ajuda aos jovens com dificuldades e sua inserção socioprofissional.
- As novas tecnologias da informação e da comunicação.
- As melhoras no âmbito da moradia.
- Os temas relacionados com segurança e risco.
- Os transportes coletivos locais.
- A revalorização dos espaços públicos urbanos.

- Os comércios de bairro.
- O setor turístico.
- O setor audiovisual.
- A valorização do patrimônio cultural.
- O desenvolvimento cultural local.
- A gestão do lixo.
- A gestão da água.
- A proteção e a sustentabilidade de zonas naturais.
- A aplicação de normas, o controle de contaminação e a instalação de tecnologias corretoras.

E destacam-se como âmbitos de aplicação destes setores contextos específicos como:

- Avaliações de impacto.
- Gestão de lixo urbano.
- Gestão de lixo tóxico.
- Prevenção de catástrofes.
- Sistemas de qualidade ambiental.
- Avaliação de riscos e prevenção no trabalho.
- Saúde no trabalho e ergonomia.
- Implantação de agendas 21 e desenvolvimento local.
- Gestão ambiental municipal.
- Economia energética.
- Transporte, mobilidade e deslocamento.
- Consultoria ambiental.
- Normas ambientais.
- *Marketing* e publicidade.
- Educação ambiental.

O meio ambiente pode se tornar um motor revulsivo da qualidade e quantidade de emprego em nosso contexto, assim como num motor de transparência e regeneração social e empresarial, como um exercício impune de democratização inspirado em uma nova ética profissional: porque suas oportunidades são inquestionáveis e irreversíveis e porque o exercício das profissões derivadas do campo do meio ambiente está indissociavelmente ligado a um exercício crítico, coerente e comprometido com as competências profissionais no campo concreto da atuação (exceto se, como nos casos excepcionais, que também os há, nos dediquemos a assinar projetos de avaliação de impacto ambiental sem a mínima consideração deontológica, pura e simplesmente como servos indistintos dos poderosos de turno ou dos gordos subornos e benefícios extras com que possam comprar nossos serviços, pseudoprofissionais, neste caso de empresas mafiosas cegas pela especulação e o dinheiro).

A incorporação dos desafios ambientais ao mundo das profissões já consolidadas, como o jornalismo, o turismo e a educação, além de outros, fica refletida nos códigos deontológicos das diferentes profissões contemporâneas: produção cinematográfica e televisiva, *marketing* e moda, livros de divulgação e contos, desenhos animados e séries infantis... Mesmo que sejam outras coisas bem diferente, é a velocidade do cumprimento dos mesmos que forja um padrão de desejo, convertendo-se em normas acompanhadas de instrumentos de controle e cumprimento das mesmas.

Paralelo a tudo isso, as exigências profissionais do trabalhador integrado ao mundo profissional de hoje mudaram quantitativa e qualitativamente para se adaptarem às características do sistema econômico e socioprofissional atual; esta situação afeta diretamente o meio ambiente e, especificamente, sua institucionalização profissional; se entendemos por profissão uma atividade humana que exige um conjunto de conhecimentos especializados, que conta com alguns princípios básicos e com certas técnicas comuns, que tem certas competências em seu exercício e que oferece um serviço à coletividade, o meio ambiente tem uma dimensão profissional, mas, se houvesse que optar por uma categoria comum para caracterizá-lo, este seria o da heterogeneidade, por isso, talvez, optamos pela denominação eclética de agente-mediador ambiental.

Falar da prática profissional no setor do meio ambiente é falar dos agentes-mediadores ambientais como profissionais da intervenção socioambiental, empresarial, administrativa ou educativa, de suas tarefas, suas funções, suas responsabilidades e das exigências profissionais que em cada momento se está demandando (exigências que estiveram condicionadas pela dependência institucional do agente, seu nível de gestão, pelo lugar em que trabalha e o ânimo de intervenção). Enfim, ao mencionarmos a prática profissional no setor ambiental estamos fazendo alusão necessariamente ao que denominamos "situação profissional" referindo-nos ao conteúdo da tarefa profissional, em nosso caso, dos agentes ambientais e a suas práticas habituais.

Os agentes ambientais vêem como vai se ampliando progressivamente seu campo de atuação a partir da versatilidade e dinamismo que lhes impõe o novo modelo de profissionalidade. Este novo conceito de profissionalidade está acompanhado de novas exigências, exigências que no começo eram baseadas exclusivamente em capacidades, mais tarde em qualificações e atualmente, devido a estas grandes mudanças, está se impondo como um novo referencial trabalhista, um conceito que engloba os dois anteriores (referimo-nos às Competências de Ação Profissional), conceito capaz de abarcar e aglutinar as novas formas, meios e conteúdos aos quais qualquer prática profissional atualizada deve responder.

Estas competências são o fruto de uma complexa combinação de habilidades, conhecimentos, atitudes, experiências e recursos presentes e futuros que predispõem o profissional do setor ambiental a intervir eficazmente em contextos locais e enfrentar com profissionalidade os imprevistos de cada nova situação. É necessário definir o profissional do Setor Ambiental a partir das proposições subjacentes neste novo conceito de profissionalidade cujos referenciais básicos são as competências de ação profissional. Estas Competências de Ação constituem, hoje em dia, o referencial profissional por excelência para muitos âmbitos, no entanto, no campo profissional do meio ambiente, ainda continuamos falando do "agente ideal", do "bom educador" como algo distante, sem ver e analisar o profissional singular que temos na frente, olhando como age e o que se exige dele em cada momento. Esta miopia nos leva a estruturar planos de formação descontextualizados e inoperantes. Portanto, as competências devem-se tornar referenciais, tanto para a caracterização da prática profissional dos agentes ambientais como para o projeto de sua formação nas correspondentes instituições.

Impõe-se, portanto, um novo conceito de profissionalidade, que reestrutura e modifica substancialmente as exigências profissionais do mundo do trabalho. Em relação dialética com a prática profissional se modificam e se constroem novos perfis profissionais, entendidos como o conjunto de competências que uma pessoa deve dominar para o desempenho de uma atividade profissional.

No profissional atual começa a prevalecer mais sua condição como ser humano integral do que sua mera força física portadora de eficiência. O mundo do trabalho já não demanda indivíduos executores de tarefas elementares e rotineiras, mas trabalhadores com novas habilidades, novas capacidades e portadores de novas ferramentas profissionais. Profissionais capazes de tomar decisões de forma autônoma, de trabalhar em equipes dinâmicas e móveis, de compreender a atividade produtiva em seu conjunto, de assumir responsabilidades, de organizar-se, de responder às contingências que ocorrem no dia-a-dia, de se relacionar com as instituições e pessoas do meio, de planejar e executar projetos complexos, capazes de adquirir novos conhecimentos e atitudes de forma rápida e efetiva, capazes de identificar problemas e propor soluções para os mesmos; profissionais críticos, abertos às contínuas transformações e mudanças nas formas de organização do trabalho; mais criativos e flexíveis no desempenho de suas atividades e funções, enfim, um *ecoman* ou uma *ecowoman*.

Um traço característico do novo profissional é a polivalência ou multivalência, tanto pelo cada vez maior número de ocupações que participam de conhecimentos e habilidades comuns como pela configuração de equipes de trabalho em que as diferentes funções não se encontram claramente delimitadas; os profissionais atuais devem-se adaptar com rapidez a novas e diferentes situações e devem ser capazes de atuar em várias tarefas ao mesmo tempo, o que obriga à aprendizagem rápida e permanente.

As competências são um conjunto de conhecimentos, habilidades e atitudes necessárias para exercer a profissão, resolver problemas profissionais de forma autônoma e flexível e para ser capaz de colaborar no contexto profissional e na organização do trabalho.

Podemos diferenciar como ingredientes da competência profissional quatro competências parciais relacionadas a distintos aspectos da pessoa (conhecimentos, aptidões, habilidades, habilidades sociais, atitudes, habilidades de comunicação, expectativas...): competência técnica, metodológica, participativa e social ou pessoal. A integração destas quatro competências parciais dá lugar à competência de ação que é algo indivisível, um todo integrado: é na ação, em situações profissionais reais, que estas competências adquirem sua verdadeira dimensão, transformando-se em COMPETÊNCIAS DE AÇÃO PROFISSIONAL, que estão se transformando em referencial profissional, as que são válidas, as que servem, as que permitem resolver problemas em diferentes níveis, enfim, as estratégias que cada profissional põe à prova em sua parcela de realidade e em seu setor ambiental específico, seja no contexto da indústria, do sindicato, da política, da gestão, do turismo...

Estas competências poderiam ser classificadas em dois grandes grupos: a) competências específicas de um determinado posto de trabalho (nos referimos às competências técnicas ou saberes específicos) e b) as competências ou saberes paralelos, úteis em contextos profissionais distintos e variados e que provavelmente seriam os mínimos comuns do setor profissional que exerça sua atividade ligada ao ambiente. O domínio e a posse destas competências são uma garantia da polivalência profissional tão procurada atualmente.

Assim, pois, segundo este novo referencial é profissionalmente competente quem demonstra possuir:

1. Competência técnica: conhecimentos especializados, relacionados com determinado âmbito profissional e que permitem o domínio especializado dos conteúdos e tarefas da atividade profissional.
2. Competência metodológica: saber aplicar os conhecimentos a situações concretas de trabalho.
3. Competência participativa: estar disposto ao entendimento interpessoal, à comunicação e cooperação e demonstrar um comportamento voltado para o grupo.
4. Competência sociopessoal: ter uma imagem realista de si mesmo, atuar conforme as próprias convicções, assumir responsabilidades, tomar decisões de maneira autônoma...
5. Competência crítica: dispor de elementos suficientes para um julgamento pessoal e estabelecer balanços não-tendenciosos das causas, conseqüências e responsabilidades dos problemas ambientais, assim como liberdade suficiente para poder atuar em sua solução.
6. Competência ético-política: ligada a referenciais de compreensão ideológica e julgamento moral sobre a eqüidade, a justiça, a solidariedade e o respeito aos valores e direitos de seres humanos, seres vivos, bens e recursos.
7. Competência artístico-humanista: como instrumento de controle e humanização de todas as competências anteriores devemos consi-

derar um sétimo sentido para evitar as muitas armadilhas possíveis em que podemos nos ver presos ao nos deixarmos levar pela febre da taxação e medida das instituições, pessoas, planos e programas em um momento histórico em que os processos de certificação, homologação e convergência nos mostram sinais de alarme inéditos que poderiam transformar o mundo do trabalho em uma máquina programada para jogar no mercado mediadores ambientais de banda larga, policromados e destilados proporcionalmente aos caprichos da robótica, mediadores tipo ISO-14000, com computador de bordo, *airbag*, e à prova de riscos, cromados, teóricos, cientistas, práticos, apocalípticos, políticos, visionários, místicos, voluntários, profetas, ecoassessores, para usar e descartar?

NOTAS

1. O termo "baixa voltagem" é utilizado aqui com um sentido nada pejorativo; muito pelo contrário, antes como um tipo de "pesquisa de engenho" com a mesma virtuosidade que se atribui ao músico que toca de ouvido, em um sentido popular.
2. O conceito de emprego que aqui se usa não é exatamente um conceito unívoco que possa ser aplicado nas mesmas condições a países com distintas circunstâncias e em distintos momentos de desenvolvimento e sob diferentes contextos sociais, econômicos, políticos e culturais, em função dos níveis de qualificação, tempos, períodos e condições. O uso que fazemos é mais uma categoria que permite descrever um tipo de trabalho remunerado em grau distinto e sob diferentes circunstâncias quanto à qualificação e à profissionalização.

REFERÊNCIAS

BARRERE, M. *La tierra patrimonio común*. Barcelona: Paidós, 1992.

BRAVO, M.T. Dimensión ambiental e intervención curricular: implicaiones en el curriculum universitario. In: CURIEL, A. (Comp.). *Educación ambiental y universidad*. Guadalajara: Universidad de Guadalajara, 1993. p.305-319.

CARIDE, J.A.; MEIRA, P.A. *Educación ambiental y desarrollo humano*. Barcelona: Ariel, 2001.

CHOMSKY, N.; DIETERICH, H. *La aldea global*. Pamplona: Txalaparta, 1997.

CHOMSKY, N.; RAMONET, I. *Cómo nos venden la moto*. Barcelona: ICARIA, 1996.

CURIEL, A. (Comp.). *Educación ambiental y universidad*. Guadalajara: Universidad de Guadalajara.

DRUCKER, P. T. *La innovación y el empresario innovador*. Barcelona: Edhasa, 1991.

_____. *La sociedad postcapitalista*. Barcelona: Apóstrofe, 1995.

_____. *El directivo del futuro*. Bilbao: Deusto, 1996.

_____. *La gestión en tiempo de grandes cambios*. Barcelona: Edhasa, 1996.

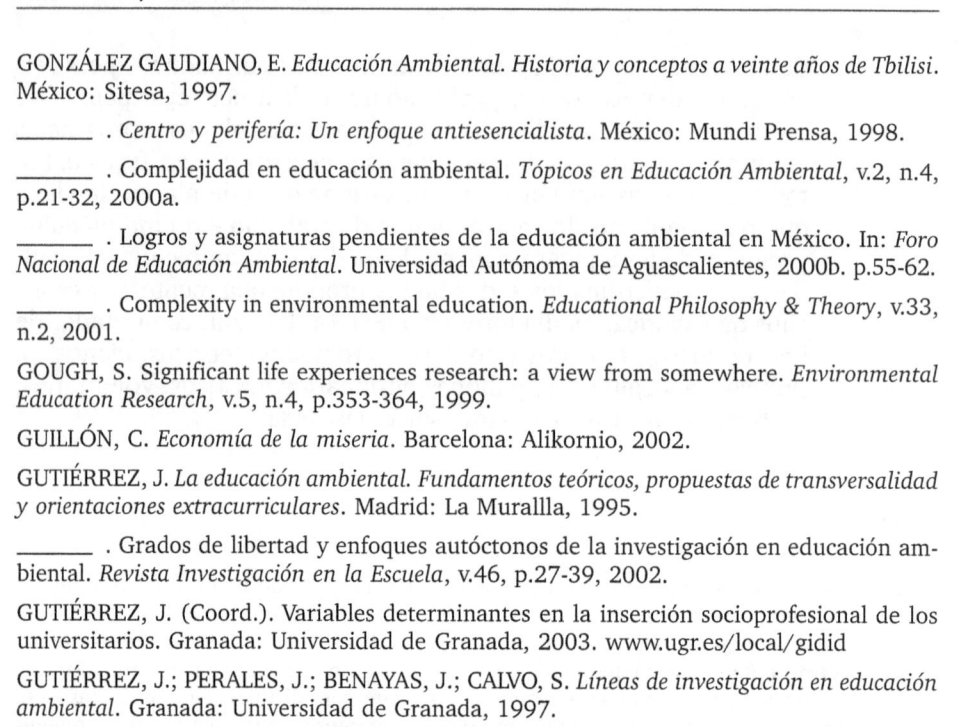

GONZÁLEZ GAUDIANO, E. *Educación Ambiental. Historia y conceptos a veinte años de Tbilisi*. México: Sitesa, 1997.

_____. *Centro y periferia: Un enfoque antiesencialista*. México: Mundi Prensa, 1998.

_____. Complejidad en educación ambiental. *Tópicos en Educación Ambiental*, v.2, n.4, p.21-32, 2000a.

_____. Logros y asignaturas pendientes de la educación ambiental en México. In: *Foro Nacional de Educación Ambiental*. Universidad Autónoma de Aguascalientes, 2000b. p.55-62.

_____. Complexity in environmental education. *Educational Philosophy & Theory*, v.33, n.2, 2001.

GOUGH, S. Significant life experiences research: a view from somewhere. *Environmental Education Research*, v.5, n.4, p.353-364, 1999.

GUILLÓN, C. *Economía de la miseria*. Barcelona: Alikornio, 2002.

GUTIÉRREZ, J. *La educación ambiental. Fundamentos teóricos, propuestas de transversalidad y orientaciones extracurriculares*. Madrid: La Murallla, 1995.

_____. Grados de libertad y enfoques autóctonos de la investigación en educación ambiental. *Revista Investigación en la Escuela*, v.46, p.27-39, 2002.

GUTIÉRREZ, J. (Coord.). *Variables determinantes en la inserción socioprofesional de los universitarios*. Granada: Universidad de Granada, 2003. www.ugr.es/local/gidid

GUTIÉRREZ, J.; PERALES, J.; BENAYAS, J.; CALVO, S. *Líneas de investigación en educación ambiental*. Granada: Universidad de Granada, 1997.

GUTIÉRREZ, J.; ROMERO, A.; CORIAT, M. *El prácticum en la formación inicial del profesorado de primaria y secundaria: avances de la investigación, fundamentos y programas*. Granada: Universidad de Granada, 2003.

HARDY, J. Chaos in environmental education. *Environmental Education Research*, v.5, n.2, p.125-142, 1999.

LE BOTERF, G. *Ingeniería y evaluación de los planes de formación*. Bilbao: Ediciones Deusto, 1991.

_____. *Cómo gestionar la calidad de la formación*. Barcelona: Ediciones Gestión 2000, 1993.

MINISTERIO DE TRABAJO Y ASUNTOS SOCIALES. *Nuevos yacimientos de empleo en España, Informes y Estudios*. Madrid: Ministerio de Trabajo y Asuntos Sociales, 1998.

NIETO CARAVEO, L. Reflexiones sobre la investigación en educación ambiental en México. In: *Foro Nacional de Educación Ambiental*. Universidad Autónoma de Aguascalientes, 2000, p.261-268.

PAYNE, P. Postmodern challenges and modern horizons: education for being for environment. *Environmental Education Research*, v.5, n.1, p.5-34, 1999.

PNUD. *Informe sobre desarrollo humano, 1996*. Madrid: Mundi Prensa, 1996.

PUCHOL, L. *Reorientación de carreras profesionales*. Madrid: ESIC, 1994.

RIFKIN, J. *El fin del trabajo. Nuevas tecnologías contra puestos de trabajo: el nacimiento de una nueva era*. Barcelona: Paidós, 1996.

_____. *La era del acceso: la revolución de la nueva economía*. Barcelona: Paidós, 2000.

RODRÍGUEZ, C.; GUTIÉRREZ, J. *Variables relevantes en la inserción profesional de los titulados universitarios*. Congreso Nacional de Modelos de Investigación Educativa, Granada, 2003a.

_____ . Debilidades de la evaluación de la calidad en la universidad española. *Revista Electrónica de Investigación Educativa*, 2003b.

ROMERO, A.; GUTIÉRREZ, J.; CORIAT, M. *La formación inicial del profesorado a la luz de los nuevos retos de convergencia de las políticas de la Unión Europea*. Granada: Universidad de Granada, 2003.

SACHS, W. *Equidad en un mundo frágil. Memorandum para la cumbre mundial sobre desarrollo sostenible*. Valencia: Ed. Tilde, 2002.

SATO, M. Tele-educación ambiental. Construyendo utopías. *Tópicos en Educación Ambiental*, v.2, n.4, p.41-48, 2000.

SATO, M.; PASSOS, L.A. Versos e reversos da diversidade. In: *Simpósio Sul-Brasileiro de Educação Ambiental & II Simpósio Gaúcho de Educação Ambiental*. Erechim: URI, 2002. p.115-126.

SAUVÉ, L. La Educación Ambiental entre la modernidad y la postmodernidad: en busca de un marco de referencia educativo integrador. *Tópicos en Educación Ambiental*, v.1, n.2, p.7-25, 1999.

_____ . Para construir un patrimonio de investigación. *Educación Ambiental*, v.2, n.5, p.51-68, 2000.

_____ . L´educaction relative à l´environnement: un processus endógene, crítique et intégré. In: *Nuevas propuestas para la acción: Actas de la Reunión Internacional de expertos en E.A*. Santiago de Compostela: Xunta de Galicia, 2001. p.125-134.

SENLLE, A.; STOLL, G. ISO 9000. *Las normas para la calidad en la práctica. Calidad total y normalización*. Barcelona: Ediciones Gestión 2000, 1994.

TOFFLER, J. *La tercera ola*. Barcelona: Plaza y Janés, 1980.

WOLLMER, H.; MILLS, D. *Professionalization*. Englewood Cliffs: Prentice-Hall, 1996.

11

De asas de jacarés e rabos de borboletas à construção fenomenológica de uma canoa

Luiz Augusto Passos
Michèle Sato

> Viva palabra obscura,
> palabra del principio,
> principio sin palabra,
> piedra y piedra, sequía,
> verdor súbito,
> fuego que no se acaba,
> agua que brilla en una cueva:
> no existes, pero vives,
> en nuestra angustia habitas,
> en el fondo vacío del instante
> – oh aburrimiento –,
> en el trabajo y el sudor, su fruto,
> en el sueño que engendra y el muro que prohíbe.
> Dios vacío, Dios sordo, Dios mío,
> lágrima nuestra, blasfemia,
> palabra y silencio del hombre,
> signo del llanto, cifra de sangre,
> forma terrible de la nada,
> araña del miedo,
> reverso del tiempo,
> gracia del mundo, secreto indecible,
> muestra tu faz que aniquila,
> que al polvo voy, al fuego impuro
> (Octavio Paz, *El ausente*)

TÍTULOS E METÁFORAS

Temos uma certa irreverência em brincar com as palavras e buscar títulos insinuantes, mas a leitora ou o leitor mais desavisado pode não compreender nossa seriedade bem-humorada. Sem medo de sermos taxados de artistas, ou até mesmo de loucos, resolvemos iniciar nosso diálogo esclarecendo nossos intentos expressos nas linguagens. Queremos ter a liberdade de Oscar Wilde, de criticar a crítica de sua arte,[2] e explicitamos nossos desejos de participação em um sistema de avaliação da Educação Ambiental (EA) para mostrar que temos campos epistemológicos próprios, métodos plurais e podemos contribuir com certos "produtos" que nos são oferecidos sob a forma de "pacotes", requeridos pelo próprio sistema que nos rege, sem que nos tenham antes dado a palavra ou ouvido.

"Mostrar com quantos paus se faz uma canoa" quer revelar o quanto sabemos e como podemos, sem contudo, deixar de anunciar o quanto ainda temos que aprender! Sem a pretensão do absolutismo, nossa metáfora emana da vontade de criar e ressignificar novos sentidos à EA. Estamos cientes de que a analogia é maleável na polissemia que origina indefinidos contornos semânticos e, por isso mesmo, é nossa intenção caminhar na capacidade evocativa da imaginação, já que toda metáfora possui uma característica "substitutiva, tensional e criativa" (Pieri, 2002, p. 320), evocando, com vantagem neste caso, um atrevido sentido de impertinência.

Embora nossa intenção não seja debater a dimensão avaliativa, mas apontar alguns caminhos percorridos nas paisagens fenomenológicas da EA, faz-se necessário redimensionar os cenários que originaram o propósito deste texto. Estamos situados em um Programa de Pós-Graduação em Educação (PPGE), no nicho e no hábitat da Universidade Federal de Mato Grosso (UFMT), e passamos constantemente por provações e avaliações como todos os nossos pares. Há alguns anos (1996-97), o relatório da Fundação de Coordenação de Aperfeiçoamento de Pessoal de Nível Superior (CAPES) avaliava que a EA preocupava-se "apenas" com as asas das borboletas e os rabos dos jacarés. De fato, o cenário da EA é um mosaico de cores, redes, tendências e ideais políticos, muitas vezes confuso, caótico e surrealista, de difícil compreensão. Em proporção idêntica, a "pesada" física quântica propõe o princípio de incerteza na relação da matéria e energia; e ela é também caótica por assumir tempos e espaços circulares contra a tirania da linearidade; e ousa ser surrealista, como na poesia de Octavio Paz, ao assumir o sobrevôo da liberdade da palavra no movimento processual, não de sua pausa final. Portanto, caos, surrealismo e dinâmicas são linguagens utilizadas na EA também para denunciar um sistema de avaliação hierárquico, excludente de diversidade e que não permite o poder de negociação.

> Devo agora me deter e falar em nome da grande fraternidade que une os especialistas em mecânica. Hoje estamos plenamente conscientes de como o entusiasmo que nossos prede-

cessores nutriam pelo maravilhoso êxito da mecânica newtoniana os levou a fazer generalizações no campo da preditibilidade (...) que hoje sabemos serem falsas. Todos nós desejamos, por isso, apresentar as nossas desculpas por haver induzido em erro o nosso público culto, difundido, a respeito do determinismo dos sistemas que aderem às leis newtonianas do movimento, idéias que após 1960 se revelaram inexatas (Lighthill, 1986, p. 35).[3]

AVALIANDO A AVALIAÇÃO

Sete eixos centrais perfazem a avaliação CAPES:

a) a organização de seu corpo docente;
b) as atividades das pesquisas;
c) as atividades de formação;
d) o corpo docente;
e) o corpo discente;
f) as teses e dissertações defendidas e
g) a produção intelectual.

A comissão da CAPES acredita que a articulação entre estas sete composições oferece uma avaliação globalizada dos Programas de Pós-Graduação (PPGs). A articulação destes eixos é vista, matemática e linearmente, não como resultado do processo, mas como uma noção estática finalizada – um prato-feito pulverizado. A noção vigotskyana relativa à área de desenvolvimento proximal, ou seja, as possibilidades a serem desenvolvidas a partir do adquirido, são jogadas fora. Mas em especial nesta avaliação de rabos e asas, apenas um eixo foi considerado decisivo: os temas das dissertações defendidas, e não pelas leituras dos trabalhos, nem mesmo pela trajetória realizada ou pela qualidade da banca que igualmente avaliou a pesquisa, mas pela inadequada e simples leitura dos resumos e suas três palavras-chave! E claro, pela quase obrigatoriedade de se incluir a palavra "educação" nos títulos, como fruto da paranóia geral que assola o corpo docente dos PPGs, à deriva de regras tecnicistas e dispositivos de controle e submissão. São avaliações normativas, que julgam os êxitos na síntese hegemônica de padronização de todos os programas múltiplos, com obsessiva regulação e critérios iguais para os diferentes cenários, aquilo a que já chamamos algures de psicose pleonástica da uniformidade.

Ora, como a regra não se exime da auto-avaliação, em vez de "articulação", que oferece a noção do produto final a ser conceituado, o neologismo "articulamento" deveria ser requerido na avaliação, já que semanticamente aponta para um processo participativo e garante o poder de negociação durante a pintura do vir-a-ser. Acreditamos que implodindo noções avaliativas destemporalizadas, geradas em um tempo presentificado e absoluto, uma noção de devir, resguarde bem melhor o que seja fenomenologia. A avaliação preterida no processo educativo ambiental deve ser tomada num sentido amplo, contemplando desde o significado mais comum acerca de algo que está escrito, até tudo quanto está "representado" humanamente em um tempo e espaço – seja um objeto, uma pessoa, uma pesquisa, um fato social, um acontecimento e as múltiplas expressões da cultura. Representa o rastro de uma memória e o próprio fenômeno, ou a imagem onírica da presença e da ausência que traçam e simbolizam a própria EA.

Em outras palavras, reivindicamos um texto à EA, circunscrito e referenciado ao contexto de seus sujeitos. Do contrário recairemos em modelagem matemática de avaliação, cuja complexidade descontextualizada e abordada linearmente gera incorreções, pois pode descrever relações estruturais em alto nível de abstração esvoaçante, mas perde o necessário atrito (Wittgenstein, 1996) que encoleriza oráculos aligeirados: a da indiscriminável singularidade que individualiza e desenha a obra primeira (Goldstein, 2001). Ouvindo os avaliados é possível romper com uma atmosfera autista, perigosa para os avaliadores e avaliadoras. A vida, os trabalhos, a pesquisa, a fala, enquanto textos, têm que ser um compromisso enfático com o "outro", com o cuidado de não cair na tentação de reduzi-lo a nós mesmos, fazendo-o "à nossa imagem e semelhança". Admirá-lo enquanto outro: ele não é uma mesmidade: uma extensão de nós mesmos. Respeitá-lo em sua singularidade, em sua temporalidade própria. Referir no texto escrito sua singularidade, é referi-lo em sua diferença e em alteridade sem fagocitá-lo a uma pretensa entidade monádica. Compreendê-lo como ser-no-mundo na densidade do vivido, na necessidade e no desejo. Expulsar a singularidade e a particularidade é seqüestrar o que falta à universalidade para que seja inteiramente universal. Todos somos diversos.

Recusar-se a que o "outro" se torne em nossos textos e avaliações coletividades genéricas: clientela, objeto, paciente, educando, formando e outras odiosas díades que mal traem sua relação colonialista e subordinada a um certo "nós" majestático – a linguagem não é neutra: esses vocábulos mostram uma concepção de relação de mão-só, autoritária e monádica. A relação do pesquisador-educador com as pessoas informantes, alunos, companheiros, sobretudo pares que todos somos, é sempre de troca, de duas mãos. O outro é co-autor e agente e, sobretudo, irremediavelmente, um sujeito de liberdade a ser construído na relação de partilha e comunhão. Por isso, nossos textos e contextos da EA devem sempre ancorar as pessoas (habitantes), referi-las e circunscrevê-las nos seus espaços histórico-sociais, nos seus territórios (hábitat), em suas raízes e em suas temporalidades (hábitos).

É preciso reconhecê-las situadas e admirar não apenas o lugar sociocultural que ocupam, mas também a interdependência tecida com o ambiente inseparável onde vivem, expressando cosmicamente sua singularidade de presenças humanas gestadas nestas paisagens. E nestas paragens somos estrangeiros: cabe-nos, quiçá, interrogar para compreender, e por vezes, o silêncio wittgensteiniano quando não sabemos nomear o que vemos: *docta ignorantia* socrática! É que ninguém é ninguém sem "suas circunstâncias" (Ortega y Gasset,

2002), seu corpo, seu mundo, seu tempo, sua memória, seus ardis de sobrevivência e transcendência ao meio onde habita. Perder nossas circunstâncias é perder-nos a nós mesmos: o perigo da miopia de salvar a formalidade consumindo pessoas! Não tratá-las, pois, em nossas escritas, ou até mesmo na chamada "produtividade científica" contida no Currículo Lattes, como generalidades – que não são fantasmas sem rostos; ou de maquiar cicatrizes deixadas pelo tempo e pela história de sua encarnação. Não somos aves sem ninhos, não somos entidades abstratas e sem chão, sem o elo que nos une, diz-nos a fenomenologia merleau-pontyana ao estofo do mundo, a toda carne cósmica.

Recusar-se aos rótulos e à simplificação, ao enquadramento e à classificações. Recusar-se à linearidade, ao aplainamento dos conflitos, das opiniões, das divergências. Dar vozes às diferenças, tolerar a ambigüidade, explicitar os desejos e as necessidades ocultadas. A busca da verdade, que é uma trilha progressiva, mas sem ancoradouro, coloca-nos na nossa condição de peregrinos; em um processo de desnivelamento e, no sentido semântico grego de Heráclito, segundo Heidegger, o de permitir ao encontrá-la, que "ela se esparrame e dure no desvelado".[4]

Lembremo-nos que a partir do tempo em que habitamos, não há uma única verdade absoluta ou necessária no que se refere à constituição do mundo, da cultura, do outro ou de mim mesmo – que o mundo é o mundo das *fabricações* – todos os artefatos sociais e históricos são cheios de sentido em seus ninhais e em suas tocas: trata-se de acolhê-los com o sentido e a densidade dos seus ancoradouros. Ali as pedras não valem mais do que os sonhos, diria Geertz (1977). As pedras da difícil tarefa da avaliação devem também contemplar os sonhos, já que a EA tem de comum as coisas do mundo!

O mundo das significações é o mundo dos sentidos-significados. Compreendê-los nos dá acesso ao âmago, à semente da fruta: ao núcleo que dará a identidade do ser. Tudo quanto soubermos sobre os sentidos desvela a existência do ser e seus projetos, mas também nos faz ainda mais humildes porque não podemos detê-los por inteiro na dinâmica de sua recriação. É neste preciso sentido que, segundo nosso poeta Fernando Pessoa, um gato é mais "poderoso" ontologicamente – e pode até despertar inveja porque nem passa pelas avaliações trianuais – possuindo sete vidas, uma para cada critério "articulado" da CAPES:

> Gato que brincas na rua
> Como se fosse na cama,
> Invejo a sorte que é tua
> Porque nem sorte se chama
>
> Bom servo das leis fatais
> Que regem pedras e gentes,
> Que tens instintos gerais
> E sentes só o que sentes

> És feliz porque és assim,
> Todo o nada que és é teu,
> Eu vejo-me estou sem mim
> Conheço-me e não sou eu"
> (Fernando Pessoa, 1931)[5]

É por isso que o tratamento ou a postura dialético-fenomenológica quer ser lugar de articulação dos conflitos na EA. Ela se propõe a migrar do enfoque empirista ingênuo ou racionalista, generalizante, ou daquele que privilegia ou hipertrofia um dos pólos da dialética, de forma que tudo acaba sendo reduzido a só sujeito (a CAPES), ou só objeto (o PPGE). A fenomenologia, ao contrário, acolhendo a polissemia, nossa incapacidade ontológica para poder compreender tudo e tudo catalogar, implica uma curiosidade epistemológica freireana, procurando acolher a manifestação do fenômeno, direcionada para uma experiência pré-conceitual ou sem pré-conceitos: coração da redução husserliana.

Na metáfora do "o bom, o estúpido e o vagabundo" de Philippe Perrenoud (1999, p. 161), ele analisa que a maioria dos educadores tende a fragmentar o processo educacional em: "o bom", aquele que faz pesquisa, orienta, publica e educa, "o estúpido" examinador externo, primo pedagógico do soldado desconhecido que faria a certificação louvável em nome da qualificação profissional, e o "vagabundo" talvez fosse o estudante, condenado por profissão a trapacear, desde que se exima de participar da própria avaliação. A eliminação da contradição entre o espírito educativo, certificativo e o formativo não nos tornaria um "bom estúpido vagabundo", mas possibilitaria uma avaliação pedagógica diferenciada.

O mecanismo prioritário não é o de suprimir toda avaliação somativa ou qualificativa, mas o de criar condições de participação para o que Maurice Merleau-Ponty chama de uma ontologia do ser selvagem, via a trilha da percepção, que é uma experiência a um só tempo sensista-racional, permitindo revelar o processo avaliativo como resultado de uma relação, mais autêntica, quanto mais honestamente comunicativa. Haveria, assim, a busca obstinada pelo olhar poético que capta além de possíveis semânticas, a metáfora e a alegoria, os sentidos inadvertidos, transversais – que se escondem e engravidam, com sentidos latentes e indiretos, contra a ditadura mentirosa dos sentidos evidentes. Trata-se da perspectiva de um olhar de "chanfradura" no sentido de Bachelard (1991), e não um olhar cartesiano, de clarezas e evidências, que sepultou a verdade dos seus limites.

O pensamento fenomenológico quer manter a tensão de estarmos-ancorados-aí, como rabos surrealistas de borboletas, com a consciência de sabermos que não somos daí e podemos voar, dinâmica e caoticamente, pelas asas dos jacarés. Transcendemos na/pela troca porque somos temporais, seres pousados e possuídos pelo mundo. A fenomenologia nos dá a consciência de que todo conhecimento é co-n-sciência, isto é, é social. A socialização da EA é imprescindível para que se acrescentem inúmeros sentidos possíveis, que uma só pessoa não alcança jamais. A tarefa de interpretar o ser é uma tarefa social que clama pela comunhão mística com as coisas e as gentes. Portanto, é participativa e não pode ser regida apenas por comissões, salvo quando a percepção e o olhar de cada sujeito, posto cara a cara, mediado pelo estatuto ético mínimo para um diálogo entre os sujeitos envolvidos, e que, sobremaneira, consiga atribuir ao outro o mesmo estatuto que advogamos para nós mesmos.

O grande enviezamento do positivismo foi o de buscar a objetividade, sob o esquartejamento da subjetividade. Não nos expulsemos de nossas falas, de nossas ações, de nossas concepções, de nossos textos e contextos. Eles só se explicam inteiramente nas aventuras do que temos vivido e não se implicam aquilo que Oscar Wilde criticava sobre a arte de publicar em boas editoras e a "crítica da crítica literária" (leia-se avaliação da avaliação CAPES): "A crítica é mais apreciada do que a filosofia, porque é concreta e não abstrata, real e não vaga. É uma forma de autobiografia, e não se relaciona com eventos, mas com o pensamento de uma vida – de uma única forma de olhar todas as circunstâncias" (Wilde, 2003, p. 134 – tradução nossa). Mas assim como o artista, a educadora e o educador ambiental não devem se eximir de suas reflexões, afinal isso nos responsabiliza pelo que dizemos, escrevemos e agimos...

Poucos sujeitos nos contam verdadeiramente por que chegaram a isso e não a outra "coisa", ou a outra "decisão", isto é, por onde andaram para chegar aonde chegaram... Isso se constitui em uma chave da hermenêutica fenomenológica, pouco visitada porque nos expõe, nos coloca nus diante de nós e dos outros. Mostra nossa fragilidade ontológica. Mostra, sobretudo, de onde viemos e para aonde vamos sem subterfúgios. Texto algum, inclusive da EA, pode ser neutro, por isso também ele deve anunciar de onde vem, para aonde vai e as razões dos seus fundamentos, seu discurso necessariamente é denso de sentidos e inclui um contexto ético. Mas também um sentido de co-autoria, que só não é má-fé se for expresso sem ambigüidades. Eis o perigo dos textos que se escondem sob o plural majestático e a impessoalidade, como se não deixássemos nossas marcas e contaminações no quanto escrevemos. Toda autoria é uma co-autoria, trata-se, pois, da honestidade de explicitar os diversos sujeitos que compartilham nossos textos. Neles não há precedência entre nossos informantes e nossa descrição densa. Todos somos sujeitos na sua confecção e interpretação de sentidos. Não criamos do nada. Que nome vem antes quando publicamos um texto? Melhor em ordem alfabética, já que a contribuição foi a mesma? Quais critérios realmente definem a "autoria", já que somos textos construídos coletivamente em contextos de comunhão?

A LINGUAGEM E O PENSAMENTO

As ferramentas epistemológicas da EA também conferem uma identidade singular aos sujeitos e objetos. Amarra-os a uma teia conceitual que os preenche de sentidos e que faz subsistir o pensamento na linguagem. Mas também é verdade o que diz Lacan, que um discurso sobre um objeto é, em parte, a destruição do que ele é, enquanto objeto, na medida de sua transubstanciação em linguagem e em símbolo. Ou seja, uma visão, uma concepção, uma perspectiva fenomenológica estão irremediavelmente circunscritas a um limite e a uma possibilidade – ou por uma utilização de um conjunto de conceitos cuja inter-relação entre eles denuncia e confere uma visão global e integrada, e, portanto, cósmica do mundo (*weltanschauung*[6]) – com finalidades, tarefas, estratégias e compromissos.

A expressão conceitual fenomenológica, por outro lado, deixa transparecer uma forma singular de tratar os dados, uma "metodologia", um estilo no que se refere à sua coleta deles, modo de organização, de hierarquização, de exame, que expõe uma postura atitudinal qualificativa que emana do pesquisador em comunhão com os sujeitos pesquisados. Versão ou interpretação advinda e haurida em grande parte de fatores, nem sempre controláveis, que se precipitaram sobre a experiência e existência do educador ou da educadora ambiental, de forma a incitar posturas epistemológicas (do conhecer), axiológicas (do modo como se comportar eticamente) e praxiológicas (do modo como agir).

No sentido mais exterior das linguagens da EA estão também as concepções que elas carregam. Ou seja, estão aferradas inextricavelmente a procedimentos, decisões, atitudes, concepções e interpretações; e em função disso tudo estão também acirradas a uma trama social exercida por controles, forças e poderes e, neste sentido, implica inexoravelmente a compromissos políticos. Se tivermos a capacidade de criticarmos o sistema de avaliação, de certificação e de regulação, é igualmente dever nosso promover a auto-avaliação, de formação e de reestruturação. Toda avaliação que possui critérios predeterminados deve ser contestável, pois paradoxalmente "falta-lhe este referente, quer dizer, quando aquele a quem pertence o trabalho que vai ser julgado não tem nenhuma idéia precisa do que determina e fundamenta o juízo do avaliador" (Hadji, 1994, p.111). Há violência simbólica quando um poder impõe determinadas significações dissimulando as relações de forças. Mas há passividade quando somos incapazes de legitimar novas ressignificações.

Buscamos, assim, uma ressignificação fenomenológica, desde que esta forma de perspectivação possui um estilo de reconduzir os textos, as descrições, a densidade, as inflexões e nuanças que a caracterizam. A postura temática ou intencional da fenomenologia valida a vivência cotidiana da experiência, a inquirição, a busca de categorias compreensivas e de perceber com quais olhares se viu a experiência dessa avaliação. Como o fenômeno se deu a conhecer assim para aquela pesquisadora ou pesquisador? É essencial em um recorte fenomenológico fornecer aos leitores e destinatários de que lugar e por quais caminhos se viu o que se viu. Permite que os interesses e as raízes interpretativas estejam disponíveis para poderem ser examinadas, visto que há filtros interpretativos no olhar também constituidor do que em parte se vê.

A descrição que se faz por meio da palavra por nós escolhida é já um modo de perceber e apreender as "coisas". E toda apreensão da palavra está perto e simultaneamente distanciada. Estou fora e estou todo dentro (Merleau-Ponty, 1971) de minha tematização. Neste sentido a escolha do conceito categorizador revela uma leitura (texto) e uma interpretação que lhe é conexa (o pretexto e o contexto). A palavra pode traduzir um jeito de encarnar um sentido de acolhimentos singulares, mas também pode revelar o recorte das sombras e do silêncio incomunicável.

O século finalizado revelou a inércia educativa e a violência ambiental de uma civilização. No entanto, lentamente a EA sofre metamorfoses. E deve transmudar-se também o sistema de avaliação, permitindo novas paisagens ao cenário investigativo de descoberta e reinvenções. Não há receitas senão a liberdade do aprendiz em vôos sobre seus erros e acertos, em pausas e movimentos; ritmos e compassos; articulamento e articulação; e outros antagonismos, já que a avaliação também se encontra no âmago das contradições do sistema educativo e ambiental, promovendo a exclusão, negando as diferenças e causando prejuízos ambientais. "Descrever a avaliação como oscilando entre apenas duas lógicas é simplificador" (Perrenoud, 1999, p. 11). Mais do que a criação de hierarquias do poder e controle, a avaliação não poderá ser percebida com apenas uma frase: "seu erro me interessa". A avaliação não serve apenas às curvas de Gauss ou critérios relacionados aos limites, mas fundamentalmente uma avaliação deve buscar um processo, um hábito para potencializar as aprendizagens e a possibilidade de praticar o princípio de educabilidade.

No campo específico da avaliação da EA, Sato, Tamaio e Medeiros (2002, p. 13) consideram que a avaliação é a estratégia de perceber nossos passos, que muitas vezes nos desviam do destino, escondem-se nas matas ou quando perdemos o sorriso. Mas é também um renovar de esperanças, "buscando novas auroras a cada dia, cuidando do broto para que a vida nos dê flores e frutos".[7] Estamos cientes, assim, que a avaliação é essencial ao processo da EA, mas que êxitos e fracassos são apenas criações na dependência de cada percepção ou valores de julgamento. Qualquer que seja o critério de representação, se a avaliação *não* for participativa, implica relações de força e poder unilateral. Ora, em que sentido se poderia situar esta relação em uma perspectiva paidêutica e educativa? Não estaríamos em uma contradição nuclear ontológica ao próprio processo educacional que se pretende defender?

O antagonismo da crítica situa-se na forma como ela é conduzida (Wilde, op. cit.), ou seja, na leitura simples de um texto (o que você está fazendo?), em vez de considerar o contexto (o que você está pensando?).

> Sabendo o peso de cada peça no veredicto final, o magistrado raciocina inevitavelmente em função, tanto das conseqüências de seu julgamento, quanto de sua adequação à realidade. O docente faz o mesmo. Na medida em que uma parte das avaliações supostamente fundamenta prognósticos, pode-se aliás compreender que a avaliação seja, às vezes, posta a serviço de uma orientação desejada (Perrenoud, 1999, p. 40).

O ENFOQUE FENOMENOLÓGICO

Ao assumirmos a complexidade da própria EA, parece ser natural compreendermos as incompreensões acerca de seu pressuposto gnoseológico-existencial, ou seja, o conhecimento e a vida vivida que aqui propomos como *fenômeno*. Não se trata de uma vivência irrefletida, nem de uma grosseira forma sensista. Trata-se de reconhecer que a atmosfera em que nos movimentamos, somos e respiramos – as células e as ligações atômicas que nos constituem e o mundo – é uma rede definitivamente simbólica. Somos representações tensivas,[8] que fazem de nós, para nós mesmos, corporeidades simbólicas, portadoras de uma ambigüidade irreconciliável. Na corporeidade que nos anuncia exteriormente, somos uma enciclopédia viva de sonhos materiais (Bachelard, 1991) e de imaginações corporificadas. A fenomenologia entende que entre o ambiente e o sujeito há um lugar de encontro e compartilhamento (um hábitat), isto é, um hábitat onde o mundo encontra o homem e a mulher (os habitantes), onde a mulher e o homem encontram o mundo: este *locus* é o lugar da manifestação, o lugar do "fenômeno": o aparecimento do ser (o hábito). Em outras palavras, parece que o fenômeno é o que nos mediatiza para o mundo e que mediatiza o mundo para nós.

Compreendemos com facilidade que o mundo possa nos ser dado fenomenicamente, porquanto de alguma maneira o mundo está (também) fora de nós. A dificuldade maior parece residir do lado do "nós". É que apreendemos sempre e apenas fenomenicamente. Não somos transparentes a nós mesmos. Conhecemo-nos refletidamente nas representações dos que nos cercam, seja o espelho que nos mostra o rosto; seja a água, os olhos da mãe para o bebê que suga o seio; e passo também a tecer meu rosto pela imaginação reativa do outro face ao meu rosto, enunciando publicamente – em carne e psiquismo – as expectativas que o esboçaram... Quem constrói uma representação do outro, em grande parte é cúmplice, da grandeza ou da decadência desta imagem.

Não somos transparentes (diáfanos, translúcidos): somos uma representação, somos símbolos para nós mesmos; símbolo a provocar, permanente e insistentemente, uma interpretação de nós por nós; de nós para os outros, dos outros por nós, de todos por todos, e que representa até mesmo o não-sentido, o vazio e o nada, quando estes se nos aparecem como junção e disjunção. Etimologicamente, o símbolo (*sym-ballo*) é uma palavra grega que significa o que se junta, agrega e oferece significações, à luz do conceito que ele próprio se contrapõe: o diabo (*dia-ballo*), que divide, desagrega sentidos e reparte. Na Grécia antiga, era comum as pessoas dividirem uma moeda, ou outro objeto qualquer, e oferecerem ao irmão, amiga ou hóspede. Conservada pelas partes por gerações, tais metades permitiam aos descendentes das duas partes reconhecerem-se. Na primitiva interpretação, um símbolo, enfim, designava a partição necessária ao sinal do reconhecimento da integração (Pieri, 2002, p. 458).

No uso desta metáfora, a avaliação pode ser o "diabo" da segregação entre a *EA que queremos e a EA que temos*. Se ambas as metades fossem envolvidas no processo avaliativo, não apenas pela parte que segrega, mas também pela parte que reinventa a integração, certamente haveria mais esperanças para uma *EA que podemos*. Esta simbólica *EA que somos* nos tangencia, nos expressa, nos media sem que possamos tomar posse de nós, por nós mesmos. Não somos compartimentados, sem que possamos abordar, por um único segundo sequer, nossas existências sem as nossas próprias interpretações. A palavra da avaliação pode revelar quem somos, mas também encobre o quanto somos. De maneira rigorosa, nossa razão não acessa nossa realidade ontológica, salvo mediada pela interpretação-imaginadora. Somos, segundo Ricoeur (1978, p.17), sempre não-idênticos a nós próprios:

> O desvio do fenômeno é, então, fundado na própria estrutura da afirmação originária como diferença e como relação entre consciência pura e consciência real. A lei do fenômeno é indivisamente uma lei da expressão e uma lei de ocultamento (...) A razão de ser do simbolismo é a de abrir a multiplicidade do sentido à equivocidade do ser.

Essa ambigüidade do ser não tem, obviamente, o consenso de certa academia esclarecida. Até porque sempre houve tradições que pretensiosamente quiseram fagocitar o ser, fixá-lo sob conceitos e engessar a existência sob as palavras. Mas o que é que tem consenso na academia? Precisa ter? Afinal de contas, é verdadeiro o que diz o nosso não-menos filósofo – próximo dos existencialismos e portanto da fenomenologia – Nélson Rodrigues: "Toda unanimidade é burra".

Toda avaliação não é a "coisa" em si mesma, mas toma o lugar dela para, em parte, comunicá-la. Ora, se a realidade que nos chega é o que se nos apresenta – fenômeno – e, em grande parte, o que configuramos para compreender, o lugar da compreensão e do conhecimento se confunde com a própria tarefa da hermenêutica – a interpretação. E toda interpretação é interpretação por uma consciência transitiva, em facticidade (diria o existencialismo), sob referentes, em uma situação de mundo, em um espaço político, em uma estrutura cultural confeccionada a modo humano – *opus proprium* diriam Berger e Luckmann (1995). Neste sentido, ganha espaço a subjetividade e a imaginação, implicadas e fundadas na fabricação do espaço e tempo[9] da EA. Por que não dizer fundada em dar identidade ao nosso ser, no seu constante *in fieri* (em se fazendo) na sua mundaneidade. Esta percepção fenomenológica do ser humano – para usar uma expressão contemporânea da "intencionalidade" de Husserl – estar *In* (estar ligado, antenado), em um mundo fenomênico e complexo a ser interpretado para além das aparências que em parte o velam, para acolhê-lo em parte na essência que se manifesta, é uma das mais árduas e difíceis tarefas, in-descartáveis da fenomenologia.

A fenomenologia tem por orientação teórico-metodológica um discurso aberto que melhor condiz com a natureza do ser: uma práxis, um projeto de ação-reflexão processual, sempre in-conclusivo. Paulo Freire insistentemente refere-se nos seus trabalhos às in-conclusões! Resta dizer aqui, que acreditamos que a propalada crise de paradigmas avaliativos, que se instaura de maneira global, não é uma crise universal, isto é, ela não é uma crise que atinja toda e qualquer forma de conhecimento, mas ela se refere a uma produção de conhecimento específica – a da Modernidade. Uma avaliação fenomenológica na EA pode nos acautelar contra o dogmatismo do iluminismo, que representa a presunção de ter o domínio e o poder de olhar o conteúdo integral da verdade; ou de dissimular conhecer o real sob o "real".

Radicalmente anunciamos que os textos, as pesquisas, as posturas, os projetos e as ações marcadamente fenomenológicos não chegam a conclusões definitivas sobre nada, não somos eternos, salvo sob truque da má-fé. Somos onticamente[10] inconclusos tanto como nossas avaliações! Por isso uma avaliação oportuna é aberta ao crescimento histórico do avaliado, e jamais "encerra" o diálogo em um "Juízo final" apocatástico[11]. Não somos deuses. Quando muito, nossos textos acenam ao que já se chegou até aquele momento, pois têm consciência da matreirice do tempo e do labirinto da interpretação em linguagem por meio da qual falamos e somos ditos (Wittgenstein, 1996). Sabemos ainda que a EA é muito rica – polimorfa e polissêmica, e nunca um sentido isolado pode dar conta de todos os sentidos possíveis que uma realidade poderia vir a ter, *reiteramos*. Não se teria a exatidão de vôos de jacarés em suas asas anarquistas, e a EA surrealista poderia compactuar com Rubem Alves e levantar que, freqüentemente, nossas mãos estão dadas com as fogueiras; ou evocar a poesia de Enrique Molina, buscando a erupção vulcânica dos desejos, e entre fogos, calor e perigo, gritar pelos calmos e seguros enraizamentos deixados pelos rabos poéticos de todas as borboletas.

A descrição do que assumimos na EA é uma nota fundamental da fenomenologia. Toda descrição é a tarefa por excelência de colocar em coordenadas espaço-temporais, dando vida pela palavra a uma representação constituída, que passa a ser constituinte nosso, dos outros e do mundo. A palavra é ativa, produtiva, instituinte das relações das consciências em mundo. A palavra é onde os sentidos circulam e habitam. Palavra é tudo o que diz, enuncia, explicita e faz, mas também é tudo que negaceia, trapaça, abriga, esconde, silencia e desfaz. Ela é a alta tensão que circula e expressa o ser e o nada. É o alimento e é o agasalho do ser. É a fonte, o ponto de partida e o ponto de chegada. A palavra é o que representa e, sobretudo, o que faz o que representa. Ela não é só o que interpreta, ela é também o interpretante. Na cultura dos antigos latinos: a palavra é um véu que velando, revela. Ela é o que somos, trans-figur-ação e por isso ambigüidade (Sato e Passos, 2002).

Poder-se-ia falar de uma marca registrada na pesquisa e postura fenomenológicas, a de que a vivência em situação – a vida, a experiência de campo – precedem, ordinariamente, a tarefa compreensiva e a conceitualização da experiência. Por outro lado, só uma vivência cotidiana, extensa e intensa, permite uma significatividade do que possa vir a ser dito. Trata-se de uma vinculação de compromisso com o "objeto" – e muitas vezes com os sujeitos – e com aquilo que dizemos. O verbo, queiramos ou não, pela comunicação nossa se fará carne. Trata-se por isso de, antes de qualquer linguagem conceitual, analítica, representativa, ir ao encontro da experiência concreta.[12] Trata-se de debruçar-se sobre nossa consciência perceptiva, pré-conceitual, pré-reflexiva, que intenta ir à busca de um encontro com o objeto – irremediavelmente fenomênico –, mantendo-o metodologicamente distanciado de esquemas operativos, interpretativos e conceituais: ele fenomenologicamente não sou eu. Da experiência dele, permitir que fluam eixos, significações, categorias; para em um terceiro momento perguntarmo-nos sob que olhar e de que perspectivas os vêem (*nossos olhos*) assim.

Isso não significa "ir de mãos vazias". Heidegger falava que toda experiência se dá em um horizonte de pré-compreensão: em um pano-de-fundo comprometido com referentes, em uma estrutura gestáltica figura/fundo – que se compõe a partir da experiência perceptiva concreta e preenche parte daquilo que conhecemos. Na analogia avaliativa, dentro da perspectiva kantiana, não conhecemos o panorama real de um programa de pós-graduação, conhecemos apenas o que percebemos dele. Se tomássemos emprestada uma visão mais cartesiana de Husserl, poderíamos separar o processo da constituição das coisas pela consciência. Ainda assim, observaríamos uma intencionalidade de atividade produtiva formada por atos de percepção, imaginação, especulação, volição e paixão. Também estaria explícito um articulamento determinado pelos sujeitos, e não sobraria um objeto negligente do processo.

Toda filosofia é um descrever o movimento que patenteia, sob diversos olhares, os múltiplos sentidos emprestados a um objeto contemplado. Um texto – uma relação pedagógica para ser fenomenológica, pauta-se entre necessidades e limitações, inerência e transcendência, ação e reflexão, tensão do processo e projeto. Ele se constitui no primado da experiência em diálogo com o pensado sobre o vivido, expresso por nossa experiência pessoal em diálogo com todos os outros que nos precederam.

É neste sentido que toda avaliação deve ser uma interpretação, ou seja, um diálogo com outros discursos e experiências. Todo momento presente de pesquisa, docência, orientação e envolvimento em um PPG percorre uma interação recriadora, onde uma palavra oferece a semântica fecunda do já-dito cultural que nos precedeu, ampliado e enriquecido por esta parcela de vivência pessoal *que nela introduzimos*. É por isso mesmo que todo discurso relevante é uma ação cultural dialógica de temporalidades recriadas na ambiência de cada sujeito singular, em uma trama de expressão interpretativa coletiva. O avaliador nunca esta só! Nem está sozinho, o pesquisador! Por isso toda a ação interpretativa na densidade do espaço e tempo é política e coletiva, fruto da intersubjetividade, e é esta interlocução que lhe confere densidade. Todo ato cultural é pessoal e coletivo, ao mesmo tempo e, por isso, caracteriza-se como um ato político. Reconhece-se por esta marca o caráter reflexivo, interpretativo, mas também vivencial e cotidiano, ao mesmo tempo singular e político, dos "discursos" de educação de certos afiliados à fenomenologia.

Uma avaliação fenomenológica implica conceitos de liberdade e de responsabilidades individuais e coletivas, mutuamente imbricadas. Isso pode ser extrapolado em nossas experiências silenciosas da EA, cuja orientação ocupa espaços híbridos e amedronta quem ousa sua avaliação, desde que ela passeia em itinerários das diversas fronteiras do conhecimento e clama pela complexidade. É mais fácil negar o novo, já que o poder tradicional está ameaçado.

É indissociável em Merleau-Ponty a dimensão dialética, fenomenológica de três âmbitos: Eu-Outro-Mundo, identitariamente distintos, que mutuamente se remetem um ao outro, ontologicamente inseparáveis, e até "com-fusos". É preciso em Merleau-Ponty o exemplo, quando nossa mão esquerda toca nosso braço direito, quem tocou e quem é tocado? Isso não é imaginação, é percepção. Esta situação ambígua incomoda e, de certa forma, torna a EA incompreensível aos olhos tradicionais de quem pensa linear e cartesianamente. De certa forma, somos textos ativos em um contexto passivo. Estamos dentro e fora da avaliação, somos sujeitos e simultaneamente objetos. Falamos em filosofia e também em biodiversidade. Inserimo-nos na democratização educativa por meio do nosso grito ambientalista. Somos, enfim, a liberdade em movimento que iça vôos libertários nas asas dos desejos, buscando a terra que acalenta a alma e amarra o rabo em um porto seguro.

Toda ação é um movimento, desde que remeta a uma prática da liberdade e da responsabilidade como elemento dramático, porque implica no risco constituidor do próprio rosto e identidade pessoal, e na (re)criação por nosso lugar da sociedade que teremos. Neste sentido toda a experiência tem um núcleo densamente educativo. A liberdade implica a aventura e o conflito de consubstanciar sentidos circunscritos no projeto pessoal e coletivo de humanidade. A ação pedagógica da EA busca, assim, ampliar as estruturas sob uma nova idéia de destino acadêmico, pois requer responsabilidades não-neutras diante dos fatos sociais que perpetuam a injustiça e a exploração desenfreada da natureza. Desafia o racionalismo envelhecido e reacionário e explicita seus sentidos, mas não ousa aniquilar a razão para a liberdade, e tenta eliminar todo conflito de primazia entre eles.

Uma avaliação fenomenológica da EA possibilitaria a constituição de um tecido em tempo livre – sem compactuar com determinismos e fatalismos, mas na esperança do protagonismo, das relações constituintes das identidades pessoais, da alteridade coletiva e das relações cuidadosas com o mundo. A história não é estática e possibilita revisitação constante. A liberdade de interpretação não confere inocência a ninguém, pelo contrário, implica responsabilidade solidária e, em um sentido existencialista, pode espelhar a dupla face de nossa coragem e covardia.

Um processo avaliatório é dinâmico, deste modo é um movimento para construção de um projeto da Utopia. Não retira, muito menos faz de conta que não vê, os campos de forças, as contradições ou o poder de negociação. Assume que são conjunturas inerentes ao movimento e que a crise pode ser essencial no passo adiante. São essências que temperam as expectativas, a previsibilidade e a própria condição ontológica da EA. O campo de incertezas, todavia, revela-se minado, mas o convite à viagem deste diálogo consiste na sedução das descobertas das praias dos sonhos, das florestas encantadas, de asas de jacarés e dos rabos de borboletas, "com toda inegável surrealidade" (Ponge, 1999, p. 60).

Cada grupo ou pessoa é em grande parte aquilo que se propõe a ser, e em grande parte também aquilo que ainda não é, mas que deseja ser. O caminho para frente não é a continuidade do que já se fez antes. Olhando para trás, pessoa alguma pode prospectar para onde está indo no futuro. É o desafio do que ainda não veio, do não-constituído, da tensão que constitui possibilidades abertas às rupturas sempre retomadas e postas e dispostas nos projetos pessoais e coletivos. Atender à compreensão de uma totalidade é considerar processo e projeto como pólos desafiadores que implicam continuidades e descontinuidades, donde a emergência do novo. Qualquer leitura de conjuntura que privilegie o "fotografável" não prospectará fatores que incidirão na diferença entre o que pensa que poderá ocorrer e aquilo que ocorrerá. Afinal, não se obtêm boas fotografias dos objetos em movimento, senão sua intencionalidade.

Não estamos eliminando a necessidade da avaliação, mesmo ela sendo externa ou desprovida de protagonista de quem escreve sua própria palavra. A negação absoluta, ou mesmo metodológica, assumida como estratégia pode implicar a impossibilidade de trabalhar as ambigüidades e diferenças sem assassiná-las, por fidelidade a princípios. Merleau-Ponty poderia dizer que tal atitude vai fundamentar dogmatismos e fundamentalismos tão estreitos quanto aqueles que se quer combater. Pode converter-se com alguma facilidade na retomada da barbárie e do totalitarismo; ou da ilustração das epistemologias fechadas, que incluem as grandes narrativas políticas, que encerram a história, congelam o tempo e definitizam por um passe de mágica – ainda por principalismo[13] –, ou que põem fim à própria dialética... A fenomenologia por um relativismo tomado como metodológico – condição e limite – pode levar a um caminho com poucas certezas e a um caminho dialógico, mas não como justificativa instrumental de erosão dos contrários.

A avaliação externa caracteriza-se como limites e possibilidades, como na pintura de Cézanne (*Abduction*), onde se interpreta a figura do bem e do mal, do homem vermelho, caricaturado pelo inferno sartriano abduzindo a mulher branca, frágil e entregue ao paraíso. Toda relação é uma inter-relação, e as conseqüências dela, seja a hominização ou o genocídio, são sempre uma responsabilidade ético-política. O poder não está somente na determinação das (nas esferas) estruturas macro, mas constitui-se também como tecido cotidiano de toda decisão[14] humana.

A EA assume a possibilidade de que natureza e humanidade mutuamente se compreendem, mas mais do que ecologizar a cultura, precisamos politizar a natureza. Hegel remeteria à condição do trabalho, mas acreditamos que, além desta força, se estabelece a necessidade de derivar a corporeidade, como estar imiscuído no mundo, e o caráter ontologicamente cósmico de ser humano no tempo.

Temporalidade, espacialidade, corporeidade, sexualidade não são atributos exteriores, são as condições do nosso aparecimento e permanência no mundo (Merleau-Ponty, 1971). Um texto fenomenológico é a dicção descritiva dos sentidos entrelaçados e densos que animam e consubstanciam a produção da cultura e projetam uma teia de possibilidades infinitas e criativas para um protagonista particular (Geertz, 1997). É um texto polissêmico, porque público e plausível de ser descoberto em parte pela interpretação de alguém que compartilha de um campo semântico comum. Onde do conhecido universal se migra para o desconhecido particular. Contudo, há um perigo de que, partindo do já conhecido, sempre se afirme o *mesmo*, por medo de pôr os pés em outras praias. O conhecimento rico é também um mergulho perigoso na aventura convocada por *alter*.

Uma avaliação fenomenológica é um texto dramático em movimento. Diálogo fecundo e criativo entre uma consciência fragmentada com um mundo problemático. Um mundo que só é mundo para uma consciência, uma consciência que só é consciência face o aceno e a aceitação de uma consciência outra, mediada por um mundo, mundo a um só tempo dado e constituído, em comunhão. Mundo e consciência apreendidos não como transcendentais, genéricos e universais, mas seriam apreendidos na singularidade de uma encarnação única: a aventura criadora e excepcional de um sujeito irrepetível que ocupa de uma vez por todas um lugar na história, e que nenhuma outra consciência poderá ocupar o mesmo *locus*, donde a visão dos cenários, os significados e os horizontes possuem uma perspectiva inédita. E deste ponto privilegiado complementa, vivencia, corporifica, por sua existência: experiência e compreensão de um sentido que a humanidade ainda não possuía antes, que de outra forma não terá acesso, senão pela mediação da experiência dele, sensível-perceptiva-refletida-e-significada. Descartar vozes condenadas ao silêncio. Afinal Hannah Arendt dirá que a violência é muda. Seqüestraria perspectivas de olhares humanos que de outra forma inexistiriam.

Uma perspectivação fenomenológica – também para avaliações – trair-se-á por apresentar estes elementos ora mencionados. Trata-se de uma fidelidade à existência, ao vivido e ao pensado, ancorado em um sujeito empírico concreto. Trata-se de um fazer engajado que precede o contemplar, o feito, para a partir dele descobrir fenômenos que poderão vir se dar a conhecer. Pressupõe uma intersubjetividade, uma atividade do mundo e do sujeito. Pressupõe uma epistemologia interacionista, mas não evaporada em fenômenos genéricos e em relações abstratas exteriores e reificadas. Pressupõe o desafio de estar dentro, em se sabendo do "outro mundo". Não admite uma contemplação telescópica. Implica a tensão de ver o geral, sem ser genérico; de acolher o singular, sem ser reducionista. Requer compreender estes fenômenos – dos quais sou parte pessoal e coletiva, palpitante e viva – situados diante de um olhar carregado de intencionalidade. Pressupõe nossa assinatura e desvelamento de nossos interesses no que vimos. E a partir desta inserção e circunscrição geográfica, temporal e social, perguntar-se-á – sem medo –, que tipo de lentes usamos para ver o mundo assim, desse jeito, e descrevê-lo e contá-lo aos outros, dizendo por que ele também é assim... Dizendo-o polissêmico, aberto a outras possibilidades avaliativas que não tenho condição de realizá-lo por ser estrangeiro.

EPÍLOGO IN-CONCLUSIVO

A fenomenologia reivindicada pela EA neste texto confere um forte acento à intersubjetividade de identidade e de alteridade, pois não tem medo do consórcio dialógico tensivo: ambos, avaliadores CAPES e docentes de um PPG, são co-autores de um conhecimento com interesses que construímos. A fenomenologia irmana-se com a estranheza, acolhe o desafio que tensiona todo autismo ou xenofobia do gueto, chamado "para-fora". É necessário relativizar os absolutismos através da historicidade, abandonando a alteridade onde dormia a mesmidade; a produção onde havia reprodução; a vida conflituosa e ambígua onde residiam essências hipostasiadas do mundo e reificadas – tranqüilizadoras e entorpecedoras. É necessária, sobretudo, abertura incondicional à divergência e à diferença, em suma ao movimento e à com-vivência mútua.

Estamos cientes, assim, que a avaliação poderá ser normativa por meio de regulações individuais, mas é preciso considerar que temos uma vasta audiência de repertórios que não obedece a receitas, procedimentos iguais, ou produtos comuns de universos desiguais. Se o realismo tradicional posiciona-se de um lado, conclamando fatalidades de destinos, deve-se considerar que há também, por outro lado, um surrealismo revolucionário que as mentes notáveis de nobres colegas não conseguem compreender.

> O que se procura é relativizar a Razão, abrir-se a outras vias de acesso ao mistério, menos objetivantes e preferencialmente "meditantes". Ao se tomar consciência de que a Razão não esgota a realidade, nega-se o reducionismo tecnoprodutivista e funcional que, demasiadamente preocupado com a superficialidade mensurável do real, torna-se inteiramente cego às suas dimensões profundas e ocultas (Japiassu, 2002, p. 10).

Circunscrever a avaliação de um PPG, em especial daqueles que mantêm interface com a EA, requer a necessidade de admitir que teremos sempre ambivalências, caos e complexidades conceituais. Para avaliar este novo domínio, talvez possamos utilizar a mesma metáfora utilizada pela CAPES, em um sentido inverso do próprio surrealismo: asas de jacarés para nossos vôos libertários, contra a hegemonização ou hierarquia nacional. E que a nossa capacidade de negociação no processo da avaliação formativa possibilite enraizamento em movimentos de um balançar de rabos, no suave pouso de uma borboleta. Isso pode se caracterizar como um sonho, e Oscar Wilde (2002, p. 170) reflete que a sociedade perdoa um criminoso, mas jamais perdoa um sonhador. Se a coerência mata mesmo a criatividade, mais do que se preocupar com o que estamos fazendo, será preciso exercer a capacidade de sonhar por aquilo que somos capazes. Talvez assim a avaliação contemplativa seja capaz de ouvir outras vozes e deixar de ser tão tediosa: "Alguém deveria ensiná-los que na sociedade a contemplação é o mais grave crime, que pode condenar qualquer cidadão, pois retira a opinião cultural da própria condição humana". Precisamos aprender a perdoar os sonhadores, afinal "o universo é muito mais rico do que podem concebê-lo nossas estruturas lógicas e racionais" (Japiassu, 2002, p.1). Isso nos possibilitaria incorporar as asas e os rabos de jacarés e borboletas para poder compreender com quantos paus se faz uma canoa que dá o movimento à educação ambiental.

NOTAS

1. PAZ, Octavio. El ausente. Jornal da Poesia [download] http://www.secrel.com.br/jpoesia/opaz02p.html, 24/11/02.
2. WILDE, Oscar. The critic as artist. *Jornal da Poesia* [download], http://www.secrel.com.br/jpoesia/indiceT.html, 04/10/02.
3. Discurso de abertura do presidente James Lighthill, proferido no congresso da *Union Internationale de Mécanique Pure et Appliquée*, em 1986.
4. Sócrates diria: "Quem filosofa, com autenticidade, o empreende na consciência de uma ignorância infinita – está sempre singrando um indomável oceano de mutações e dúvidas. Ao tomarmos a Filosofia por amante, única sabedoria que nos cabe é a ignorância (segue até..)...E o filósofo, obstinado como o místico, não permuta jamais sua ignorância por saberes domados: estes não lhe saciam a fome, nem a sede de sabedoria" (Passos, 1998, p. 2).
5. PESSOA, Fernando. O gato. In: *Poesias, quadras e traduções*. Books Online M&M Editores Ltda. [download] www.virtualbooks.com.br, 20/07/00.
6. *Weltanschauung* deve ser entendido como cosmovisão, mundividência, no sentido Junguiano (Pieri, 2002) que pressupõe uma concepção orgânica e de totalidade, interligando tudo e todos num sentido holográfico.
7. Milton Nascimento e Wagner Tiso, *Canção de estudante* (EMI).
8. Sínteses de múltiplas determinações, segundo Marx.
9. A subjetividade/intersubjetividade ganhou espaço pela etnografia e pelas chamadas pesquisas qualitativas, histórias de vida e assim por diante.
10. Dimensão encarnatória do Ser, a condição de sermos 'entes'.
11. Fechamento da história.
12. Aqui estamos no miolo de qualquer fenomenologia, quer husserliana, quer merleau-pontyana.

13. Princípio por princípio...
14. A decisão implica cesura, corte e por isso é dramática.

REFERÊNCIAS

BACHELARD, G. *A terra e os devaneios da vontade. Ensaio sobre a imaginação das forças.* São Paulo: Martins Fontes, 1991. (Coleção Tópicos.)

BERGER, P.; LUCKMANN, T. *A construção social a realidade.* Petrópolis: Vozes, 1995.

GEERTZ, C. *A interpretação das culturas.* Trad. Fanny Wrobel. Rio de Janeiro: Editora Guanabara, 1989.

_____. *O saber local.* Petrópolis: Vozes, 1997.

GOLDSTEIN, H. Modelos da realidade: novas abordagens para a compreensão de processos educacionais. In: FRANCO, C. (Org.). *Avaliação, ciclos e promoção na educação.* Porto Alegre: Artmed, 2001. p.85-99.

HADJI, C. *A avaliação, regras do jogo das intenções aos instrumentos.* Porto: Porto Ed, 1994.

LIGHTHILL, J. The recently recognised failure of predictability in Newton dynamics. *Proceeding of the Royal Society*, v.A, n.407, p.35-50, 1986.

MERLEAU-PONTY, M. *Fenomenologia da percepção.* São Paulo: Freitas Barros, 1971.

ORTEGA Y GASSET, J. *Adão no Paraíso e outros ensaios de estética.* Trad. Ricardo Araújo. São Paulo: Cortez, 2002.

PASSOS, L.A. Ética: projeto a ser construído. *Revista de Educação Pública*, Cuiabá, v.3, n.3, 1994.

_____. O filósofo e as itinerâncias da filosofia. Em comemoração aos Cem anos da publicação de Matéria e memória de Henri Bérgson. *A Gazeta*, p.2, 22 jul. 1998.

PASSOS, L.A.; SATO, M. Educação ambiental: o currículo nas sendas da fenomenologia merleaupontyana. In: SAUVÉ, L.; ORELLANA, I.; SATO, M. (eds.). *Sujets choisis en éducation relative à l'environnement - d'une Amérique à l'outre.* Montréal: ERE-UQAM, 2002. Tome I, p.129-136.

PERRENOUD, P. *Avaliação: da excelência à regulação das aprendizagens - entre duas lógicas.* Porto Alegre: Artmed, 1999.

PIERI, P.F. (Dir.). *Dicionário junguiano.* São Paulo/Petrópolis: Paulus/Vozes, 2002.

PONGE, R. Surrealismo e viagens. In: _____. (org.). *Surrealismo e novo mundo.* Porto Alegre: Ed. Universidade/UFRGS, 1999. p.293-308.

REZENDE, A.M. ded. *Concepção fenomenológica da Educação.* São Paulo: Cortez e Autores Associados: Autores Associados, 1990.

RICOUER, P. *O conflito das interpretações. Ensaios de hermenêutica.* Rio de Janeiro: Imago, 1978.

SATO, M.; TAMAIO, I.; MEDEIROS, H. *Reflexos das cores amazônicas no mosaico da educação ambiental.* Brasília: WWF-Brasil, 2002.

WITTGENSTEIN, L. *Investigações filosóficas.* São Paulo: Nova Cultural [Coleção os Pensadores], 1996. p.25-206.

WEBLIOGRAFIA

JAPIASSU, H. *A crise da razão no ocidente*. [download] www.revistaeletronica.net, 21.10.02.

PAZ, O. El ausente. *Jornal da Poesia* [download] http://www.secrel.com.br/jpoesia/opaz02p.html, 24/11/02.

PESSOA, F. O gato. In: *Poesias, quadras e traduções*. Books Online M&M Editores Ltda. [download] www.virtualbooks.com.br, 20/07/00.

WILDE, Oscar. *The critic as artist*. [download], http://www.secrel.com.br/jpoesia/indiceT.html, 04/10/02.